la Symphonie animale

L E S O U F F L E D E S M O T S

PATRICIA VIGERIE

la Symphonie animale

LES ANIMAUX
DANS LES EXPRESSIONS
DE LA LANGUE FRANÇAISE

Larousse

17, RUE DU MONTPARNASSE, 75298 PARIS CEDEX 06

Collection dirigée par Claude Kannas
assistée de Janine Faure
Mise en page : Frédérique Longuépée
assistée de Blandine Serret
Fabrication : Martine Toudert
Photos coll. Larousse
Gravures de Granville

Distributeur exclusif au Canada : les Éditions Françaises Inc.

ISBN 2-03-330012-9

LES ANIMAUX ET LEURS HOMMES

Entre autres (petits) métiers qu'il exerça à Madagascar, Jean Paulhan ne cachait pas qu'il avait été chercheur d'or... pour n'en tirer autant dire rien. Mais il fit mieux : il mit à profit cette activité pour connaître dans toute leur subtilité la langue et les us et coutumes de l'habitant. Toujours à l'affût de ce qui s'ourdissait dans le langage, et souvent dans le plus routinier qui fût, il revint en France avec une singulière récolte de proverbes merinas, les ***hain-teny,*** à fort contenu érotique. Des proverbes similaires, qui touchent à peu près toute l'île, permettent de départager, lors d'un litige que l'on veut régler selon le droit coutumier, celui qui a raison de celui qui a tort. Non, comme on pourrait le penser, par des preuves, mais par des expressions quelquefois fort obscures, où la création individuelle compte peu, mais le bien-dire et l'esprit d'à-propos. Ainsi donc, ces débats consistent en des joutes purement verbales, où chacun des plaideurs ne cherche pas à convaincre l'assistance de sa juste cause, mais à avoir le dernier mot, en plaçant au bon moment, selon des règles infrangibles, un proverbe ou une série de proverbes sur lesquels l'adversaire ne pourra enchérir. Question, certes, de ruse et d'astuce, qui n'a rien à voir avec l'instruction judiciaire ni avec le Code pénal ! Il ne s'agit pas d'être reconnu innocent, mais (comme on dit là-bas encore de nos jours chez les éleveurs de zébus) d'avoir « bien su parler »... Notamment lorsqu'on vient de voler non un œuf mais un bœuf, comme il advient assez fréquemment.

Ces proverbes entrent-ils dans notre propos ? Pas que je sache, puisqu'ils sont malgaches et ne se rattachent pas forcément aux animaux. Serait-ce manière pour le préfacier de vous introduire par la bande à une anecdote personnelle ? Tout enfant, j'avais pour petite voisine une fillette qui au fond n'en usait pas différemment avec moi. Était-elle à court d'arguments dans une dispute ? Afin de me « clouer le bec », elle haussait les épaules en prétendant que prendre les choses par le bout où je les attrapais ne rimait à rien. Que ce qu'elle n'appelait pas, vu son âge, la « raison raisonnante » tenait d'un salmigondis improbable puisque, comme dans une salade russe, il y avait de tout. Alléguant même, pour peu qu'elle fût en peine de comparaisons culinaires, que vouloir courir ainsi après la solution équivalait à chercher une aiguille dans une botte de foin, ou à peigner la girafe (bien aise encore qu'une vache y reconnût son veau...) ; que l'énigme, si tant est qu'elle existât, ne se trouvait pas sous le pied d'un cheval... Et moi, par amusement, comme je ne voulais pas être en reste :

« Tu noies le poisson, lui répondais-je en faisant tourner à mon tour le kaléidoscope animalier ; tu donnes le change. Avoue au moins qu'il y a de la malhonnêteté à servir ton boniment comme tu fais !

— Oh, toi ! s'exclamait-elle. Avec tes façons de bailler le chat par les pattes ! »

À ce compte-là, nous étions, elle et moi, en passe de convoquer la gent animale en sa totalité, la réelle comme celle de nos songes, et je nous imaginais déjà entourés, que dis-je ? bousculés, meurtris, navrés, comme deux enfants qui se seraient trouvés pris dans le courant d'une harde au galop, par toute une faune interlope, hippocampes, sirènes, griffons, tarasques, alcyons, licornes, dragons, centaures... Signe qu'un tel recours aux animaux mettait en branle toutes les ressources de notre imaginaire enfantin... Et toutes nos frayeurs, tous nos émerveillements. Si encore il ne s'était agi que de cela...

Jusqu'à une époque récente, qui correspond peu ou prou à l'ère industrielle et à l'exode rural, l'homme a toujours vécu dans une proximité étroite avec les animaux. On n'a pas attendu Buffon pour observer leur comportement et en inférer leur caractère. Davantage : avec notre « tendance, comme le note Piaget à propos de l'animisme chez l'enfant, à considérer tous les corps comme vivants et intentionnés », nous avons « créé », à l'exemple du Dieu de la Genèse, les animaux à notre image et à notre ressemblance et, partant, nous avons fait d'eux les complices inconscients de nos jugements parfois téméraires, de nos peurs, de nos peines, de nos joies, de nos plaisirs... Qui peut ignorer, après La Fontaine, que la cigale est imprévoyante et la fourmi laborieuse ? Jamais l'observation scientifique ne viendra corroborer ce qui est avant tout une projection de notre humanité, c'est-à-dire de notre culture. Ainsi, « animaux dénaturés » (pour rendre à Vercors son bien), nous dénaturons tous les animaux afin d'asseoir une symbolique que nous ne devons qu'à notre statut d'*Homo sapiens sapiens.* Il n'est pas fortuit que les compagnons d'Ulysse, dans *l'Odyssée,* soient changés en un troupeau de cochons : n'attribue-t-on pas à ces animaux une peu commune lubricité ? (Le mot qui en grec désigne le porc signifie également la vulve...) D'Ésope à Maurice Genevoix avec ses ***Bestiaires,*** en passant par Phèdre, La Fontaine et tant d'autres (sans oublier les caricaturistes et les représentants attardés de la physiognomonie), non seulement les fabulistes mais aussi les auteurs de satires, de farces, de contes, de poèmes, de romans, de pièces comiques ou bouffonnes l'ont compris, qui s'en donnent à cœur joie sur le motif. Comme le révèle le nombre assez impressionnant mais forcément incomplet (deux cent cinquante environ) de proverbes, expressions, locutions issus souvent du Moyen Âge et recueillis dans le présent ouvrage, les gens du menu peuple comme les grands de ce monde ont inventé leur vie et leurs valeurs, non sans anthropocentrisme, à travers la figure de leurs « frères inférieurs ».

Le couteau de Lichtenberg

En prêtant un peu d'attention aux mœurs prétendues des animaux, on en apprend de belles sur l'homme... Symbole de la jalousie, le coucou l'est plus encore de la paresse, en raison du fait qu'il pond ses œufs dans la demeure d'autrui et qu'on le suppose incapable de nidifier (ne dit-on pas : « paresseux comme un coucou » ?). Pourtant, dans la mythologie gréco-romaine, ainsi que le rappellent Louis Séchan et Pierre Lévêque (*les Grandes Divinités de Grèce,* 1966), n'est-ce pas sous son apparence que Zeus a séduit Héra « en voletant vers elle et en se blottissant sur son sein » ? Il a de plus le privilège d'annoncer le printemps. (Comme les hirondelles, à la condition qu'elles fassent nombre.) À cet intersigne s'ajoute un autre présage, qui subsiste encore, dit Gwen Le Scouëzec, dans la mémoire collective : « La tradition veut en effet que si l'on a de l'argent sur soi au moment où on l'entend chanter pour la première fois au printemps, on en possède toute l'année. » D'aucuns ajoutent que si l'on est impécunieux, c'est l'annonce de querelles ; si l'on est à jeun, on mourra ruiné ; si l'on pose caleçon dans un buisson, des coliques venteuses vous attendent... Quant aux jeunes Bretonnes et aux jolies Finlandaises, elles comptent le nombre de fois que chante l'oiseau pour en déduire le nombre d'années qui les séparent du mariage. Autre décompte dans la province italienne de Sassari : on demande au coucou quand s'arrêtera l'horloge fatidique du destin. Mais, auparavant, on doit lui adresser cette comptine :

Cuccu di beddi anni
Cuccu di beddi di'
Cant'anni aggiu a vistà a muri.

En entendant la voix qui chante ce refrain, l'oiseau interrompt son propre chant. Dès qu'il recommence, on complète le nombre de ses *coucous.* Chacun d'eux correspond à une année de vie. Le coucou partage d'ailleurs cette faculté divinatoire avec la calandre. Celle dont nous parlons ici n'est pas la grosse alouette au plumage brun plus ou moins sombre de l'Europe du Sud, mais un oiseau blanc que les gens du Moyen Âge disaient venir de Jérusalem. On apportait la calandre au chevet des malades. Lorsqu'elle dirigeait son bec vers le grabataire, ce dernier devait recouvrer la santé car elle attirait à elle tout le mal. S'en écartait-elle qu'il était condamné.

Nous aurions tort de balayer d'un simple revers de main un monde souvent gréé d'angoisse. Un animal en est la preuve vivante : c'est la pieuvre, dont l'imagination humaine a multiplié les tentacules et grossi les dimensions jusqu'à faire d'elle un monstre. Les récits de marins abondent en rencontres terrifiantes de poulpes gigantesques. Selon des légendes scandinaves (mais Pline, Élien, Aldovrandi, Olaus Magnus et bien d'autres ont rapporté de semblables « faits »), le kraken a pour particularité de venir à la surface des flots pour y digérer plus à son aise, et il y demeure immobile, parfois des mois entiers, de sorte que son dos, couvert d'algues et de coquillages, offre l'aspect d'une île, sa taille étant telle qu'« un régiment pourrait y manœuvrer »... Un jour, il arriva même, dit le savant danois Bartholin (1625-1698), qu'un évêque du nom de Brendano fit établir, sans en rien soupçonner, une chapelle sur la tête émergée d'un kraken afin d'y célébrer la messe. Mal lui en prit, ainsi qu'aux assistants, car le poulpe, avant la fin de l'office, décida de regagner les fonds... Il en résulta, comme bien l'on pense, une terrible noyade collective !

On se devrait bien sûr de citer beaucoup d'autres animaux qui ont une incidence sur la vie des hommes. Tel le hérisson. Cette boule d'épines est mêlée, Dieu sait pourquoi, à tout ce qui ressortit à la fécondité. Ainsi, la jeune femme qui, par mégarde, pose son pied sur le petit mammifère insectivore devient de ce fait enceinte. Quant à la vache, elle ne vêlera point si quelque hérisson, dans la Creuse, assiste à l'événement. En raison, par ailleurs, de l'habitude qu'on lui prête, tous piquants dressés, de se rouler sur les fruits qui gisent sur le sol ou qu'il fait choir de l'arbre, pour se constituer un garde-manger bien fourni, on le rencontre fréquemment dans l'iconographie médiévale, où il est l'allégorie de la gourmandise et de l'avarice.

Observation défaillante par absence de méthode ? Appel par trop systématique à l'autorité des Anciens ? Prééminence du sacré ou du religieux sur la raison ? Parfois on dirait que les bêtes que recense l'homme doivent tout à « la folle du logis ». Ainsi, dans la joueuse avifaune des bûcherons du Wisconsin et du Minnesota, existe-t-il un oiseau, le Goofus Bird, qui construit son nid en dépit du bon sens, à l'envers et l'ouverture en bas ; il se déplace à reculons, bien plus soucieux de savoir d'où il vient qu'où il va. Et que dire de cet autre volatile, le Gillygaloo, qui pond des œufs cubiques ? Pour la bonne et saine raison qu'ovales ces œufs dévaleraient les pentes de la Pyramid Forty et se casseraient inévitablement... Ce qui n'empêche personne, après cuisson, de les utiliser comme dés ! Autre incongruité relevée chez l'oiseau de Paradis : peu s'en faut qu'il ne ressemble au couteau de Lichtenberg, ce « couteau sans lame auquel il manque le manche ». Oiseau prodigieusement absurde, il n'a pas de pattes. Et des ailes ? — À peine... Il vole sans fin, vole en dormant, dort en volant. Vole et se nourrit de vapeur et de rosée. La femelle pond en l'air. Qui a dit que l'on avait tué l'Oiseau bleu ?

La faune fantastique

C'est alors que le bestiaire verse dans le merveilleux. Païen, quand l'onagre se signale au Moyen Âge par ses connaissances... proprement astronomiques ! Le 25 mars de chaque année, il brait en effet douze fois la nuit et douze fois le jour, apprenant ainsi au monde le passage à l'équinoxe. Chrétien, lorsque, durant la nuit de Noël, spécialement pendant la messe de minuit que nul, parmi les bons paroissiens des campagnes, n'aurait la hardiesse de manquer, Dieu donne au gros bétail de la ferme, et spécialement aux bœufs, le don de la parole. Sans doute se racontent-ils ce qu'il advint à leur congénère, celui de la crèche, lorsque ce dernier, en compagnie de l'âne, eut l'heur de réchauffer de son haleine l'Enfant-Dieu... Les cynocéphales, eux, ont bien d'autres agissements à leur actif. Pour les anciens Égyptiens, ces grands singes (des babouins) jouent un rôle sacré. Dévots du Soleil, ils aident par leurs cris l'astre du jour à sortir de la nuit et lui adressent la première prière de l'aube. Giambattista Della Porta, à la fin du XVIe siècle, ne reprend cependant pas ce mythe cosmogonique à son compte. En quelque sorte il l'inverse et fait de l'animal un sectateur de l'astre lunaire. « Le cynocéphale, dit-il dans sa *Magie naturelle* (trad. fr. Rouen, 1612), se réjouit de la venue de la Lune, il élève les mains au ciel et orne sa tête d'un atour royal ; il a une telle conjonction avec elle qu'alors il jouit, tandis que dans l'intervalle du mois où elle ne luit pas de nuit et ne colore point toutes choses de son lustre argentin, mais est ombrageuse et obscure, le triste cynocéphale mâle ne mangera pas ; il tiendra la tête baissée contre terre, comme pour se plaindre que la Lune lui ait été indignement ravie. La femelle aussi, gravement attristée de passer une nuit sans splendeur lunaire, ne sait où fixer son regard et souffre autant que le mâle ; dans sa détresse extrême, elle lance au loin le sang de ses parties génitales. C'est pourquoi les cynocéphales sont nourris dans les lieux sacrés, afin que l'on puisse apprendre d'eux à connaître la conjonction du Soleil et de la Lune. »

Si l'on prête volontiers aux animaux des sentiments humains, et même suprahumains, on doue quelquefois les plus petits d'entre eux d'une force herculéenne, hors de proportion avec leur taille. C'est le cas, par exemple, de l'orvet, qui passe en Auvergne pour redoutable.

« S'il n'était aveugle, dit-on, il descendrait un homme de cheval. » Ce l'est aussi du rémora, qui n'est qu'un modeste poisson marin d'une quarantaine de centimètres. Il possède sur la tête un disque formant ventouse, ce qui lui permet de se faire transporter par d'autres poissons, par des cétacés, par des bateaux parfois. Or, à l'instar du lysimaque, qui a la réputation de refréner la pétulance des taurillons, le rémora se montre capable de ralentir, voire d'immobiliser, les navires les plus rapides et les plus gros...

Mais le lysimaque, me rétorquerez-vous, est une plante à fleurs jaunes qui croît dans les lieux humides... Qu'à cela ne tienne ! Le microcosme qu'est tout individu étant la réplique en abyme du macrocosme, c'est sans vergogne que l'on passe d'un règne à l'autre et que l'on mêle les espèces. De serpent qu'il était chez les Anciens (Cléopâtre s'en fit mordre en mangeant des figues), l'aspic devient au Moyen Âge un reptile court, pourvu d'une large tête. Parfois aussi, un quadrupède à pattes de lézard et à queue de serpent. Il déteste la musique et la voix des enchanteurs qui ont décidé de le soumettre. « Aussi bouche-t-il l'une de ses oreilles avec le bout de sa queue tandis qu'il frotte l'autre à la terre de telle sorte qu'elle s'emplit de boue » (Jean Vartier)...

Malgré (ou à cause de) leur ambivalence, qui fait d'eux, souvent, des affidés de Satan, ces animaux ne sont ni « bons » ni « méchants ». Les Gallois (et les Celtes insulaires en général) répugnaient bien sûr à accorder quelque vertu aux alouettes, les accusant même d'avoir été la cause d'une des trois vaines batailles de Bretagne, celle d'Arderyde, qui eut pour enjeu l'un de leurs nids. Pour les Gaulois, cependant, l'alouette était un oiseau sacré et bénéfique. Il n'est pas jusqu'à Shelley, Michelet et Bachelard qui ne s'accordent à louer « l'oiseau couleur d'infini », « jet de sublimation », « vol vertical » pur de toute entrave, et à reconnaître en elle « la partie vibrante de notre être » (*l'Air et les Songes,* 1948).

Qu'elle doive tout à l'imagination des peuples ou qu'elle prenne de quelque manière racine dans le réel, plus inquiétante est la faune que nous allons maintenant découvrir. Ainsi, de l'hyène : « Si elle vient à regarder un homme ou un chien dormant, elle s'étend tout de son long auprès de lui et, si son corps dépasse celui du dormant en longueur, elle le rend insensé, et afin qu'il ne lui puisse nuire ou tenir tête, elle lui ronge les mains ; mais, si elle est de même longueur, prestement elle s'enfuit. Lorsqu'elle vient, furieuse, au-devant de vous, gardez-vous bien de la recevoir du côté droit, car elle vous causera une si grande frayeur qu'il ne vous sera pas possible de lui résister. Mais, si vous l'assaillez du flanc gauche, vous la rendrez impuissante et vous la tuerez facilement. » Autre particularité : « Son ombre rend les chiens muets et sans force pour aboyer ; sachant cela, quand elle est poursuivie, elle court contre la lumière de l'astre du jour et, dans son ombre, elle bat de coups vigoureux la gueule des chiens qui la pourchassent. »

Si personne en Chine n'a vu distinctement le cerf céleste, les mineurs l'ont entendu leur demander de l'aider à sortir de dessous la terre, où il vit habituellement... (L'épithète dont on l'a gratifié est une antiphrase...) Maître chanteur, il fait miroiter la promesse de métaux précieux et d'inconcevables richesses. Mais les mineurs ne s'y laissent point prendre et se font un devoir d'emmurer l'animal. (Dans son livre *Chinese Gouls and Goblins,* paru à Londres en 1928, G. Willoughby-Meade rapporte aussi maintes histoires d'hommes torturés par ce monstre.) Et, du reste, verrait-il le jour qu'il se métamorphoserait en un liquide pestilentiel, qui décimerait à coup sûr le bétail et les hommes sur des milliers de lieues à la ronde. D'origine talmudique en ce qui le concerne, le jidra, dont les sorciers utilisent les os, selon le docteur L. Lewysohn, a forme humaine. Attaché à ses racines par une sorte de cordon ombilical dans le rayon duquel il peut se mouvoir, il pousse de la même manière qu'une citrouille. Il dévore et tue tout ce qui se trouve dans son champ d'action : plantes, animaux, êtres humains... On en arrive à bout en lui sectionnant d'un coup de bêche le cordon ombilical. Malgré son aspect inoffensif, affirment les premiers colons d'Amérique, le cactus-ourson, aussi nommé cactus teddy-bear ou cholla sauteur, n'est pas moins dangereux : il bondit sur qui l'approche d'un peu près. Quant à la lourde amphisbène, Lucain la décrit, dans *la Pharsale,* parmi d'autres reptiles (réels ou imaginaires) que les soldats de Caton affrontèrent en Afrique, comme un serpent à deux têtes, l'une et l'autre — précise Pline l'Ancien — à chaque extrémité, « comme si une seule ne lui suffisait pas pour cracher son venin ».

Il n'est pas jusqu'au coq dont il ne faille se méfier, car il appartient également aux forces occultes et aux bizarreries de la nature. Lorsqu'il a atteint sa huitième année, il pond en effet un œuf, duquel sort bientôt une sorte de petit serpent, le basilic. Il est préférable de brûler sans plus tarder cet œuf, car le basilic se révèle, malgré sa petitesse, un être qui sème la mort autour de lui. Cela, dans l'Antiquité. Car, « à partir du Moyen Âge, c'est un coq quadrupède et couronné, de plumage jaune, avec de grandes ailes épineuses et une queue de serpent qui peut finir en crochet ou en une autre tête de coq » (Jorge Luis Borges). Peut-être tient-il même son pouvoir du Diable en personne.

L'ombre de la Bête

Puisque les trois règnes ne sont pas cloisonnés, ni connues les barrières entre les espèces, pour l'homme des civilisations traditionnelles tout est possible : même la génération spontanée et la métamorphose.

Témoin, la mutation en loup-garou : il suffit que le père — déjà sorcier loup-garou — s'accouple à une louve en chaleur, ou que l'un des parents soit visité par quelque démon (mâle ou femelle selon les cas). Quant au barometz ***(Polypodium barometz),*** ou agneau végétal de Tartarie, « il donne, écrit John de Mandeville au XIVe siècle, une sorte de fruits semblables à des gourdes. Lorsqu'ils sont mûrs, les indigènes les coupent en deux et y trouvent un petit animal bien vivant, en chair et en os, comme un agneau sans laine. Les hommes mangent et le fruit et la bête. J'ai goûté de ce fruit, qui est une merveille extraordinaire. »

L'auteur, disent historiens et botanistes, ne fait qu'avaliser une fable propagée bien avant lui par le franciscain Oderic de Pordenone, qui visita Ceylan et la Chine. Il n'empêche : on y crut jusqu'au XIXe siècle. Parce que sa sève couleur de sang, ses quatre « membres » (ou branches), sa tête roussâtre y faisaient songer, le barometz apparaissait tantôt comme une réplique du jidra, tantôt comme un arbre majestueux dont les fruits portaient de petits moutons vivants. Et Willy Ley, dans ***Animaux fabuleux, créatures imaginaires,*** de noter plaisamment : « On n'a jamais pu éclaircir le sort de ces animaux parvenus à maturité. Demeurent-ils sur l'arbre ou s'en vont-ils de leur côté ? Ce point est resté obscur. »

Si le barometz fut longtemps considéré comme un arbre merveilleux et somme toute bénéfique, la globulaire, en revanche, était, dans les régions méditerranéennes, accusée des pires méfaits ; on la fuyait comme la peste... Plutôt que d'y conduire leurs troupeaux, les éleveurs préféraient incendier les pâturages où végétait cet arbuste, si anodin pourtant en apparence ! C'est que ses globes contenaient des gnomes qui se jetaient sur le bétail, se logeaient dans les viscères et l'amenaient très vite à un état de consomption. « Les locataires putatifs de la globulaire, écrit Pierre Ferran dans son ***Livre des mauvaises herbes*** (1969), essaimaient aussitôt dans les mas, déjà peuplés de faudeurs, ces lutins des greniers à foin qui passent leur temps à cacher des outils et à jouer des tours aux jeunes gens, où ils ravageaient la volaille et les porcs, s'en prenant même aux céréales entassées dans les hangars, qu'ils transformaient en charbon puant. » Si l'on ajoute foi aux témoignages populaires, comme le fit A. Delatte, on ne peut que constater que ces gnomes « se tapissaient dans les petits akènes durs de la globulaire pour braver la mauvaise saison et ne manquaient jamais de vous importuner ou de vous faire perdre votre route si, d'aventure, par curiosité ou par jeu, vous aviez ramassé et mis dans votre poche l'un de ces fruits enchantés. » Au siècle dernier encore, les prêtres en recommandaient en chaire la destruction par le feu. Ils allaient même, goupillon au poing, jusqu'à organiser de véritables battues dans les champs. Ils répandaient partout de l'eau bénite et de ces galets ronds que les bonnes gens surnommaient « le fumier du curé » : ce n'est que de cette façon que la terre devenait propre aux cultures et l'air enfin respirable, car on affirmait que les effluves de la globulaire, lorsque soufflaient le mistral ou l'autant, étaient l'haleine même du Diable...

Beaucoup de bêtes ont longtemps figuré au banc d'infamie. Il y eut des procès d'animaux jusqu'au XVIIIe siècle. Selon Jean Vartier, la Suisse en eut (presque) le monopole. « La république de Berne s'attaqua judiciairement aux chenilles en 1470. » On leur commit un avocat d'office ! Même procédure pour les hannetons du pays de Porrentruy, conjointement poursuivis par les prêtres et le bras séculier. « Guillaume d'Écublens, évêque de Lausanne de 1221 à 1229, relégua par sentence les anguilles qui infestaient le lac Léman en un certain endroit de celui-ci "d'où elles n'osèrent plus sortir". » Bel exemple de soumission à l'autorité épiscopale ! Et on alla même, sous la Révolution française, jusqu'à juger un perroquet que l'on soupçonnait de manquer de patriotisme ! Nombreux furent par ailleurs les porcs, les chats, les chiens, les vaches et surtout les chèvres qui durent subir avec leurs maîtres le supplice du bûcher, souvent sous l'accusation de bestialité, considérée alors comme le pire des crimes. Les tribunaux d'Église avaient toute compétence pour prononcer des peines spirituelles comme l'anathème, la malédiction, l'excommunication contre les insectes, rongeurs, chenilles et petits invertébrés prédateurs...

Parmi les animaux, il en est qui semblent détenir tout particulièrement les faveurs du Diable. Ainsi du bélier, du bouc, du serpent, du crapaud, du chien jaune, du crabe, du scorpion, du basilic, ce reptile auquel était attribué le pouvoir de tuer par son seul regard, et, plus généralement, des rapaces, des araignées... Si la poule noire sert aux évocations et à la magie diaboliques, que dire de la mouche, sous l'aspect de laquelle Belzébuth aime à se montrer ? Les Arabes font de l'autruche l'instrument des démons qui empruntent sa forme ou qui se servent d'elle comme monture. Selon le bestiaire démoniaque européen, les sorciers, parfois, se transforment en chats noirs. Ils attendent le moment propice pour s'introduire subrepticement dans les étables et, le Diable aidant, les bêtes sont taries pour toujours. Il ne reste plus qu'à les abattre. Aussi les éleveurs font-ils le guet pour occire les chats noirs d'un bon coup de fourche.

Selon les démonologues et les inquisiteurs, qui extorquaient de leurs victimes les aveux qui les confortaient dans leurs propres fantasmes, le Très-Bas apparaît sous l'aspect des animaux les plus divers. « Il n'y a, dit Le Loyer dans son ***Discours et histoires des spectres, visions et apparitions*** (1605), forme de bêtes à quatre pieds que le Diable ne prenne, ce que les ermites vivant dans les déserts ont assez éprouvé. À saint Antoine qui habitait la Thébaïde, les loups, les lions, les taureaux se présentaient à tout bout de champ. À saint Hilarion en prières se montrait tantôt un loup qui hurlait, tantôt un renard qui glapissait, tantôt un gros dogue qui aboyait. Ce n'est point des animaux à quatre pieds seulement auxquels les diables empruntent la figure, ils prennent aussi celle des oiseaux (hiboux, chats-huants, mouches, taon)... Quand les esprits malins se montrent, ils ne gardent aucune proportion parce qu'ils sont exagérément gros et petits. » Et, de son côté, dans *Cinq Livres de l'imposture et tromperies des diables, des enchantements et sorcelleries* (1567), le démonologue allemand Jean Wier : « J'ai entendu citer des cas très éloquents. Dans un couvent près de Cologne, le Diable se promenait sous la forme de chiens ; et, se cachant sous les robes des nonnes, il y faisait des tours honteux et sales. » Bref ! pour qui sait le voir sous ses déguisements, le Diable se manifeste partout, mais il se fabrique de préférence une anatomie monstrueuse.

Les proverbes : un viatique au quotidien

Il serait fastidieux et hors de propos, ici, de décrire, avec les démonologues, l'immense empire infernal, avec sa hiérarchie, sa cour, ses pompes, son organisation paramilitaire, sa sourcilleuse étiquette, ses dignitaires et leurs fonctions respectives. Un Saint-Simon n'y suffirait pas. Que l'on sache simplement que les démons tiennent tous de la tératologie. C'est à qui, parmi eux, empruntera aux animaux les plus divers et les plus répugnants (les plus fascinants aussi), la panoplie la plus hétéroclite. De cela, aucun proverbe animalier ne touche mot. On pourrait se demander pourquoi. Nos proverbes passent également sous silence les créatures fabuleuses qui hantent les mythologies. Sans prétendre à l'exhaustivité, Borges détaille, dans son *Livre des êtres imaginaires* (Gallimard, 1987), un bestiaire fantastique déjà considérable puisqu'il englobe à peu près toutes les civilisations depuis leur entrée dans l'histoire. Or, que je sache, aucun de nos aïeux ne s'est servi de l'une ou l'autre de ces entités pour juger des choses et régler sa vie au quotidien. Aurions-nous à faire ici à la double tradition qui, en Occident, court comme un fil rouge le long des siècles, jusqu'à — mettons — Pasteur et Claude Bernard ? Deux courants dont l'un, docte et livresque, s'appuie sur l'autorité des Anciens et sur celle de l'Église, et l'autre, plus empirique, plus sensible aussi à l'observation... Nous retrouverions alors le partage qui existait, par exemple, entre médecine et chirurgie, alchimie spéculative et pratique des « faiseurs d'or ».

Voilà qui expliquerait la pertinence toujours actuelle de nos proverbes. Alors que les érudits leur parlaient du caractère excessivement complexe et surprenant de l'hyène ou du cynocéphale, les gens — toutes catégories sociales confondues — n'en croyaient que leurs yeux et leurs oreilles. « On ne la leur faisait pas », comme dit le populaire... Sans s'embarrasser de rien, ils s'attachaient à la figure du lion, à celles de l'âne ou du renard en leur déférant des attributs et des mœurs sans ambiguïté. Qui dit renard dit ruse. Qui dit lion dit majesté. Qui dit âne dit sottise. Cela est d'une clarté cristalline mais ne va pas, hélas ! sans a priori ni injustice. On trouve de tout dans la sagesse des nations, du meilleur comme du pire : y compris misogynie et racisme. C'est à quoi les proverbes doivent paradoxalement leur valeur. Ils nous donnent à connaître ce qu'il y a chez l'être humain d'assez permanent, d'assez odieusement permanent parfois. Mais l'homme n'est-il pas Janus ?

René Louis

Le lecteur trouvera, dans une première partie, les expressions, locutions et proverbes de langue française regroupés par ordre alphabétique autour de 250 noms d'animaux. Les articles comportent des définitions et explications, des citations tirées de la littérature du Moyen Âge à nos jours et, le cas échéant, les variantes et les contraires.

Dans une seconde partie, les proverbes et dictons du monde ont été à leur tour classés par nom d'animal et par pays.

Ainsi s'apercevra-t-on que, malgré la diversité des mentalités, un même esprit sous-tend les représentations que l'homme peut avoir du monde animal.

LES ANIMAUX DANS LES EXPRESSIONS DE LA LANGUE FRANÇAISE...

A

ABEILLE

Zélé comme une abeille. Se dit d'une personne active, laborieuse. L'abeille symbolise l'activité ordonnée et féconde.

En ligne d'abeille (vx). En ligne droite.

PROVERBE

Le miel est doux, mais l'abeille pique. Il faut parfois savoir souffrir pour profiter d'un plaisir.

AGNEAU

Doux comme un agneau. D'une humeur tendre et pacifique, d'une naïveté enfantine. L'agneau est le symbole de la douceur, de la franchise et de la candeur.

Une candeur d'agneau. Une naïveté sans défiance, une innocence pure.

VARIANTE. **Innocent comme l'agneau qui vient de naître.**

PROVERBES

Qui se fait agneau, le loup le mange (vx). Lorsqu'on est trop docile, on devient une proie facile.

Il va plus au marché de peaux d'agneau que de vieilles brebis (vx). La jeunesse est plus vulnérable et plus exposée aux convoitises du destin.

D'où vient l'agneau, là retourne la peau (vx). Équivalent de *bien mal acquis ne profite jamais,* destiné à décourager la malhonnêteté.

Mieux vaut tondre l'agneau que le pourceau (vx). Mieux vaut tromper les riches que les pauvres.

AIGLE

Homme supérieur par ses talents, son génie. L'aigle est l'emblème de la force, de la majesté et de la puissance. *Le plus médiocre jésuite est un aigle chez eux* [les Malabares]. VOLTAIRE, *Lettre au roi de Prusse.*

CONTRAIRE. **Ce n'est pas un aigle.** C'est un homme ordinaire, limité intellectuellement. *Oriane n'est pas un aigle, mais elle n'est tout de même pas stupide.* M. PROUST, *À la recherche du temps perdu,* II.

PAR EXTENSION. **L'aigle d'une société, d'une situation...** La personne la plus éminente d'un groupe, la plus compétente, etc. *Cependant il est* [un discours] *de chez ma pauvre tante, où j'étais l'aigle de la conversation...* Mme DE SÉVIGNÉ, *Lettre à Mme de Grignan,* 1672. *L'aigle d'une maison n'est qu'un sot dans une autre.* L. GRESSET, *le Méchant.*

Un regard d'aigle. Un esprit perspicace et profond.

PAR EXTENSION. **Un vol d'aigle.** Une grande élévation d'esprit.

Un œil, des yeux d'aigle. Des yeux vifs et perçants.

VARIANTE. **Des yeux de lynx.**

Crier comme un aigle. Crier d'une voix aiguë et désagréable. *Qu'avez-vous à crier comme un aigle ?* Mme de LA FAYETTE, *in* G.L.L.F.

La plume de l'aigle qui dévore les autres (vx). Se disait d'une personne qui tirait tout l'avantage et le profit d'une société.

Bec d'aigle. Nez aquilin.

VARIANTES. Bec de faucon. Bec de perroquet.

Nid d'aigle. Construction en un lieu élevé, souvent escarpé.

PROVERBES

L'aigle ne chasse point aux mouches (vx). L'homme supérieur dédaigne les bagatelles.

L'aigle n'engendre pas la colombe. On retrouve chez ses enfants les qualités ou les défauts du père.

VARIANTE. Les chiens ne font pas de chats.

ALOUETTE

Miroir aux alouettes. Piège qui fascine par une apparence trompeuse — par allusion au dispositif de ce nom, composé de miroirs qui scintillent au soleil pour attraper les oiseaux. *Je suis pour le progrès, disait encore Daniel, mais pas pour un progrès en matière plastique... Pas pour le miroir aux alouettes.* E. TRIOLET, *Roses à crédit.*

S'éveiller, se lever au chant de l'alouette. Très tôt, l'alouette chantant au point du jour.

VARIANTE. Se lever au chant du coq.

Attendre que les alouettes tombent toutes rôties dans le bec, dans la bouche (vx). S'attendre à des succès faciles sans rien faire pour les obtenir. Au XVIe s., l'alouette était le gibier favori du campagnard français. *Il parle trop de mon grand pouvoir, il doit croire que les alouettes me tombent toutes rôties...* M. PROUST, *À la recherche du temps perdu,* II.

PROVERBES

Si le ciel tombait, il y aurait bien des alouettes de prises (vx). Se disait pour railler une hypothèse absurde.

VARIANTE. Si la mer bouillait, il y aurait bien des poissons cuits.

L'alouette en main vaut mieux que l'oie qui vole (vx). Mieux vaut un petit profit qu'une fortune incertaine.

VARIANTES. Un oiseau dans la main vaut mieux que deux dans la haie *(vx).* Moineau à la main vaut mieux que grue, que perdrix qui vole *(vx).* Mieux vaut moineau en cage que poule d'eau qui nage *(vx).*

Anchois

Avoir les yeux bordés d'anchois (vx). Les paupières rouges, couleur de la chair de ce poisson.

Âne

Bête comme un âne. Se dit de quelqu'un d'ignorant ou de sot. Depuis l'Antiquité, l'âne symbolise la stupidité, l'entêtement, la médiocrité, la vulgarité, parfois. *Ma foi, de tels savants sont des ânes bien faits !* MOLIÈRE, *les Fâcheux*. *Un gros âne pourvu de mille écus de rente.* M. RÉGNIER, *Satires,* IV.

DÉRIVÉ. **Ânerie.** Erreur ou sottise grossière. *Eh bien ! Petit coquin, voilà encore de vos âneries !* MOLIÈRE, *la Comtesse d'Escarbagnas.*

Un âne bâté (vx). Un imbécile (avec l'idée d'une fierté stupide). L'*âne bâté* est celui qui porte le bât (dispositif qui sert à porter une charge) ; autrefois : *fier comme un âne qui a un bât neuf. Ceux-ci* [J.-J. Rousseau, Diderot, d'Alembert] *sont tous des ânes bâtés, sous le rapport de la langue, pour me servir d'une de leurs phrases.* P.-L. COURIER, *Correspondance.*

CONTRAIRE. **Un âne débâté** *(vx).* Un étourdi ; un homme qui s'adonne aux femmes.

Têtu comme un âne. Borné, entêté.

VARIANTES. **Têtu comme une mule. Têtu comme une bourrique.**

Méchant comme un âne rouge, comme un âne roux (vx). Très méchant, d'un naturel difficile et perfide. Allusion à la défaveur qui, au Moyen Âge, s'attachait au poil roux (au XIIIe siècle, *roux* a signifié « déloyal », puis, plus tard, « rusé ») ; d'autre part, *roussin* (d'abord « cheval trapu », puis « cheval à poil roux ») a subi, à cause de sa valeur dépréciative, l'influence de *rosse,* terme qui s'est par la suite appliqué aux bêtes médiocres, de peu de valeur (*méchant,* au sens ancien : « de qualité inférieure »).

De la pisse d'âne. Se dit d'une chose sans intérêt, sans valeur.

VARIANTES. **De la crotte de bique. Du pipi de chat. De la roupie de sansonnet.**

Saoul, gris comme un âne (vx). Complètement saoul — jeu de mots probable sur gris, « qui est près d'être ivre », et la couleur du pelage de l'âne.

VARIANTE. **Saoul comme une bourrique.**

Crier, gueuler comme un âne. Hurler d'une façon qui évoque le braiment rauque et retentissant de l'âne. *Quelquefois, un lion venait qui mangeait un âne ; alors tous les ânes se sauvaient en criant comme des ânes...* J. PRÉVERT, *Histoires.*

Il ressemble à l'âne de Buridan (vx). Se disait d'un homme qui ne savait pas se décider, qui hésitait entre deux partis. Allusion à la parabole philosophique de Jean Buridan de Béthune, mettant en scène un âne placé à égale distance de deux bottes de foin ; n'ayant aucune raison de se décider pour l'une plutôt que pour l'autre, il meurt de faim entre les deux. Selon le philosophe J. Chevalier, cette image, destinée à prouver l'existence de la liberté d'indifférence, serait une caricature de sa doctrine.

Faire l'âne pour avoir du chardon (vx)**, du son.** Faire l'imbécile pour obtenir une information utile, un avantage. *Car, au fond, je comprenais ce qu'elle voulait me dire. Je faisais l'âne pour avoir du son, je voulais qu'elle me parle encore.* M. CARDINAL, *les Mots pour le dire.*

Sérieux comme un âne qu'on étrille (vx). D'une impassibilité affectée, qui évoque l'âne qu'on brosse avec l'étrille.

Le pont aux ânes. Chose facile, évidente ; banalité que personne ne doit ignorer, par allusion au pont que l'on obligeait les ânes à traverser à coups de bâton. Dans une vieille farce, on conseille à un mari de prendre exemple sur ce procédé pour punir sa femme : le remède était facile, à la portée de tout le monde ; de là, le *pont aux ânes. Ce n'est guère qu'au cinquième acte que ces sentiments se déploient sur le pont aux ânes des imprécations, pont aux ânes que l'on passe toujours avec succès.* VOLTAIRE, *Lettre à Lekain,* 1767.

> PAR EXTENSION. **Le pont aux ânes de la géométrie.** Le théorème du carré de l'hypoténuse, dont la démonstration graphique est évidente.

Demander de la laine à un âne (vx). Demander à quelqu'un ce qu'il n'a pas.

Le coup de pied de l'âne. Dernière attaque ou insulte que le faible lance lâchement contre un adversaire accablé — allusion à la fable latine de Phèdre, où l'âne frappe à coup de pied le vieux lion épuisé ; récit repris par La Fontaine dans *le Lion devenu vieux* (où il est question de l'arrivée de l'âne, mais non de son coup de pied).

L'âne vêtu de la peau du lion. Se dit d'un peureux qui se fait passer pour brave ; allusion à la fable de La Fontaine, qui porte ce titre :

De la peau du lion l'âne s'étant vêtu
Était craint partout à la ronde ;
Et, bien qu'animal sans vertu,
Il faisait trembler tout le monde.
Un petit bout d'oreille échappé par malheur
Découvrit la fourbe et l'erreur...

L'âne chargé de reliques. Se dit d'un personnage prétentieux et ridicule ; allusion à La Fontaine, qui a rendu célèbre la fable d'Ésope, *l'Âne portant des reliques :*

Un baudet chargé de reliques
S'imagina qu'on l'adorait :
Dans ce penser il se carrait,
Recevant comme siens l'encens et les cantiques.
Quelqu'un vit l'erreur et lui dit :
« Maître Baudet, ôtez-vous de l'esprit
Une vanité si folle.
Ce n'est pas vous, c'est l'idole
À qui cet honneur se rend
Et que la gloire en est due. »

L'âne du moulin (vx). Celui sur qui retombent les réprimandes, même s'il est innocent.

Entrer quelque part comme un âne dans un moulin. Grossièrement, sans précaution.

Brider l'âne par la queue (vx). Faire quelque chose maladroitement, ou tout à l'envers ; *brider* signifiant « mettre la bride à un animal pour le diriger ». *Mais de quelle brutale stupidité lui peut venir un si grossier aveuglement ? Il lui faut brider l'âne par la queue.* MONTAIGNE, *Essais,* I.

VARIANTES. **Écorcher l'anguille par la queue. Brider son cheval par la queue. Mettre la charrue avant, devant les bœufs.**

Un grain de mil à la bouche, dans le bec d'un âne (vx). Peu de chose ; se disait lorsqu'on donnait peu à quelqu'un qui désirait beaucoup.

Déferrer l'âne (vx). Aller à pied.

Il y aura de l'âne (vx). Un quiproquo, un malentendu.

Mener l'âne (vx). Tenir la chandelle, c'est-à-dire assister à une turpitude ou être dupé.

Contes de peau d'âne. Se dit de toutes sortes de petits contes inventés pour l'amusement des enfants, par allusion au conte de Perrault *Peau d'âne,* dont l'héroïne fut longtemps vêtue d'une peau d'âne qui cachait sa beauté. *Des fables semblables à celles que content... les Bretons du roi Artus... les Parisiens du Moine* *bourru, et les bonnes femmes de leurs fées, Peau d'âne et Mère à sept têtes.* G. NAUDÉ, *Rosecroix.*

Vous avez raison, votre âne pète (vx). Se disait pour désapprouver quelqu'un.

S'en moquer comme un âne d'un coup de bonnet. S'en moquer complètement.

La peau de tambour sera à bon marché, les ânes s'étendent (vx). Se disait aux garçons paresseux qui s'étiraient les membres, par allusion à la peau de l'âne dont on se servait pour faire des tambours.

Oreilles d'âne. Grandes oreilles. Selon la légende, Apollon infligea au roi Midas des oreilles d'âne à cause de son ignorance.

> *J'irai creuser la terre, et, comme ce barbier,*
> *Faire dire aux roseaux par un nouvel organe :*
> *Midas, le roi Midas a des oreilles d'âne.*
> N. BOILEAU, *Satires.*

Bonnet d'âne. Bonnet garni de deux cornes en papier dont on affublait les écoliers paresseux. *Il n'y a qu'un bonnet d'âne à mettre sur la tête d'un savant qui croit savoir bien ce que c'est que la dureté, la cohérence, etc.* VOLTAIRE, *Lettre au roi de Prusse.*

Un âne parmi les singes (vx). Un naïf qui est la dupe des autres.

Dos-d'âne. Élévation, ressaut évoquant le dos d'un âne. *Les rues étroites et sans pente, quoique le terrain soit en dos-d'âne, sont toujours bourbeuses.* ABBÉ G. RAYNAL, *Histoire philosophique.*

Passer sous le ventre à l'âne (Régional, Vienne). Pour une femme, avoir des rapports sexuels avec un homme.

PROVERBES

L'âne frotte l'âne (vx). Les imbéciles se complimentent mutuellement (du latin *Asinus asinum fricat*). Allusion à l'habitude qu'ont les ânes de se frotter les uns contre les autres pour apaiser leurs démangeaisons.

> *Deux ânes qui, prenant tour à tour l'encensoir,*
> *Se louaient tour à tour, comme c'est la manière...*
> LA FONTAINE, *le Lion, le Singe et les Deux Ânes.*

Les ânes parlent latin (vx). Se dit pour railler quelqu'un qui parle avec assurance de ce qu'il ignore.

L'âne du commun est toujours le plus mal bâté. Les affaires d'une communauté sont plus mal conduites que celles d'un particulier.

Le plus âne des trois n'est pas celui qu'on pense. La personne la plus stupide n'est pas celle qui paraît l'être. Allusion à la fable de La Fontaine *le Meunier, son Fils et l'Âne,* dans laquelle le meunier et son fils portent l'âne à la foire afin qu'il y arrive en plus grande forme.

Pour un point, faute d'un seul point, Martin perdit son âne (vx). Un rien peut faire manquer une affaire importante. Probablement par confusion du nom de l'abbaye *Asello,* en Italie avec le mot latin *asellus,* signifiant « âne ». On raconte qu'un abbé nommé Martin fit inscrire à la porte de son abbaye la devise suivante : *Porta, patens esto. Nulli claudaris honesto* (Porte, reste ouverte. Ne sois fermée à aucun homme honnête). Le point fut mis par mégarde après *nulli,* ce qui donna : *Porta, patens esto nulli. Claudaris honesto* (Porte, ne reste ouverte pour personne. Sois fermée à l'homme honnête). Le pape, indigné par l'inscription, confisqua à Martin son abbaye.

Il y a plus d'un âne à la foire qui s'appelle Martin (vx). Plusieurs personnes peuvent porter le même nom ; il ne faut pas affirmer une chose d'après un seul indice. Autrefois, l'usage était d'appeler les ânes *Martin ;* d'où confusion dans les foires, car les paysans qui cherchaient leur âne prétendaient tous qu'il répondait à ce nom.

On ne dit guère Martin qu'il n'y ait d'âne (vx). Il y a toujours du vrai dans les commérages.

Il cherche son âne et il est dessus. Il cherche ce qu'il a entre les mains.

On ne fait pas boire un âne qui n'a pas soif (vx). Il faut vouloir les choses en leur temps ; on ne saurait contraindre une personne entêtée.

Tous les ânes ne portent pas sac. Tout le monde n'est pas de même condition.

À laver, à blanchir la tête d'un âne, on y perd sa lessive, son savon (vx). C'est peine perdue de vouloir instruire ou corriger un ignorant.

Parlez, chantez à un âne, il vous fera des pets (vx). Parlez à un ignorant ou à quelqu'un de mauvaise foi, vous n'obtiendrez rien.

On tirerait plutôt un pet d'un âne mort qu'un sou de sa bourse (vx). Se disait d'une personne excessivement avare.

> PAR EXTENSION. **Vouloir tirer un pet d'un âne mort** *(vx).* Demander ou tenter l'impossible. *Et ne fut possible de tirer de lui une parole, non plus qu'un pet d'un asne mort.* RABELAIS, *in* Littré. **Cela ne vaut pas le pet d'un âne mort.** Cela ne vaut rien du tout.

Un âne chargé ne laisse pas de braire (vx). La richesse ne peut masquer la bêtise.

Nul ne sait mieux que l'âne où le bât blesse. Celui qui souffre sait mieux que personne où est le siège de sa souffrance.

Près des ânes l'on attrape des coups de pied (Régional, Agen). Il faut se méfier des mauvaises fréquentations.

Petit aiguillon pique un gros âne (Régional, Provence). Petite cause, grand effet.

ANGUILLE

Filer, s'échapper comme une anguille. Être insaisissable, vif et habile. L'anguille, par sa forme allongée (rappelant le serpent) et sa peau visqueuse, symbolise la dissimulation, la ruse, la tromperie.

VARIANTES. **Glisser, se faufiler, se retourner comme une anguille.**

Mince, souple comme une anguille. Très mince, très souple. *Cet amour de femme, grande comme un fagot, mince comme une anguille.* H. DE BALZAC, *Splendeurs et misères des courtisanes.*

Rompre l'anguille au genou (vx). Vouloir l'impossible ou utiliser une méthode inadaptée et violente dans une affaire.

Tirer l'anguille par la queue (vx). Être dans l'incertitude sur l'issue d'une entreprise.

Écorcher l'anguille par la queue (vx). Commencer par où il faudrait finir, s'y prendre de travers. *Je ne veux point faire aussi de fictions poétiques, n'y écorcher l'anguille par la queue, c'est-à-dire commencer mon histoire par la fin...* A. FURETIÈRE, *le Roman bourgeois.*

VARIANTES. **Mettre la charrue avant, devant les bœufs. Brider l'âne, le cheval par la queue.**

Anguille de caleçon (arg.). Pénis, par analogie de forme.

Il y a anguille sous roche. L'affaire n'est pas claire, il y a un problème, une tromperie. Selon P. Guiraud, de l'ancien verbe *guiller* (du francique *wigila,* « ruse », « astuce ») : tromper, qui aurait donné le jeu de mots entre *guile,* « tromperie », et *anguille. La déposition du colonel devenait nécessaire pour peu que le gouvernement pensât qu'il pouvait bien y avoir là anguille sous roche.* PROUST, *in* G.L.L.F.

PROVERBES

Il ressemble aux anguilles de Melun, il crie avant qu'on ne l'écorche (vx). Se disait de quelqu'un qui se plaignait avant de sentir le mal, ou qui avait peur sans raison, probablement par allusion à un dénommé Languille qui, au cours d'une représentation publique dans laquelle il jouait le rôle de saint Barthélemy (qui fut écorché vif), s'enfuit en hurlant quand il vit approcher son bourreau, le couteau à la main.

Le pâté d'anguille lasse (vx). La meilleure chose finit par lasser. Au Moyen Âge, l'anguille était un poisson très recherché pour sa chair savoureuse (mais indigeste).

À grand pêcheur échappe l'anguille (vx). Il arrive qu'un homme habile et expérimenté échoue dans ce qu'il a entrepris.

Quand on serre trop l'anguille, on la laisse partir (Régional, Vosges). En exigeant trop, on finit par tout perdre.

La nuit, on prend les anguilles (Régional, Bretagne). La nuit, on peut mieux approcher les femmes difficiles.

ARAIGNÉE

(vx) Personne encline à faire le mal. *Combien encore il* [le duc d'Orléans] *avait résolu de nous laisser dégoûter et salir par cette araignée venimeuse* [Pontchartrain] *que chacun souhaitait dehors.* SAINT-SIMON, *Mémoires.*

Pattes, doigts d'araignée. Doigts longs et effilés ; (vx) doigts habiles au larcin ; (vx) écriture maigre et allongée.

Faire patte d'araignée. Caresser, l'araignée évoquant une image sexuelle.

Avoir une araignée dans la tête, le cerveau, le plafond, la coloquinte. Avoir l'esprit dérangé, des idées bizarres ; être un peu fou.

> VARIANTES. **Avoir un hanneton dans le plafond. Avoir une hirondelle dans le soliveau. Avoir un moustique dans la boîte à sel.**

Les araignées ont fait leurs toiles dans nos dents. Il y a longtemps que nous n'avons pas mangé.

PROVERBE

Araignée du matin, chagrin ; araignée du midi, souci ; araignée du soir, espoir. Formule de présage, jeu de rimes.

Aspic

Une langue d'aspic (vx). Un homme méchant, dangereux par sa médisance, allusion au venin mortel de ce serpent. *Leurs langues sont cauteleuses, venin d'aspic est sous leurs lèvres.* J. Calvin, *Institution de la religion chrétienne.*

VARIANTES. **Langue de serpent** *(vx).* **Langue de vipère.**

Froid comme un aspic (vx). Se disait d'un homme aux manières glaciales et menaçantes.

Autruche

Faire la politique de l'autruche. Refuser par faiblesse de voir le danger, d'affronter la réalité, allusion à la légende selon laquelle l'autruche cache sa tête dans le sable en cas de menace. *Heureusement, beaucoup n'en avaient pas conscience. La politique de l'autruche. Tous plus veules les uns que les autres.* D. Guérin, *l'Apprenti.*

VARIANTES. **Faire comme l'autruche. Faire l'autruche.**

Avoir un estomac d'autruche. Pouvoir tout digérer, tout supporter. On a cru longtemps que l'autruche avalait les substances les plus hétéroclites ; en réalité, comme beaucoup d'oiseaux, elle avale toutes sortes de cailloux pour faciliter sa digestion. *Avant lui j'avais jamais rien !* [...] *je digérais n'importe quoi ! ...J'avais l'estomac d'autruche !...* L.-F. Céline, *Mort à crédit.*

B

Babouin

Enfant étourdi, turbulent ou poltron. Le babouin est un singe à grosse tête, aux lèvres proéminentes (racine *bab,* suivie de toutes ses formes : *babiller,* « parler beaucoup » ; *babine,* « lèvre » ; *baboue* [vieilli], « grimace », etc.).

> [Il] *s'avise*
> *De le tancer : Ah ! le petit babouin !*
> *Voyez, dit-il, où l'a mis sa sottise !*
> La Fontaine, *l'Enfant et le Maître d'école.*

(vx) Petit bouton sur les lèvres. De *babouin*, autrefois « visage » ou « bouche ».

Baiser le babouin (vx). Se soumettre à une humiliation. Autrefois, pour un soldat, brimade consistant à embrasser une figure grotesque (vraisemblablement de singe) barbouillée sur la muraille d'un corps de garde ; plus probablement, de l'ancien français *babouin*, « vilain personnage ». *Le duc de Rohan a été contraint de baiser le babouin.* *Les Caquets de l'accouchée*, *in* LITTRÉ.

BALEINE

Gros comme une baleine. Se dit d'une personne excessivement grosse.

Rire comme une baleine. Rire en offrant une bouche béante.

BARBET

Chercheur de barbets (vx). Escroc, voleur ; allusion aux filous qui s'introduisaient dans les maisons sous prétexte de chercher des barbets (espèce d'épagneul à poil long) égarés. *Ah ! ce sont des chercheurs de barbets ; ce sont des filous qui veulent dérober mes meubles.* Ch. SOREL, *la Vraie Histoire comique de Francion*.

Être crotté comme un barbet (vx). Très sale, comme un barbet sali de boue.

BARBICHON ou BARBICHET

(vx) Ecclésiastique plongé dans une dévotion ignorante ; de *barbichon, barbichet* : petit chien barbet. *Bailly n'était pas net du soupçon de jansénisme, quoique fort rare parmi ces barbichets.* SAINT-SIMON, *Mémoires*.

BARDOT

(vx) Celui sur qui les autres se déchargent d'une partie de leur tâche ; souffre-douleur. Le bardot (petit mulet) marche en tête d'une caravane et porte généralement les provisions du muletier.

Passer pour bardot (vx). Passer par-dessus le marché, ne pas payer sa quote-part dans un repas à frais communs, comme un bardot dont on ne compte pas la consommation, sur une grosse dépense [P. Larousse].

Basilic

Un regard, des yeux de basilic (vx). Des yeux qui expriment la fureur, le dépit ou la haine. Allusion au reptile fabuleux (sorti d'un œuf de coq couvé par un crapaud) dont le regard passait pour être mortel ; selon la croyance populaire, le basilic se tuait lui-même quand il se regardait dans une glace. *Le baron était assis sur son fauteuil, l'œil clair comme un basilic.* Th. Gautier, *in* G.L.L.F.

Basset

(vx) Petit homme aux jambes très courtes, comme ce chien. S'employait adjectivement au sens de « court sur pattes » : *M. de Brissac avait infiniment d'esprit avec une figure de plat apothicaire, grosset, basset et fort enluminé.* Saint-Simon, *Mémoires.*

Baudet

(vx) Homme stupide et ignorant, du nom familier de l'âne.

Chargé comme un baudet. Excessivement chargé.

> variantes. **Chargé comme un âne. Chargé comme une mule. Chargé comme un mulet.**

Crier haro sur le baudet. Que les responsabilités retombent sur le plus faible, coupable ou non ! Allusion au vers de La Fontaine dans *les Animaux malades de la peste,* qui résume avec énergie la réprobation générale dont une personne ou une chose est injustement l'objet. *À ces mots, on cria haro sur le Baudet.* [...] *Ce pelé, ce galeux, d'où venait tout le mal. Crier haro sur quelqu'un,* crier publiquement son indignation contre lui ; en Normandie, *haro* était un terme de droit coutumier ; n'importe qui pouvait crier *haro* lorsqu'il voulait faire arrêt sur quelqu'un ou quelque chose pour procéder immédiatement à l'arrestation du coupable.

Bécasse

Femme sotte et crédule, par analogie avec cet oiseau migrateur qui passe (comme beaucoup d'oiseaux) pour stupide.

Brider la bécasse ; la bécasse est bridée (vx). Faire tomber quelqu'un dans un piège. Allusion à la chasse à la bécasse au moyen de collets, pièges dans lesquels ces oiseaux tombent facilement. *Ma foi, monsieur, la bécasse est bridée, et vous avez cru faire un jeu qui demeure une vérité.* MOLIÈRE, *l'Amour médecin.* *Par ce qui s'était passé dans le cabinet du roi, du chancelier et de M. le duc d'Orléans immédiatement, la bécasse fut bridée à son égard* [du duc d'Orléans]. SAINT-SIMON, *Mémoires.*

Sourd comme une bécasse (vx). Se disait d'une personne excessivement sourde.

BÉCASSINE

Jeune fille niaise. Nom donné à un personnage de contes pour enfants, créé par le dessinateur Joseph Pinchon en 1905.

Tirer la bécassine (vx). Cacher sa force au jeu dans le but de gagner, allusion à la difficulté de chasser cet oiseau à cause de son vol rapide et en zigzag.

BÉJAUNE

Jeune homme inexpérimenté, « blanc-bec ». En fauconnerie, un béjaune (contraction de *bec jaune*) est un jeune oiseau de proie non encore dressé et qui a encore le bec jaune ; nouveau venu dans une corporation, un groupement.

Montrer son béjaune à quelqu'un (vx). Lui montrer son manque d'expérience ; lui montrer sa sottise. *Souffrez que je lui montre son béjaune, et le tire d'erreur.* MOLIÈRE, *le Malade imaginaire.* *C'est fort bien fait d'apprendre à vivre aux gens et de leur montrer leur béjaune.* MOLIÈRE, *l'Amour médecin.*

Payer son béjaune (vx). Payer sa bienvenue. À Paris, une des fonctions les plus importantes des trésoriers de la Basoche (autrefois, communauté des clercs du parlement de Paris) était de recevoir les béjaunes et de leur faire payer la bienvenue.

BÉLIER

Le bélier. Le printemps. Allusion au signe du Bélier, que franchit le Soleil le 21 mars, jour de l'équinoxe de printemps. *...ou demeurer oisive au retour du bélier.* N. BOILEAU, *Satires,* VIII.

Coup de bélier. Choc violent. Allusion au bélier, ancienne machine de guerre (poutre souvent terminée par une tête de bélier en fer et suspendue à une charpente supérieure), rappelant l'image du bélier qui fonce tête baissée.

Bête, comme une bête. Le mot *bête* (désignant des animaux domestiques ou sauvages) exprime tantôt la férocité, la méchanceté, tantôt la stupidité, la naïveté ; de nos jours, *comme une bête* a fréquemment la valeur d'un superlatif.

Bête brute (vx). Personne d'un caractère brutal et cruel.

Bête féroce. Personne sanguinaire.

Bonne bête. Personne simple, peu intelligente mais d'un bon naturel.

Faire la bête. Affecter la bêtise, dire des bêtises ; s'attrister sans raison ou refuser mal à propos.

Méchante bête, sale bête. Personne d'un naturel mauvais.

Fine, maligne bête. Personne rusée, malicieuse.

Bête de somme. Personne accomplissant de durs travaux.

Travailler comme une bête. De façon inhumaine.

Malade comme une bête. Très malade.

S'éclater comme une bête. Se livrer intensément à une activité, en y prenant un grand plaisir.

Manger comme une bête. De façon excessive.

ADJECTIVEMENT. **Bête à manger du foin, à pleurer,** etc., **bête comme un âne, une oie, un rhinocéros,** etc. Stupide au dernier degré. **Plus bête que méchant.** Se dit de quelqu'un qui commet une action nuisible par bêtise et non par méchanceté. **Pas si bête.** Pas assez sot pour se laisser berner. **Loin d'être bête.** Intelligent. **Bête comme chou.** Facile à deviner ou à faire.

DÉRIVÉ. **Bêtise.** Défaut d'intelligence et de jugement ; action ou parole sotte, imprudente ou déraisonnable.

Une bête curieuse. Quelqu'un ou quelque chose que l'on considère avec étonnement ou méfiance.

PAR EXTENSION. **Regarder, dévisager quelqu'un comme une bête curieuse.** Avec une insistance déplacée.

Bête noire. Personne ou chose qu'on déteste par-dessus tout, qui inspire de la répulsion : *être la bête noire de quelqu'un.* L'adjectif *noir* renforce la valeur péjorative de l'ancienne locution *être la bête de quelqu'un. Pour les femmes, elles étaient toutes ses bêtes* [à La Rochefoucauld], *à peine pouvait-il souffrir ses parentes.* SAINT-SIMON, *Mémoires. J'aime bien moins mon peuple et la religion que je ne hais la révolution, qui est proprement ma bête noire.* P.-L. COURIER, *Correspondance.*

Être bête de compagnie (vx). Se disait d'un niais qui, en compagnie, se laissait facilement mener, allusion aux bêtes de compagnie, jeunes sangliers qui vont encore en troupes.

Bête du bon Dieu, bête à bon Dieu (vx). Personne qui pousse la bonté et la crédulité jusqu'à la bêtise, extension probable du nom familier de la coccinelle, *bête à bon Dieu,* appelée autrefois *bête à Dieu* ou *bête à Martin.*

Bête épaulée (vx). Personne sans compétence, sans talent, comme l'animal qui a une épaule démise et qui ne vaut plus rien ; fille qui s'est déshonorée.

Être livré, condamné aux bêtes. Être livré au jugement, à la critique de gens ignorants ou fanatiques (en parlant d'un ouvrage, d'un auteur, etc.). Allusion à l'époque romaine, où l'on faisait combattre dans le cirque les animaux féroces, auxquels on livrait certains condamnés à mort.

La bête est dans nos filets (vx). Nous nous sommes rendus maîtres de la situation, de la personne.

VARIANTE. **La vache est à nous.**

Chercher la petite bête. Se montrer extrêmement méticuleux, rechercher les défauts, les erreurs de détail. *Et quand on vous propose un plan précis, un programme indiscutable, vous commencez tout de suite à chercher la petite bête.* G. DUHAMEL, *in* G.L.L.F.

VARIANTE. **Chercher des poux dans la tête de quelqu'un.**

Frapper sur quelqu'un comme sur une bête morte. Le frapper violemment, sans retenue.

Vivre en bête, mourir en bête (vx). Vivre et mourir sans aucun sentiment religieux.

Bête à concours. Élève ou étudiant exagérément studieux, dont le seul but est d'être reçu aux examens.

Faire la bête à deux dos (vx). Faire l'amour, allusion à l'animalité de la vie sexuelle. *Jehanne fait la beste à deux dos, Perette est ung peu trop pansue, l'aultre est feutrée sur le dos, pource qu'elle est ung peu bossue.* G. COQUILLART, *Monologue des perruques.*

Ce n'est que du foin, les bêtes s'amusent (vx). Riposte des filles de joie à qui leur demandait ce qu'elles avaient sous leur corsage.

Faire enrager la bête et le marchand (vx). Se disait de quelqu'un d'exigeant et de perpétuellement insatisfait.

Laisser pisser la bête. Ne pas se hâter, attendre patiemment ; allusion à l'habitude qu'ont les bêtes de somme de s'arrêter lorsqu'elles veulent pisser [P. Larousse].

VARIANTE. **Laisser pisser le mérinos.**

Remonter sur sa bête (vieilli). Réparer une perte ; retrouver une situation stable, son équilibre, après des difficultés. *Chavigny me demanda si le cardinal serait assez innocent pour ne se pas servir de cette occasion pour remonter sur sa bête.* CARDINAL DE RETZ, *Mémoires. La* *belle avance, lorsqu'elle n'aurait plus sa boutique ! Ça ne lui donnerait pas du pain. Elle allait, au contraire, reprendre des ouvrières et se faire une nouvelle clientèle. Elle disait cela pour se défendre contre les bonnes raisons du chapelier, qui la montrait par terre, écrasée sous les frais, sans le moindre espoir de remonter sur sa bête.* É. ZOLA, *l'Assommoir.*

Reprendre du poil de la bête. Reprendre le dessus, se ressaisir après des ennuis ; se remettre d'une maladie ; chercher son remède dans la cause du mal. Allusion à la croyance populaire selon laquelle le poil de certains animaux, appliqué sur la morsure qu'ils ont faite, en opère la guérison.

Au temps, du temps où les bêtes parlaient (vx). Se disait par raillerie pour exprimer l'impossibilité d'une chose. *« Du temps que les bêtes parlaient... » : formule aussi merveilleuse que « il était une fois... », indicatrice d'un temps encore plus chimérique si possible, d'un monde au sein duquel se coudoyaient — sans toutefois se confondre — bêtes féeriques et animaux savants, bêtes capables de parler, peut-être, parce qu'elles existent seulement dans un monde qui n'est lui-même que récit ou parole, animaux qui savent exécuter des tours visibles, mais sur le plan de pure apparence où se situe l'autre type de fiction qu'est le spectacle.* M. LEIRIS, *Biffures.*

À la barbe du palefrenier qui panse la bête. Se dit à une personne qui rote ou pète [A. Oudin].

Porter sa bête dans sa figure. Locution faisant allusion à la ressemblance entre les bêtes et les hommes.

PROVERBES

Morte la bête, mort le venin. Un méchant homme, un ennemi morts ne peuvent plus nuire ; le danger disparaît avec la cause qui l'a produit.

Quand Jean bête est mort, il a laissé bien des héritiers (vx). Il y aura toujours des sots dans le monde.

Qui se fait bête, le loup le mange (vx). Si on est trop naïf, on devient facilement une victime.

On prend la bête par les cornes (vx). On ne vient à bout d'un travail que si on commence par le début.

Qui bât la bête la monte (vx). Celui qui habille une femme en a les dernières faveurs ; *bâter,* mettre un bât à une bête de somme.

BICHE

(vx) Femme entretenue, demi-mondaine.

Yeux de biche. Yeux doux et langoureux.

VARIANTE. **Yeux de gazelle.**

Ventre de biche. Couleur d'un blanc roussâtre ; (vx) juron familier, qui ne dénotait pas une grande colère [P. Larousse].

BIQUE

Vieille bique. Vieille femme ; *bique,* nom familier de la chèvre. *Mais les quatre cents francs que je dois à cette vieille bique, ça ne se trouve pourtant pas sous le pied d'un cheval.* G. DUHAMEL, *in* G.L.L.F.

Grande bique. Grande fille.

De la crotte de bique. Se dit d'une chose insignifiante, qui n'a aucune valeur.

VARIANTES. **Du pipi de chat. De la pisse d'âne. De la roupie de sansonnet.**

On ne sait si c'est bique ou bouc. Si cet individu est homosexuel ou hétérosexuel ; se dit d'une alternative obscure.

BŒUF

Comme un bœuf. Les comparaisons avec *bœuf* connotent d'une part la puissance, la force paisible, la résistance au labeur et, d'autre part, à cause de l'attitude contemplative du bœuf, la balourdise, la stupidité.

Travailler comme un bœuf. Avec acharnement et sans manifester de fatigue.
Souffler comme un bœuf. Très fort.
Saigner comme un bœuf. Abondamment.
Suer comme un bœuf. Beaucoup.
Fort comme un bœuf. Costaud, vigoureux.
Lourd comme un bœuf *(vx) :* épais de corps et d'esprit.
ADJECTIVEMENT. **Bœuf.** Très grand, étonnant, imprévu, admirable. **C'est bœuf !** C'est énorme, extraordinaire. **Succès, effet bœuf.** Considérable, surprenant. **Toupet bœuf.** Aplomb terrible.

La pièce de bœuf (vieilli). Le plat de résistance ; la matière principale de quelque chose.

Être le bœuf d'une affaire (vx). En supporter les conséquences fâcheuses.

Un vent à décorner les bœufs. Un vent très violent.

Avoir un bœuf sur la langue. Se taire sur ordre ou avoir reçu de l'argent pour ne pas parler. Dans l'Antiquité grecque, le *bous* (« bœuf ») est une pièce de monnaie portant l'effigie d'un bœuf ; *le bœuf sur la langue,* la pièce de monnaie qui achète le silence.

Gagner son bœuf. Gagner bien sa vie, « gagner largement son bifteck ».

On n'est pas des bœufs ! On n'est pas des imbéciles, il faut bien nous traiter ; titre d'un recueil d'Alphonse Allais (1896).

Mettre la charrue devant (vx), **avant les bœufs.** Commencer par où l'on devrait finir ; bâcler une besogne.

Donner un œuf pour avoir un bœuf. Faire un petit présent ou rendre un petit service pour en retirer un gros profit. *Comme il n'y a pas de proportion entre ces choses-là, je n'aime point à donner un œuf pour avoir un bœuf.* J.-J. ROUSSEAU, *Lettre à Panckoucke,* 1764.

Ne dire ni œuf ni bœuf (vx). Rester poli : *je ne lui ai dit ni œuf ni bœuf.* En plus de l'assonance entre ces deux mots, *bœuf* était autrefois un juron.

PROVERBES

Qui vole un œuf vole un bœuf. Qui commence par un petit larcin continue avec des vols plus importants — par assonance *œuf, bœuf,* comme dans les proverbes suivants.

Mieux vaut en paix un œuf qu'en guerre un bœuf (vx). Mieux vaut se contenter de peu que de s'attirer des ennuis en voulant beaucoup.

Vieux bœuf fait sillon droit (vx). Vieillesse est signe d'expérience.

Dieu donne le bœuf et non les cornes (vx). Il faut savoir se contenter de ce que la nature nous donne.

Autant chie un bœuf que mille moucherons (vx). Un homme puissant peut rendre autant de services que mille petites gens.

BOUC

Homme malsain, qu'on doit fuir. Depuis le Moyen Âge, le *bouc,* par sa vigueur sexuelle, est l'image même de la lubricité, de la perversion ; il joue un rôle important dans les procès en sorcellerie.

PAR EXTENSION. **Être lascif comme un bouc** *(vx).* Excessivement porté sur les plaisirs des sens.

Puer comme un bouc, sentir le bouc. Sentir très mauvais, en parlant d'une personne ou d'un lieu. Le bouc dégage une odeur forte et désagréable.

Bouc émissaire. Personne sur laquelle on fait retomber les fautes, les responsabilités des autres. Dans la religion hébraïque, le jour de l'Expiation, le prêtre chargeait symboliquement un bouc des péchés d'Israël puis le chassait dans le désert. *Je me plains d'être sans un sou... D'être toujours prise pour un bouc émissaire... De ne pas savoir me faire aimer, de ne pas être attirante...* M. CARDINAL, *les Mots pour le dire.* *Le chancelier fut la victime du duc de Noailles, et le bouc émissaire qui expia les péchés de son ami.* SAINT-SIMON, *Mémoires.*

Porter le bouc. Porter une barbiche, allusion à la barbe du bouc.

BOULEDOGUE

Homme d'apparence hargneuse et féroce, par comparaison avec ce chien.

PAR EXTENSION. **Aimable comme un bouledogue.** Haineux, acariâtre, querelleur.

BOURDON

Avoir le bourdon. Être triste, mélancolique.

VARIANTES. **Avoir le cafard. Avoir des papillons noirs** *(vx).*

BOURRICOT

Kif-kif bourricot. C'est pareil, c'est la même chose. De l'arabe algérien *kif,* « comme », et *bourricot,* « petit âne ».

BOURRIQUE

Têtu comme une bourrique. Se dit d'une personne stupide ou très entêtée, une bourrique étant une ânesse.

VARIANTES. **Têtu comme un âne. Têtu comme une mule.**

Faire tourner quelqu'un en bourrique. Le fatiguer à force de taquineries, lui faire perdre sa patience à force d'exigences.

VARIANTE. **Faire devenir chèvre.**

Soûl comme une bourrique. Complètement ivre. Peut-être

corruption de *soûl comme une barrique,* autrefois *soûl comme la bourrique à Robespierre,* probablement par allusion au surnom du général Hanriot (qui était toujours ivre), sous les ordres de Robespierre.

BRAQUE

Autrefois, un homme étourdi, sans cervelle ; aujourd'hui, adjectivement, un peu fou, toqué : *être un peu braque ;* par allusion au comportement de ce chien de chasse.

BREBIS

La brebis du bon Dieu (vx). Personne douce et inoffensive qui supporte le mal qu'on lui fait sans se défendre, allusion au symbole de la brebis dans le christianisme, en tant qu'innocence et fidélité à Dieu.

Brebis galeuse. Personne dont on juge la fréquentation dangereuse et qu'on évite, comme le berger écarte du troupeau une bête malade. *Pas une parole ne fut adressée à ce colonel, si fier de son crédit, et il restait isolé comme une brebis galeuse ; c'était le mot dont on se servait généralement, dans le bal, pour désigner sa position fâcheuse.* STENDHAL, *Lucien Leuwen.*

Faire un repas de brebis (vx). Manger beaucoup sans boire.

Tondre la brebis de trop près (vx). Soumettre le peuple à des impôts trop lourds. *La dame d'honneur, se mêlant de la conversation, dit que très souvent ce mot de berger était appliqué aux rois ; qu'on les appelait bergers, parce qu'ils tondent de fort près leur troupeau.* VOLTAIRE, *la Princesse de Babylone.*

PROVERBES

Il ne faut qu'une brebis galeuse pour gâter un troupeau (vx). Un seul être pervers suffit à corrompre toute une société.

VARIANTES. Brebis rogneuse fait souvent les autres teigneuses *(vx).* Brebis crottée aux autres cherche à se frotter *(vx).*

À brebis tondue, Dieu mesure le vent (vx). Thème de la Providence : Dieu proportionne à notre faiblesse les épreuves qu'il nous envoie.

Brebis qui bêle perd sa goulée, son morceau (vx). Celui qui parle beaucoup à table mange peu ; celui qui parle trop perd l'occasion d'agir.

Qui se fait brebis, le loup le mange (vx). Celui qui est trop doux, trop complaisant encourage les méchants, les profiteurs à lui nuire. *Vous qui êtes noble, lui disait-il, il faut que vous montriez que vous avez du courage, et que vous ne vous laissez pas vaincre facilement* [...]. *Voyez-vous, qui se fait brebis, le loup le mange, comme dit le proverbe.* Ch. SOREL, *la Vraie Histoire comique de Francion.*

Brebis trop apprivoisée de trop d'agneaux est tétée (vx). Trop de bonté amène souvent à être exploité.

Brebis comptées, le loup les mange (vx). Les précautions n'empêchent pas d'être trompé ; trop vérifier ses biens attire la malchance.

Folle est la brebis qui se confesse au loup (vx). Il est imprudent de se confesser à n'importe qui.

Il faut tondre les brebis et non pas les écorcher (vx). Il faut savoir être modéré dans son profit, sous peine de le voir tarir.

La brebis bêle toujours d'une même sorte (vx). On ne peut rien changer à ce que la nature nous a donné.

Les brebis qui bêlent le plus ne sont pas les meilleures (régional, Agen). Ceux qui parlent le plus ne sont pas ceux qui agissent.

BROCHET

PROVERBE

Un brochet fait plus d'une lettre de recommandation (vx). Quand on sollicite une faveur, mieux vaut offrir un mets consommable. Au XVIe s., le brochet était un poisson très réputé.

BUFFLE

Une tête de buffle (vx). Un homme brutal, à l'esprit borné. *Un seigneur qui avait la réputation d'être aussi buffle que pas un de sa qualité.* Ch. SOREL, *la Vraie Histoire comique de Francion.* *Les barbares* [les Turcs] *méritent un châtiment qui fasse impression sur ces têtes de buffles.* VOLTAIRE, *Lettre à Catherine II de Russie.*

Se laisser mener par le nez comme un buffle (vx). Se laisser conduire, gouverner par faiblesse ou imbécillité ; allusion à l'usage ancien de conduire les buffles au moyen d'un anneau passé dans leurs naseaux.

PAR EXTENSION. **Être pris par le nez comme un buffle** *(vx).* Tomber dans un piège.

VARIANTE. **Se laisser mener par le nez comme un ours.**

Buse

Personne ignorante, stupide et lourde : *triple buse !* Faute de pouvoir dresser ce rapace comme les autres (l'épervier, le faucon...), les fauconniers en ont fait l'image même de la stupidité. *Vous croyez, ma chère enfant, sur ce que je vous ai dit que vous aviez trop d'esprit, que je vais disant une sottise dont vous m'accusâtes à Paris, qui est de dire, comme une buse, ma fille est malade parce qu'elle a trop d'esprit ; je ne dis pas de ces fadaises-là.* Mme de SÉVIGNÉ, *Lettre à sa fille.*

PROVERBE

On ne saurait faire d'une buse un épervier (vx). On ne peut faire d'un sot un habile homme.

Butor

Individu stupide, maladroit ou grossier. Comme la buse, le butor ne peut se dresser pour la chasse. *Un gros butor de valet que j'aurais volontiers écrasé.* J.-J. ROUSSEAU, *les Confessions.* Le féminin *butorde* est vieux. *Est-ce, madame, qu'à la cour une armoire s'appelle une garde-robe ? — Oui, butorde, on appelle ainsi le lieu où l'on met les habits.* MOLIÈRE, *la Comtesse d'Escarbagnas.*

DÉRIVÉ. **Butorderie** *(vieilli).* Action, parole de butor. *Vous me parlez de l'histoire universelle ou plutôt de l'essai sur les sottises de ce globe ; je ferais un gros volume des miennes ; mais je me console en parcourant les butorderies de cet univers.* VOLTAIRE, *Lettre à d'Argental,* 1754.

C

Cabri

Sauter comme un cabri. Sautiller, faire des bonds, comme le cabri, petit de la chèvre.

VARIANTE. Bondir comme un chevreau.

S'effrayer comme un cabri (vx). Sans motif.

Cachalot

Souffler comme un cachalot. Respirer ou souffler bruyamment.

VARIANTE. Souffler comme un phoque.

Cafard

Hypocrite, tartufe ou bigot ridicule. Probablement de l'espagnol *cafre,* « dur, cruel », de l'arabe *kāfir,* « infidèle, renégat », et du suffixe péjoratif *-ard* ; l'origine reste néanmoins douteuse. *C'était un cafard qui en bannit la science et y mit tout en misérables minuties.* SAINT- SIMON, *Mémoires.*

PAR EXTENSION. **Cafard.** Nom donné à la blatte, ou cancrelat, insecte nocturne qui se cache lorsqu'on le surprend. **Cafarderie** *(vieilli).* Hypocrisie, dévotion affectée : *Le roi disait à l'amiral, demi en colère, demi riant : ce vieux bigot avec ses cafarderies fait perdre un bon temps à ma grosse sœur Margot.* Agrippa d'AUBIGNÉ, *Histoire universelle,* II.

Celui qui dénonce sournoisement les autres ; élève qui espionne et rapporte au maître les fautes de ses camarades.

DÉRIVÉS. **Cafarder.** Faire le cafard, dénoncer, rapporter. **Cafardage.** Fait de cafarder, de rapporter. **Cafardeur, euse.** Personne qui cafarde.

La cafarde (vx). La lune, sans doute parce qu'elle est pour les voleurs une traîtresse qui les empêche d'agir, ou les dévoile [P. Larousse].

Avoir le cafard. Avoir des idées noires, être mélancolique, triste.

PAR EXTENSION. **Cafardeux, euse** *(adj. et n.).* Qui exprime ou qui cause du cafard.

VARIANTES. **Avoir le bourdon. Avoir des papillons noirs** *(vx).*

Caille

Chaud comme une caille. Se dit d'une personne qui a beaucoup d'ardeur, particulièrement en amour ; aujourd'hui, se dit d'une personne ou d'un enfant qui est au chaud ; probablement fondé sur l'observation de la température interne d'une caille, qui s'élève à 41,5 °C. *Je veux corrompre un député : pour l'amour et la liberté, il était plus chaud qu'une caille.* P.J. DE BÉRANGER, *Recueils de chansons.*

PAR EXTENSION. **Caille coiffée** *(vx).* Femme ardente, amoureuse.

Gras, rond comme une caille. Grassouillet, rond (peut-être avec une connotation érotique). *La petite blonde était grasse comme une caille. Ça serait farce, si sa chemise se fendait.* É. ZOLA, *l'Assommoir.*

PROVERBE

Au premier son, on ne prend la caille (vx). Il faut de la persévérance pour obtenir le succès.

CAMÉLÉON

Personne qui change d'opinion et de conduite au gré de ses intérêts, allusion à la faculté de ce reptile de prendre la couleur de la surface sur laquelle il se trouve.

Je définis la cour un pays où les gens,
Tristes, gais, prêts à tout, à tout indifférents,
Sont ce qu'il plaît au Prince, ou, s'ils ne peuvent l'être,
Tâchent au moins de le paraître :
Peuple caméléon, peuple singe du maître.
LA FONTAINE, *les Obsèques de la lionne.*

DÉRIVÉS. **Caméléonesque.** Se dit de quelqu'un de changeant. **Caméléonisme** *(vieilli).* Changements fréquents d'opinion d'un homme politique.

CANARD

Comme un canard. Les comparaisons avec le canard sont directement liées à son comportement :

Marcher, se dandiner comme un canard. Marcher en se balançant.
Mouillé, trempé comme un canard. Très mouillé.
Nager comme un canard. Nager très bien.
Plonger comme un canard. Avec habileté ; au figuré, esquiver adroitement un danger.

Froid de canard. Froid très vif, propice à la chasse au canard sauvage.

VARIANTES. **Froid de chien. Froid de loup.**

Un canard. Une fausse note, un son criard, un « couac » : *faire un canard.* Un morceau de sucre trempé dans du café ou de l'alcool : *prendre un canard.* (vx) Un mari fidèle ; par allusion au canard dans l'eau. Dans l'imagerie populaire, le canard est symbole de félicité conjugale, parce qu'il nage toujours en couple.

Un canard boiteux. Une personne inefficace, à laquelle on ne peut se fier ; une personne indésirable, un souffre-douleur ; entreprise qui rapporte peu ou qui ne vaut rien.

Ça ne casse pas trois pattes à un canard. Cela n'a rien d'extraordinaire, rien de remarquable.

Donner, vendre un canard à moitié (vx). Tromper quelqu'un, faire des promesses impossibles à tenir ; vendre une chose dont on ne dispose pas. *Vendre un canard à moitié,* c'est ne pas le vendre du tout, de là le sens de canard, « mensonge, tromperie ».

Je suis fâché de ne vous avoir pas traité comme mon enfant ; vous le méritiez mieux que ce donneur de canard à moitié qui nous promettait tant de châteaux en Espagne. *la Comédie des proverbes,* III, *in* Littré.

PAR EXTENSION. **Un canard.** Fausse nouvelle lancée dans la presse pour abuser le public ; quotidien ou journal de peu de valeur. *On imprime, chaque jour, dans une foule de petits canards, des notes plus ou moins venimeuses.* G. DUHAMEL, *Chronique des Pasquier.*

Ça glisse comme sur les plumes d'un canard. Se dit de quelque chose qui n'atteint pas psychologiquement, qui laisse indifférent, par allusion aux plumes imperméables du canard.

Un canard privé (vx). Un homme qui sert d'appât pour piéger les autres. Le canard privé est celui qui, par son cri, attire dans le piège les canards sauvages.

VARIANTE. Pigeon privé *(vx).*

PROVERBE

Il ne faut pas prendre les enfants du bon Dieu pour des canards sauvages. Il ne faut pas prendre les gens pour des imbéciles.

CANE

Marcher comme une cane. En se dandinant.

Faire la cane (vx). Reculer au lieu d'agir, se dérober devant la difficulté ; (par métaphore de *s'en aller*) mourir. De *faire la cane,* « se jeter à plat ventre ou faire un plongeon », comme la cane à l'approche d'un danger. *Par Dieu ! qui fera la cane de vous autres, je me donne au diable si je ne le fais moine.* RABELAIS, *Gargantua.*

DÉRIVÉ. Caner *(vieilli).* Reculer, fuir, se dégonfler : *Il cane, le patron.* LABICHE et MARTIN, *le Voyage de M. Perrichon.* Aujourd'hui, mourir.

Motus la cane pond (vx). Taisez-vous !

CANICHE

Suivre quelqu'un comme un caniche. Fidèlement, pas à pas ; allusion aux mœurs dociles de ce chien de compagnie, autrefois chien d'aveugle.

VARIANTES. Suivre quelqu'un comme un chien. Suivre quelqu'un comme un épagneul.

CARLIN

Nez carlin, nez de carlin. Petit nez écrasé, par analogie avec le museau de ce chien

PROVERBE

C'est comme les carlins, la race en est perdue (vx). Se disait de quelqu'un qui se croyait d'un grand mérite. Ces chiens furent jadis très à la mode.

CARPE

Ignorant comme une carpe. Très bête, très sot, allusion à l'expression de stupidité de ce poisson.

Être muet comme une carpe. Garder obstinément le silence. La carpe, hors de l'eau, ouvre la bouche à tout moment.

VARIANTE. **Muet comme un poisson** *(vx).*

Bâiller comme une carpe. Bâiller fréquemment et en ouvrant largement la bouche.

PAR EXTENSION. **S'ennuyer comme une carpe.** S'ennuyer prodigieusement, bâiller sans arrêt.

Faire l'œil de carpe. Faire les yeux doux ; autrefois, *faire la carpe pâmée,* « faire apparaître le blanc des yeux, feindre de se trouver mal ».

VARIANTES. **Faire des yeux de merlan frit. Faire des yeux de poisson frit** *(vx).*

Mariage de la carpe et du lapin. Se dit de deux choses, de deux personnes mal assorties, ou d'une union impossible.

Faire des sauts de carpe dans son lit. Faire des bonds, avoir un sommeil agité ; allusion au saut de carpe des baladins, qu'ils exécutaient à plat ventre, en se relevant sans se servir des mains.

CASTOR

Des castors. Des personnes associées pour construire leurs logements, par allusion au travail de groupe de ces mammifères.

Un demi-castor (vx). Un homme ambigu, suspect. Dans les prescriptions du gras et du maigre, le train de derrière du castor était considéré comme maigre, et le train de devant comme gras.

VARIANTE. **Être ni chair ni poisson.**

(Arg.) Homme et, plus particulièrement, femme tirant des relations amoureuses l'essentiel de leurs revenus.

CERF

Personne très agile, qui court avec une grande rapidité : *des jambes de cerf.*

PAR EXTENSION. **Se déguiser en cerf.** S'enfuir, s'évader.

Un couard, un lâche ; allusion à la timidité du cerf. « *Je craindrais plus, disait un militaire, une armée de cerfs commandée par un lion, qu'une armée de lions commandée par un cerf* » [*in* Littré].

Faire le cerf de quelque chose (vx). Ne pas en tenir compte, ne pas s'en soucier, par métaphore avec la course du cerf.

Le pied du cerf (vx). Ce qu'il y a de mieux dans une affaire.

VARIANTE. **La plume de l'oiseau** *(vx).*

PROVERBES

On connaît le cerf à ses abbatures [traces] (vx). On juge un homme à ses actions.

Au cerf la bière ; au sanglier le mière [le médecin] (vx). Les blessures que fait le cerf sont mortelles ; celles du sanglier permettent d'appeler le médecin.

VARIANTE. **Au cerf la bière, au sanglier le barbier** *(vx).*

CHACAL

Homme cruel qui jouit des victoires d'autrui en s'acharnant sur les vaincus, allusion à ce mammifère craintif qui se nourrit surtout de cadavres, même à l'état de putréfaction.

CHAMEAU

Homme rusé et cupide, qui s'arrange toujours pour avoir la bonne place ou la bonne part ; aujourd'hui, personne méchante, désagréable, surtout en parlant d'une femme : *quelle chameau !*

Sobre comme un chameau. Très sobre (particulièrement en emploi ironique).

PROVERBE

Il est plus aisé pour un chameau de passer par le trou d'une aiguille, que pour un riche d'entrer dans le royaume de Dieu. Ancien proverbe, tiré de l'Évangile selon saint Matthieu ; outre la présente traduction, il existe deux autres interprétations : le mot grec *kamêlos,* « chameau », devrait être lu *kamilos,* « câble » : *il est plus facile à un câble de passer par le trou d'une aiguille qu'à un riche d'entrer dans le royaume des cieux ;* dans l'autre traduction, l'expression *trou d'une aiguille* désignerait une porte de Jérusalem, très étroite et encombrée : *il est plus facile à un chameau de passer par la porte de l'Aiguille qu'à un riche d'entrer dans le royaume des cieux* [P. Larousse].

Chapon

Avoir les mains faites en chapon rôti (vx). Avoir les doigts crochus, par analogie avec le chapon, coq châtré que l'on engraisse pour la table ; par extension, homme enclin au vol.

Se coucher en chapon (vx). Se coucher après un bon repas. *Il mangea très bien ce soir et s'en alla coucher en chapon ; de la table au lit, ayant encore le morceau au bec.* Rabelais, *in* Leroux, *Dictionnaire comique.*

Chapon, chapon de Gascogne (vx). Ail ou croûte de pain frottée d'ail qu'on met dans une salade. *Si tu te trouves sans chapon, sois content de pain et d'oignon.* *Gotgrave, in* Littré.

VARIANTE. **Perdrix de Gascogne.**

PROVERBES

Qui chapon mange, chapon lui vient (vx). L'argent vient à celui qui en a déjà.

Ce sont deux chapons de rente, l'un gras, l'autre maigre (vx). Ce sont deux personnes ou deux objets très différents, très dissemblables ; allusion aux fermiers qui payaient l'impôt en donnant d'abord une volaille grasse puis une moins grasse.

Il porte le nom, mais n'en mange pas les chapons (vx). Se disait de celui qui portait le nom d'une terre sans en toucher les revenus ; allusion au *vol du chapon :* en droit coutumier, « étendue de terre qui entourait un château et qui était réservée à l'aîné ».

Chat

Gourmand comme un chat. Très gourmand.

Donner sa langue au chat. S'avouer incapable de trouver la solution, renoncer à deviner quelque chose. La langue, devenant ainsi inutile, serait confiée au chat, animal ingénieux, plein de savoir et de sagesse.

VARIANTE. **Jeter sa langue aux chiens** *(vx).*

Dès que les chats seront chaussés (vx). De bon matin ; on dit encore *dès potron-minet.*

Aller, courir comme un chat maigre (vx). Courir vite et beaucoup. *Lors, dispos du talon, je vais comme un chat maigre.* M. Régnier, *Satires,* XI.

Écrire, griffonner comme un chat. D'une manière illisible, avec des lettres mal formées, généralement petites : *des pattes de chat.* L'image remonte à l'homonymie ou la paronymie (homonymie partielle) entre *griffer* et *gréfer* ou *grafer,* qui signifie écrire, ce qui fait que *griffonner* éveille aussi bien l'idée de donner des coups de *griffes* ou des coups de *grefe* (stylet pour écrire). Le *greffier* est l'homme qui écrit, et, dans l'argot moderne, c'est le nom du chat. P. Guiraud, *les Locutions françaises.*

Toilette de chat. Toilette rapide et sommaire, comme semble l'être la toilette du chat.

Fait comme les quatre chats (vx). Avec une toilette tout en désordre. *J'aime mieux être dans ces bois, faite comme les quatre chats, que d'être à Vitré avec l'air d'une dame.* Mme de Sévigné, *Correspondance,* 1675.

Propre comme une écuelle à chat. D'une propreté douteuse.

Avoir des yeux de chat. Y voir clair la nuit.

Laisser aller le chat au fromage (vx). Se disait d'une fille qui s'était laissée séduire ; allusion à l'une des nombreuses connotations sexuelles évoquées par le chat : ici, calembour entre *chat,* « animal poilu », et *chas* (d'une aiguille), « trou, fente ».

Variante. **Avoir vu le loup.**

Appeler un chat un chat. Appeler les choses par leur nom, ne pas avoir peur des mots. D'après A. Rey et S. Chantreau, l'origine de l'expression est obscène : la locution correspondante en grec et en latin (adaptée en français par Rabelais) joue sur le mot *figue,* comprenant une valeur sexuelle ou scatologique : *appeler les figues figues. J'appelle un chat un chat et Rollet un fripon.* N. Boileau, *Satires,* I. *La fonction d'un écrivain est d'appeler un chat un chat. Si les mots sont malades, c'est à nous de les guérir. Au lieu de cela, beaucoup vivent de cette maladie.* J.-P. Sartre, *Qu'est-ce que la littérature ?*

Entendre bien minon, sans dire chat (vx). Deviner, comprendre à demi-mot ; jeu de mots sur *minon,* avec une allusion obscène à *minet* (chat, chas) : comprendre bien *minet,* sans avoir besoin de dire *chat.*

Retomber comme un chat sur ses pattes. Sortir sans dommage d'une situation très difficile ou, plus généralement, se tirer habilement de toutes les situations ; allusion à l'adresse et à la ruse du chat.

Avoir un chat dans la gorge. Être enroué, éprouver au fond de la gorge un embarras soudain. Si on a un chat dans la gorge, « un embarras dans le gosier qui éteint la voix », c'est que *chat, marron* et *maton* désignent toutes sortes de grumeaux et coagulations qui se forment dans diverses substances [...]. Il doit y avoir à l'origine un jeu de mots sur *maton* (matou, chat) et *maton* (lait caillé)... P. GUIRAUD, *les Locutions françaises.*

Avoir une mine de chat fâché. Paraître furieux ; allitération *cha... ach.*

Il n'y a pas de quoi fouetter un chat. C'est une chose, une faute sans importance ; ce n'est pas grave.

PAR EXTENSION. **Avoir d'autres chats à fouetter.** D'autres affaires en tête, plus importantes.

Jeter le chat aux jambes de quelqu'un (vx). Lui susciter des ennuis ; rejeter la faute, la responsabilité sur lui. Le chat symbolise ici le danger ; autrefois, *bailler* [donner] *le chat par les pattes,* « présenter une chose à quelqu'un par le côté le plus difficile ». *Les calvinistes sont bien aises de jeter le chat aux jambes des papistes.* VOLTAIRE, *Lettre en vers et en prose. Cette femme a quelque irritation contre moi ; pour se venger elle me donne un dangereux chat par les pattes, préparée à accuser ce que je ferai.* Agrippa d'AUBIGNÉ, *Histoire universelle,* II.

Se servir de la patte du chat pour tirer les marrons du feu. Faire courir à un autre le risque d'une entreprise dont on retirera seul le profit. Autrefois, *tirer les châtaignes du feu avec la patte du lévrier.*

Acheter chat en poche (vx). Acheter ou recevoir quelque chose sans examen, en toute confiance, et être généralement trompé sur la marchandise ; *poche* signifiant autrefois « sac » : *acheter chat en sac* (vx). *Les filles qui se marient achètent chat en sac.* MONTAIGNE, *Essais,* III. *Vous êtes-vous mis en tête que Léonard de Pourceaugnac soit un homme à acheter chat en poche ?* MOLIÈRE, *M. de Pourceaugnac.*

CONTRAIRE. **Vendre chat en poche.** Sans faire voir la marchandise.

PAR EXTENSION. **Acheter le chat pour le lièvre** *(vx).* Être trompé sur la marchandise.

Jouer au chat et à la souris avec quelqu'un. Faire semblant de lui donner l'avantage, alors qu'on est certain de pouvoir le battre. Autrefois, *guetter quelqu'un comme le chat fait la souris ; le chat se joue de la souris qu'il a prise :* en feignant de la laisser échapper pour la ressaisir aussitôt. *Le jeune prince alors se jouerait de ma muse comme le chat de la souris.* LA FONTAINE, *le Chat et la Souris.*

De la bouillie pour les chats (vx). De la peine perdue ou du travail gâché. Confusion probable de l'ancien mot *chas,* « colle d'amidon », puis « mauvais bouillon », avec le *chat,* l'animal ; *chas* aurait été interprété comme « bouillie pour chats ». P. GUIRAUD, *les Locutions françaises.*

PAR EXTENSION. **C'est de la bouillie pour les chats.** Se dit d'un texte confus ou d'une chose incompréhensible.

Avoir un œil à la poêle et l'autre au chat. Veiller à deux choses à la fois.

Chat qui chie dans la braise. Personne qui se trouve dans une position délicate ou inconfortable, souvent ridicule : *être comme un chat qui chie dans la braise ;* jeu de sonorité sur *ch,* renforcé ici par la dimension scatologique.

Passer sur quelque chose comme chat sur braise. Passer rapidement sur un sujet, sur un détail délicat à raconter, à mentionner ; allusion à l'agilité du chat.

Il n'y a pas un chat. Il n'y a absolument personne. *Il n'y a pas moyen que quelqu'un trouve un chat à l'hôtel de Clermont.* VOLTAIRE, *Lettres en vers et en prose. On ne verrait pas quatre chats, on pouvait fermer les armoires et s'en aller.* É. ZOLA, *Au bonheur des dames.*

Il n'y avait que le chat (vx). Il n'y avait aucun témoin. *J'ai dans la tête que s'ils* [le duc de La Rochefoucauld et Mme de Longueville] *s'étaient rencontrés tous deux dans ces premiers moments* [à la mort du duc de Longueville] *et qu'il n'y eût eu que le chat avec eux, je crois que tous les autres sentiments auraient fait place à des cris et à des larmes.* Mme de SÉVIGNÉ, *Correspondance,* 1672.

Emporter le chat. Quitter discrètement un lieu, ou partir sans payer ; autrefois, déménager. Allusion à la discrétion et à la fidélité du chat au logis.

Payer en chats et en rats (vx). Payer en fausse monnaie.

VARIANTE. **Payer en monnaie de singe.**

Aller voir pêcher les chats (vx). Se laisser facilement abuser.

Ressembler à un chat coiffé (vx). Se disait d'une personne laide.

VARIANTE. **Ressembler à un chien coiffé** *(vx).*

Avoir joué avec les chats (vx). Avoir des égratignures au visage.

C'est le chat ! Réponse ironique à quelqu'un qui se défend d'avoir fait telle ou telle chose et que l'on ne croit pas.

Du pipi, de la pisse de chat. Une chose sans valeur, sans importance ; une boisson fade ou de mauvaise qualité.

Musique de chat. Musique aigre et discordante.

Chat grillé (vx). Jeune enfant chétif.

Un saint homme de chat. Se dit pour caractériser l'hypocrisie et la méchanceté cachées sous des apparences de bonhomie.

Hémistiche de La Fontaine dans la fable *le Chat, la Belette et le Petit Lapin.*

C'était un chat vivant comme un dévot ermite,
Un chat faisant la chattemite,
Un saint homme de chat, bien fourré, gros et gras,
Arbitre expert sur tous les cas.

Chat fourré (vx). Nom donné par Rabelais aux magistrats, par allusion à leur robe ornée d'hermine. *Si les chats fourrés de la Sorbonne étaient assez fous pour lâcher un décret...* VOLTAIRE, *Lettre à M. Damilaville,* 1767.

PROVERBES

Chat échaudé craint l'eau froide. Une mésaventure rend prudent à l'extrême ; on redoute même l'apparence de ce qui vous a fait du mal.

VARIANTE. **Chat échaudé ne revient pas en cuisine** *(vx).*

La nuit, tous les chats sont gris. Dans l'obscurité, on confond les personnes et les choses. *Veux-tu, ma Rosinette, faire emplette du roi des maris ? Je ne suis point Tircis ; mais la nuit, dans l'ombre, je vaux encore mon prix : et quand il fait sombre, tous les chats sont gris.* BEAUMARCHAIS, *le Barbier de Séville.*

VARIANTE. **À la chandelle, la chèvre semble demoiselle** *(vx).*

Il ne faut pas réveiller, éveiller le chat qui dort. Réveiller une mauvaise affaire, provoquer un danger par imprudence ; autrefois, *éveiller le chien qui dort,* le chien étant le gardien qu'il ne faut pas réveiller ; le chat mis à la place du chien doit être une méprise [É. Littré].

Quand le chat n'est pas là, les souris dansent. Quand le surveillant, le chef est absent, les subordonnés se livrent au désordre ; autrefois, *là où n'a point de chat, la souris se tient fière.*

À bon chat, bon rat. Le combat est de force égale, la défense ou la réplique vaudra l'attaque ; jeu de rimes chat, rat.

Maudit soit le premier qui nous ensorcela !
Mais à bon chat bon rat, et ce n'est pas merveille
Si les femmes souvent leur rendent la pareille.
J.-F. REGNARD, *le Distrait.*

À bon chat, bon rat ; il n'appartient qu'au savetier de parler de sa serpette, à l'ivrogne de sa bouteille... *les Caquets de l'accouchée, in* Littré.

À mauvais rat, faut mauvais chat (vx). On ne peut se dispenser d'être méchant avec les méchants.

Jamais petit chat n'a porté rat à sa mère (vx). Il ne faut pas trop attendre de ses enfants.

Jamais chat emmitouflé ne prit souris (vx). Il ne faut s'embarrasser de rien qui puisse nous empêcher d'agir.

On ne peut prendre de tels chats sans mitaines (vx). C'est une affaire délicate.

Le mou est pour le chat (vx). Se disait de ce qui revenait de droit à quelqu'un.

On ne saurait retenir le chat quand il a goûté de la crème. On ne résiste pas aux habitudes, aux tentations déjà goûtées.

CHATTE

Amoureuse comme une chatte (vx). Se disait d'une femme qui avait un tempérament très amoureux ; aujourd'hui, *chatte en chaleur.*

ADJECTIVEMENT. **Être chatte.** Câline.

Faire des mines de chatte. Minauder, câliner pour séduire. *Je crois, dit le mari qui la voit à genoux pleurant et gémissant, qu'elle sait bien faire la chatte mouillée, et qui la voudrait croire elle saurait bien abuser les gens.* F. VILLON, *Louis XI, in* Littré.

DÉRIVÉS. **Chatterie.** Câlinerie, caresse ; autrefois, caresse insinuante. **Chattemite.** Personne qui affecte des manières humbles, douces et obséquieuses pour tromper son entourage.

Que maudit soit l'amour et les filles maudites
Qui veulent en tâter et font les chattemites.
MOLIÈRE, *le Dépit amoureux.*

Une chatte blanche. Une femme très soignée qui a toujours peur de se salir.

CHENILLE

Personne d'une laideur repoussante ; personne importune ou qui cherche à nuire.

Cessez donc, vieille chenille,
Au travers de votre grille,
D'épouvanter les passants.
Chansons joyeuses, in Littré.

Il [M. le chevalier] *est entouré de la meilleure compagnie qu'il puisse souhaiter, sans être interrompu de ces cruelles visites, de ces paquets de chenilles, qui lui donnaient la goutte.* Mme de SÉVIGNÉ, *Lettre à Mme de Grignan,* 1689.

Être en chenille (vx). En tenue négligée ; autrefois, vêtement que les hommes portaient avant de faire leur toilette.

Cheval

Un cheval de labour. Un travailleur obstiné, infatigable ; en raison du rôle important qu'il jouait, le cheval symbolise la force, l'impétuosité, l'endurance au labeur, parfois aussi la grossièreté.

Un cheval à l'ouvrage, à la besogne. Un homme tenace à l'ouvrage.

Travailler comme un cheval. Avec acharnement.

Cheval de carrosse, de charrue *(vx).* Homme ignorant, grossier, intraitable.

Cheval de bât *(vx).* Homme stupide, lourdaud ; homme chargé de grosses besognes.

Cheval échappé *(vx).* Personne fougueuse, qui n'écoute ni autorité ni conseil.

... de cheval. En valeur intensive :

Médecine, remède de cheval. Très puissants.

Fièvre de cheval. Très forte.

Rire de cheval. Très sonore.

Un grand cheval. Une grande femme masculine et robuste. *Ah ! ces grands chevaux de filles qui courent les chemins seules, sans faillir.* COLETTE, *la Naissance du jour.*

Un cheval de retour. Un récidiviste.

Bon cheval de trompette (vx). Personne que n'effraient ni les éclats de voix ni les menaces.

Cheval de bataille. Sujet favori, manière d'agir à laquelle on revient toujours : *c'est son cheval de bataille, son dada. Le cheval de bataille* (ou *grand cheval*), était autrefois la monture d'un cavalier ou d'un homme d'armes.

Monter sur ses grands chevaux. S'emporter ; parler avec prétention ; le prendre de haut. Les chevaliers, pour combattre, montaient sur des *grands chevaux,* ou *destriers. Elle monta sur ses grands chevaux au lieu de se justifier.* A. HAMILTON, *Mémoires du comte de Gramont. Dessus ses grands chevaux est monté mon courage.* MOLIÈRE, *Sganarelle.*

Parler à cheval (vx). Parler orgueilleusement, comme les cavaliers « perchés » sur leurs grands chevaux. *Comment, dit Mangrador, vous parlez à cheval et fort glorieusement pour une femme ; par Dieu, si vous ne fussiez aussi bien au pouvoir de la reine votre maîtresse qu'elle-même est en celui du roi mon maître, je vous ferais bien abaisser votre caquet.* DON FLORÈS DE GRÈCE, *in* Littré.

PAR EXTENSION. **Réponse à cheval** *(vx).* Réponse sèche et désagréable. **Écrire à quelqu'un une lettre à cheval** *(vx).* User de termes sévères, critiques.

Être à cheval sur les principes, le règlement, le service. Faire preuve d'exigence, de fermeté dans ce domaine ; extension de *être à cheval sur,* « à califourchon », comme le cavalier fermement établi sur sa monture. *Il faudrait peut-être que j'aille me changer à l'hôtel... — Je n'ai pas de conseil à vous donner, dit le jeune au regard ironique. Mais je crois que oui... Lady Carrington est assez à cheval sur la tenue.* P. DANINOS, *Un certain Monsieur Blot.*

Mettre quelqu'un à cheval (vx). Faciliter ses débuts dans la vie.

Être mal à cheval (vx). Ne pas être solidement assis dans sa situation.

Miser, parier sur le mauvais cheval. Se tromper sur quelqu'un en qui on avait placé son espoir ; allusion au langage des courses.

Ce n'est pas le mauvais cheval. Il n'est pas méchant.

La mort du petit cheval. La fin d'un espoir, d'une entreprise ; la déroute. Titre d'un roman d'Hervé Bazin (1950).

Chercher quelqu'un à pied et à cheval. Le chercher partout.

Ne pas se trouver dans, sous le pas d'un cheval. Se dit d'une chose très difficile à se procurer (surtout en parlant d'argent). *Croit-il que mille cinq cents livres se trouvent dans le pas d'un cheval ?* MOLIÈRE, *les Fourberies de Scapin.*

N'avoir ni cheval ni mule (vx). Être sans ressources.

Brider son cheval par la queue (vx). S'y prendre maladroitement ou à contresens dans une affaire.

VARIANTES. Brider l'âne par la queue. Écorcher l'anguille par la queue.

Des boniments à la graisse de chevaux de bois. Peu sérieux, dénués de valeur, faux comme les chevaux de bois.

VARIANTES. À la graisse d'oie. À la graisse de hérisson.

Dîner avec les chevaux de bois. Se passer de dîner.

Il se tient mieux à table qu'à cheval (vx). Il se rue sur les plats ; c'est un pique-assiette, un goinfre.

Un cheval à l'écurie (vx). Une dépense permanente.

Faire voir à quelqu'un que son cheval n'est qu'une bête (vx). Lui montrer son erreur, son ignorance. *Je voudrais bien qu'elle eût soufflé devant moi et qu'elle s'avisât de traverser ce que j'aurais résolu ; je lui ferais bien voir que son cheval ne serait qu'une bête.* N. HAUTEROCHE, *Crispin médecin.*

VARIANTE. Faire voir que son âne n'est qu'une bête.

Une selle à tous chevaux (vx). Lieu commun, citation passe-partout ; objet à tous usages ; allusion à la selle adaptable à toutes sortes de montures. *Je reçois toutes les extravagances qui se* *présentent à moi, plutôt que ces selles à tous chevaux dont nous avons tant ri ici.* Mme de SÉVIGNÉ, *Lettre à Mme de Grignan,* 1671.

Changer, troquer son cheval borgne pour un aveugle (vx). Faire une mauvaise affaire, changer le médiocre pour le pire.

PROVERBES

Il est aisé d'aller à pied quand on tient son cheval par la bride (vx). Il est facile de se priver quand on a ses arrières assurés.

Il fait toujours bon tenir son cheval par la bride (vx). Il faut toujours être maître de ses affaires, de son bien.

À méchant cheval, bon éperon (vx). Dans les situations difficiles, il faut être ferme.

À cheval hargneux, il faut une écurie à part (vx). Il faut tenir éloignés les gens mauvais et querelleurs.

L'âge n'est que pour les chevaux (vx). On doit être jugé indépendamment de son âge ; on doit éviter de parler d'âge devant de vieilles personnes. *Laissons l'âge à part ; aussi bien, comme on dit, il n'est que pour les chevaux.* N. HAUTEROCHE, *Crispin médecin.*

Il n'est si bon cheval qui ne devienne rosse (vx). L'âge diminue l'homme.

> CONTRAIRE. **Jamais bon cheval ne devient rosse.** Les qualités ne se perdent jamais entièrement.

Il n'est si bon cheval qui ne bronche [trébuche] (vx). L'homme le plus habile ou le plus sage peut commettre des fautes.

À jeune cheval, vieux cavalier (vx). Pour diriger des gens sans expérience, il faut un homme expérimenté.

À bon cheval, bon gué (vx). Lorsqu'on a de bons éléments, on peut aller loin.

Après bon vin, bon cheval (vx). Quand on a un peu bu, on est plus hardi (on en fait mieux aller son cheval).

À cheval donné on ne regarde pas à la bouche, à la dent, à la bride. On ne doit pas juger les présents qu'on reçoit ; allusion à l'époque du commerce des chevaux, où l'on jugeait l'animal à la denture.

Quand le foin manque au râtelier, les chevaux se battent (vx). Quand l'argent manque dans un ménage, les époux se querellent ; la pauvreté entraîne des conflits.

Il est trop tard pour fermer l'écurie quand le cheval s'est sauvé (vx). Des précautions tardives sont inutiles.

Jamais cheval ni méchant homme n'amenda pour aller à Rome (vx). On ne se corrige pas de ses défauts en voyageant.

Aux chevaux maigres vont les mouches (vx). Le sort frappe d'abord les plus démunis.

Il vaut mieux être cheval que charrette (vx). Mieux vaut commander qu'obéir.

Qui aura de beaux chevaux si ce n'est le roi ? (vx) Les gens riches et puissants obtiennent toujours ce qu'il y a de mieux.

L'œil du maître engraisse le cheval (vx). Il faut traiter ou surveiller ses affaires soi-même.

Celui qui ne s'aventure n'a ni cheval ni voiture (Régional, Agen). Qui ne risque rien n'a rien.

CHÈVRE

Sauts de chèvre. Bonds désordonnés.

Faire devenir chèvre quelqu'un. Le faire enrager, l'ennuyer, l'agacer ; allusion à l'humeur capricieuse de la chèvre. Autrefois, *prendre la chèvre,* « s'irriter sans raison, faire un caprice, être susceptible ».

> *On vient civilement pour s'éclairer d'un doute.*
> *Et Monsieur prend la chèvre, il met tout en déroute.*
> J.-F. REGNARD, *le Joueur.*

> *Que de temps vous avez mis ! Ici, nous devenions chèvres.*
> DAUDET, *in* G.L.L.F.

VARIANTE. **Faire tourner quelqu'un en bourrique.**

Ménager la chèvre et le chou. Ne pas prendre parti dans une affaire pour ne fâcher personne ; réserver sa décision jusqu'à ce qu'un parti l'emporte. Allusion à un conte ancien : comment réussir à faire passer isolément un loup, une chèvre et un chou d'une rive à l'autre, en évitant que la chèvre mange le chou et le loup, la chèvre ? *Il n'est pas franc, c'est un monsieur cauteleux, toujours entre le zist et le zest. Il veut toujours ménager la chèvre et le chou.* M. PROUST, *À la recherche du temps perdu,* I.

PAR EXTENSION. **Chèvre-chou** (adjectivement). Dans le langage politique, se dit de ce qui est sans parti pris, qui convient à tout le monde : *une motion chèvre-chou.*

Lié comme crotte de chèvre (vx). Se disait de propos sans liaison, sans suite.

Reprendre sa chèvre à la barbe (vx). Revenir à son sujet, reprendre la conversation.

VARIANTE. **Revenir à ses moutons.**

Des yeux de chèvre morte (vx). Une expression égarée, épouvantée. *Délivre Lucien, et je ne vivrai plus que pour toi ! — Il ne* *s'agit pas de faire des yeux de chèvre morte, comme dit Madame la duchesse, s'écria la terrible Asie, en secouant la comtesse par le bras. Si vous voulez le sauver, il n'y a pas une minute à perdre.* BALZAC, *Splendeurs et misères des courtisanes.*

Il tomberait amoureux d'une chèvre coiffée (vx). De n'importe quelle femme, aussi laide soit-elle ; allusion à la lascivité de la chèvre.

VARIANTES. **Tomber amoureux d'une caille coiffée** *(vx).* **Tomber amoureux d'une bête coiffée** *(vx).* **Épouser le premier chien, le premier chat coiffé** *(vx).*

Vin qui fait danser les chèvres (vx). Se disait d'un vin très aigre.

Chemin de chèvre. Sentier escarpé, d'accès difficile, comme celui emprunté par les chèvres.

PROVERBES

La chèvre a pris le loup (vx). Se disait de ceux qui, pensant abuser les autres, sont eux-mêmes trompés.

Où la chèvre est attachée, liée, il faut qu'elle broute (vx). Il faut s'accommoder de sa situation ; il faut se contenter de ce qu'on a.

VARIANTE. **Où la vache est attachée, il faut qu'elle broute.**

On n'a jamais vu une chèvre morte de faim (vx). On peut survivre aux épreuves si on n'est pas difficile ; la chèvre mange de tout.

CHEVREAU

Enfant ou adolescent fougueux, ardent : *bondir comme un chevreau.*

CHIEN

Individu qu'on méprise, qu'on maltraite : *être traité comme un chien, comme un chien galeux.* Les comparaisons ou métaphores avec chien illustrent le plus souvent des valeurs dépréciatives ; la fidélité du chien est rarement évoquée. *M. le duc de Villars ne s'y connaît-il point ? Ma nièce est-elle sans goût ? Suis-je un chien ? Que coûte-t-il d'essayer ce qui fait chez nous le plus grand effet ?* VOLTAIRE, *Lettre à d'Argental,* 1760.

PAR EXTENSION. **Avoir l'air d'un chien battu.** Avoir l'air penaud, la mine triste ou craintive.

(vx) Personne sévère, hargneuse, ou méprisable : *un mauvais chien. J'aimais assez de Saint-Loup en Bray, dit Bloch, quoiqu'il soit un mauvais chien, parce qu'il est extrêmement bien élevé.* M. PROUST, *À la recherche du temps perdu,* II.

PAR EXTENSION. **Ce n'est pas tant chien.** Ce n'est pas trop mauvais.

Très avare : *être chien de nature.*

Ne pas attacher ses chiens avec des saucisses. Regarder à la dépense, être avare.

Faire le jeune chien. S'agiter, être étourdi, folâtre : *bête, fou comme un jeune chien. Voilà tout présentement le laquais de l'abbé, qui, se jouant comme un jeune chien avec l'aimable Jacquine, l'a jetée par terre, et lui a rompu le bras et démis le poignet.* Mme de SÉVIGNÉ, *Lettre à Mme de Grignan,* 1671.

Faire le chien couchant. Flatter quelqu'un ou se soumettre bassement à ses exigences pour gagner ses bonnes grâces ; de *chien couchant ou chien d'arrêt :* chien qui se couche lorsqu'il arrête le gibier. *Quand il m'est inutile, il fait le chien couchant.* MOLIÈRE, *l'Étourdi. Dans ces moments-là, pourquoi ne se rebiffe-t-il pas davantage, au lieu de prendre ces airs de chien couchant ?* M. PROUST, *À la recherche du temps perdu,* II.

... de chien, chien de... En qualification péjorative ou en valeur intensive :

Vie de chien, chienne de vie. Existence difficile ; autrefois, *vivre comme un chien :* vivre dans la débauche.

Temps de chien. Très mauvais. *Un temps à ne pas mettre un chien dehors.*

Froid de chien. Très rigoureux.

Métier, travail de chien. Dur et pénible.

Humeur, caractère de chien. Exécrable, hargneux.

Peur de chien. Intense.

Coup de chien. Mauvais coup, traîtrise.

Colère de chien. Très violente.

Avoir un mal de chien (à). Rencontrer de grandes difficultés.

Chien de commissaire *(vx).* Secrétaire du commissaire de police.

Chien de quartier. Vieil adjudant.

Chien de régiment *(vx).* Caporal ; allusion au chien de garde.

Chien de bord. Commandant en second d'un navire.

... comme un chien. En valeurs comparatives, par dénigrement :

Mourir, crever comme un chien. Dans le mépris et l'abandon. *Crever comme un chien galeux.*

Être enterré comme un chien. Sans cérémonie religieuse.

Être malade, fatigué comme un chien. Très malade.

Être comme un chien enragé. Être très agressif ; déployer une grande énergie.

Nager comme un chien. Barboter d'une façon ridicule ; *nager comme un chien de plomb :* manquer se noyer.

Être comme un chien d'attache *(vx).* Assujetti à un travail continuel.

Être malheureux comme un chien qui se noie *(vx).* Très malheureux.

Tuer quelqu'un comme un chien. De sang-froid, sans aucune pitié.

Battre quelqu'un comme un chien, *(vx)* **étriller quelqu'un en chien courtaud.** Le rosser, le rouer de coups.

Avoir du crédit comme un chien à la boucherie. Ne jouir d'aucun crédit.

Être fait comme un chien fou *(vx).* Être bizarrement accoutré ; avoir l'air négligé.

Arriver (quelque part) comme un chien dans un jeu de quilles. Arriver très mal à propos.

Recevoir quelqu'un comme un chien dans un jeu de quilles. Le recevoir très mal.

Vivre, s'entendre comme chiens et chats. Être toujours en querelle ; allusion à la réputation d'incompatibilité d'humeur de ces deux animaux.

Maigre comme un chien fou (vx). Très maigre ; *chien fou,* nom donné autrefois au chien atteint de la rage.

Retourner comme le chien à son vomissement. Retomber dans ses vices, ses erreurs ; dans le langage biblique, *retourner à son vomissement :* retomber dans ses péchés.

Avoir du chien. En parlant d'une femme, avoir un charme un peu coquin, un grand pouvoir de séduction ; plus couramment, porter bien la toilette, avoir de l'allure, du chic. Probablement de *coiffure à la chien,* désignant autrefois un couvre-chef coquin ou une coiffure ébouriffée, en désordre ; aujourd'hui, *coiffure à la chien* ou *porter des chiens :* porter une frange. *À force de voyager en wagon avec des filles bizarrement accoutrées, les cheveux sur les yeux à la chien, ou flottants dans le dos à la Geneviève de Brabant, elle finit par leur ressembler.* A. DAUDET, *Fromont jeune et Risler aîné.* *L'habit bleu lui donnait beaucoup de chien.* G. DUHAMEL, *Récits des temps de guerre.* Avoir de la verve ; dégénérescence de la locution *avoir une colère, une peur de chien.*

Le premier chien coiffé (vx). Le premier mâle venu, aussi laid soit-il, qui saura susciter le désir ou l'amour : *elle épouserait le premier chien coiffé. Chien coiffé,* « apprêté », se disait autrefois d'une personne très laide. *Quand une fille entend se marier, rien ne saurait la tenir : elle prendrait plutôt un chien coiffé que de rester demoiselle.* H. POURRAT, *Gaspard des montagnes.*

VARIANTES. **Le premier chat coiffé** *(vx).* **Il tomberait amoureux d'une chèvre coiffée** *(vx).*

Nom d'un chien ! Juron employé euphémiquement pour *nom de Dieu ! « La police ! dit-elle. Ah ! nom d'un chien ! nous sommes foutues ».* ZOLA, *Nana.*

Merci, mon chien ! Manière de rappeler aux gens la formule de politesse *merci* ou de reprendre des enfants qui oublient d'ajouter à ce mot le terme d'adresse qui convient.

Chiens écrasés. Petites informations dans la rubrique des faits divers d'un journal (accidents de la route, etc.) : *travailler aux chiens écrasés.*

Piquer un chien, son chien (vx). Dormir. On attribue cette métaphore au mendiant aveugle assis avec son chien devant lui, la pointe de la canne dirigée vers l'animal, pour que ce dernier, piqué par la pointe, le réveille s'il venait à s'endormir et se pencher en avant [É. Littré].

Dormir en chien (vx). Sans manger. *Comment entendez-vous dormir en chien ? — C'est dormir à jeun en haut soleil, comme font les chiens.* RABELAIS, *Quart Livre.*

Être couché en chien de fusil. Les genoux ramenés sur le corps, par analogie avec le *chien* d'un fusil (pièce qui guide le percuteur). *À sa vue, je rentre mes mains sous le drap, je me plie en chien de fusil, je ferme mes doigts de pied.* COLETTE, *Claudine à Paris.*

Donner du chien (vx). Stimuler, donner du tonus ; peut-être de *sacré chien,* autrefois, eau-de-vie très forte. *Bah ! monsieur Coupeau, dit-elle, au bout d'une minute, un petit verre de cric, ce n'est pas mauvais. Moi, ça me donne du chien.* É. ZOLA, *l'Assommoir.*

Avoir d'autres chiens à fouetter. D'autres affaires en tête. *Monsieur le curé ; ah ! il a bien d'autres chiens à fouetter.* VIDOCQ, *Mémoires.*

VARIANTE. **Avoir d'autres chats à fouetter.**

Chien perdu sans collier. Un orphelin, un enfant abandonné, par allusion aux chiens errants, sans maîtres, que l'on met à la fourrière. Titre d'un roman de Gilbert Cesbron (1954).

Fréquenter le chien et le chat. Fréquenter indistinctement toutes sortes de personnes. *Il n'est pas étrange que M. le duc se soit avantagé de l'exemple de 1688, pour la promotion qu'il fit signer toute faite au roi en 1724, et où il fourra le chien, le chat et le rat.* SAINT-SIMON, *Mémoires.*

Jeter sa langue au chien (vx). Renoncer à deviner quelque chose ; aujourd'hui, *donner sa langue au chat. Ne sauriez-vous le deviner ? Jetez-vous votre langue aux chiens ?* Mme de Sévigné, *Correspondance.*

N'être pas bon à jeter aux chiens. N'avoir aucun mérite, aucune valeur. La négation renforce la valeur péjorative de *être bon à jeter aux chiens. On ne me trouve pas bonne à jeter aux chiens.* Mme de Sévigné, *Correspondance.*

Ne pas valoir les quatre fers d'un chien (vx). Ne rien valoir du tout, en parlant de quelque chose ou de quelqu'un (un chien n'étant pas ferré).

Ne pas jeter, ne pas donner sa part, son lard aux chiens. Tenir beaucoup à ses prérogatives ; être économe, presque avare.

> CONTRAIRE. **Jeter, donner sa part, son lard aux chiens.** Jeter l'argent par les fenêtres ; se ruiner. *L'abbé de Grignan était désolé ; il eût jeté sa part aux chiens ; et tout d'un coup, par une suite d'arrangements trop longs à vous dire, on le choisit.* Mme de Sévigné, *Lettre à Mme de Grignan,* 1680.

Jeter ses louanges aux chiens. Les prodiguer mal à propos.

Le chien au grand collier (vx). Un homme important, influent ; allusion au chien d'attache, qui conduit les autres et a une marque autour du cou.

Promettre, garder à quelqu'un un chien de sa chienne. Réserver à quelqu'un une vengeance proportionnée au mal qu'il a fait subir.

Entre chien et loup. À la tombée du jour ou au petit matin, quand on ne saurait distinguer un chien d'un loup. *Si le coq chante incontinent après le soleil couchant (comme l'on dit entre chien et loup), c'est signe de pluie.* A. Paré, *Animaux. On soupe pendant le chien et le loup.* Mme de Sévigné, *Correspondance,* 1689. *Je me promène seule, mais je n'ose me livrer à l'entre-chien et loup, de peur d'éclater en cris et en pleurs ; l'obscurité me serait mauvaise dans l'état où je suis.* Mme de Sévigné, *Lettre à Mme de Grignan,* 1684.

Couper la queue de son chien (vx). Commettre un acte singulier, une excentricité, pour faire parler de soi. Selon Plutarque, Alcibiade coupa la queue de son chien pour que les Athéniens, occupés à s'entretenir de cet acte étrange, ne pensent pas à dire du mal de lui.

Deux chiens après un os. Se dit de deux ou plusieurs personnes qui se disputent le même avantage.

> VARIANTE. **Il y a trop de chiens après l'os.**

Jeter un os à la gueule d'un chien pour le faire taire. Acheter le silence d'un traître.

Écorcher son chien pour en avoir la peau (vx). Sacrifier une chose de valeur pour un petit bénéfice.

Une charrue à chiens (vx). Se dit d'une association où l'on ne fait rien d'utile.

Avoir été mordu par un chien enragé (vx). Être très susceptible, ombrageux ; avoir un caprice ou une passion soudaine pour quelque chose : *quel chien l'a mordu ? Mordu du chien de la Métromanie, le mal me prit, je fus auteur aussi.* VOLTAIRE, *le Pauvre Diable.*

VARIANTE. **Quelle mouche le pique ?**

Entrez, nos chiens sont liés. Se dit à quelqu'un qui hésite à entrer dans un lieu, pour lui indiquer qu'il n'y a aucun risque.

Rompre les chiens. Interrompre une conversation embarrassante ou un entretien mal engagé ; en termes de chasse, *rompre les chiens :* les détourner de leur objectif. *Le duc de Tresmes voulut rompre les chiens plus d'une fois ; à toutes Caumartin l'arrêtait, haussait le ton et continuait.* SAINT-SIMON, *Mémoires.*

Se regarder en chiens de faïence. Fixement, en se défiant du regard ; allusion aux figures de faïence qui ornaient souvent les dessus de cheminées.

Battre le chien devant le lion. Réprimander une personne (généralement un inférieur) pour qu'une tierce personne présente (à qui l'on n'ose s'adresser directement) profite de la leçon. *Je m'aperçus assez tôt que son mal provenait d'ailleurs que de moi, et qu'il ne s'attachait à moi que pour battre et gourmander le chien devant le lion.* *Mémoires de Nicolas III, seigneur de Villeroi, in* Littré.

Un chien qui aboie à la lune. Quelqu'un qui s'attaque inutilement à plus puissant que lui ; expression née de l'observation du chien qui aboie à la lune et bondit comme pour l'attraper. *J'avais beau les ramener à l'impossibilité de chasser les jésuites ; ils persistaient, le dirai-je, à aboyer à la lune.* SAINT-SIMON, *Mémoires.*

Garder la lune des chiens (vx). Prendre une peine inutile. *Bon Dieu ! que serait-ce si nos malédictions étaient des arrêts ! mais celui qui a gardé jusques à maintenant la lune des chiens, gardera bien les religieux des fulminations de votre colère.* Père F. GARASSE, *in* Littré.

VARIANTE. **Garder la lune des loups** *(vx).*

Cela s'en est allé en nid de chien (vx). Se disait d'une chose qui avait échoué.

PAR EXTENSION. **Venu à nid de chien** *(vx).* Ruiné.

Camus en chien d'Artois (vx). Confus, embarrassé, déçu dans son attente ; *camus* (vieilli), « embarrassé, interdit ».

Madame votre fille est pleurante en un coin,
Monsieur votre neveu grommelle sur du foin,
Camus en chien d'Artois d'avoir compté sans hôte.
LA FONTAINE, *Je vous prends sans vert.*

Saint Roch et son chien (vx). Se disait de deux personnes inséparables. Allusion à la légende de saint Roch, qui se voua aux pestiférés ; atteint lui-même par l'épidémie, il se réfugia dans une forêt où un chien lui apportait tous les jours un pain, remis par une main inconnue.

Être comme le chien du jardinier, qui ne mange point de choux et n'en laisse manger aux autres. Empêcher les autres de profiter d'un bien dont on ne peut ou ne veut profiter soi-même. *Jamais il n'y eut de véritable chien de jardinier comme lui.* Mme de SÉVIGNÉ, *Correspondance,* 1677. *Pendant que j'étais au séminaire, M. d'Aubonne fut obligé de quitter Annecy. M. l'Intendant s'avisa de trouver mauvais qu'il fît l'amour à sa femme. C'était faire comme le chien du jardinier, car, quoique Mme Corvesi fût aimable, il vivait fort mal avec elle.* J.-J. ROUSSEAU, *les Confessions.*

PROVERBES

Qui se couche avec les chiens, se lève avec des puces. Il faut se garder des mauvaises fréquentations, des influences dangereuses.

VARIANTE. Caresses de chiens donnent des puces.

Chien hargneux a toujours l'oreille déchirée. Il arrive toujours des accidents aux gens querelleurs.

Qui veut noyer son chien, l'accuse de la rage. Tout prétexte est bon quand on veut se débarrasser de quelqu'un ou de quelque chose. *Me voilà bien chanceuse ! hélas ! l'on dit bien vrai : Qui veut noyer son chien l'accuse de la rage.* MOLIÈRE, *les Femmes savantes.*

Un chien regarde bien un évêque. La différence de rang n'interdit pas toute relation ; se dit à un homme prétentieux qui s'offense de ce qu'on le regarde trop fixement.

L'hôpital n'est pas fait pour les chiens. Il ne faut pas hésiter à réclamer l'usage d'une chose destinée au public. Dans un sens plus général, *n'être pas fait pour les chiens :* être utilisable par l'homme.

Les chiens aboient, la caravane passe. Les cris et les attaques des envieux ou des médisants ne nous atteignent pas, n'empêchent pas de poursuivre notre projet.

Quand un chien se noie, tout le monde lui offre à boire (vx). Les gens n'ont souvent aucune pitié pour ceux auxquels il arrive malheur.

Un chien vivant vaut mieux qu'un lion mort. Un homme mort ne vaut plus rien ; allusion biblique tirée de l'Ecclésiaste.

Chien qui aboie ne mord pas. Ceux qui crient ou menacent ne sont pas les plus à craindre.

Un bon chien n'aboie pas à faux (vx). Un homme sage ne se fâche pas sans raison.

À chien qui mord il faut jeter des pierres (vx). On ne doit pas avoir pitié des gens malfaisants.

On ne peut empêcher le chien d'aboyer ni le menteur de mentir (vx). On ne peut amener personne à sortir de son naturel.

Autant vaut être mordu d'un chien que d'une chienne (vx). Entre deux risques égaux, il n'y a pas de raison d'être plus effrayé par l'un que par l'autre.

Il ne faut pas se moquer des chiens qu'on ne soit hors du village. Il faut se mettre à l'abri du danger avant de s'en moquer.

Pendant que le chien pisse, le loup, le lièvre s'en va (vx). La moindre hésitation fait manquer l'occasion.

VARIANTE. Tandis que le loup chie, la brebis s'enfuit *(vx).*

Jamais à un bon chien, il ne vient un bon os (vx). Le bien ne va pas au mérite : les bonnes affaires ne viennent jamais à ceux qui en seraient dignes.

Il n'est chasse que de vieux chiens (vx). Rien ne vaut l'expérience des anciens.

Les chiens ne font pas de chats. On retrouve chez les enfants les qualités ou les défauts des parents. Autrefois, dans le même sens, *bon chien chasse de race,* par allusion aux chiens qui savent chasser naturellement.

VARIANTE. L'aigle n'engendre point la colombe.

Qui m'aime aime mon chien (vx) Quand on aime quelqu'un, on doit aimer tout ce qui lui appartient.

VARIANTE. Qui aime Bertrand aime son chien *(vx).*

Si vous n'avez pas d'autre sifflet, votre chien est perdu (vx). Si vous n'avez pas d'autre moyen de succès, vous ne réussirez pas.

C'est le chien de Jean de Nivelle, il s'enfuit quand on l'appelle. Se dit de quelqu'un qui se dérobe quand on a besoin de lui. Jean II, baron de Montmorency, voyant que la guerre allait se rallumer entre Louis XI et le duc de Bourgogne, somma (à son de trompe) son fils, Jean de Nivelle, de servir le roi ; il resta sourd à son appel et fut traité de chien par son père : *ce chien de Jean de Nivelle.*

Une traîtresse voix bien souvent vous appelle :
Ne vous pressez donc nullement :
Ce n'était pas un sot, non, non, et croyez-m'en,
Que le chien de Jean de Nivelle.
LA FONTAINE, *le Faucon et le Chapon.*

Ils veulent faire comme les grands chiens, ils veulent pisser contre la muraille (vx). Se disait des petits garçons qui voulaient faire comme les grandes personnes.

Il ne faut pas tuer son chien pour une mauvaise année (vx). On ne doit pas se désespérer pour une petite malchance.

Petit chien, belle queue. Le mérite ne tient pas à la taille ; variante de *dans les petites boîtes, les bons onguents.*

Les chiens qui ont la queue coupée n'ont pas peur de faire voir leur cul (régional, Savoie). Quand on a pris l'habitude de mal se conduire, on finit par ne plus se cacher.

CHOUETTE

Une vieille chouette. Une vieille femme laide et acariâtre.

Des yeux de chouette. De gros yeux ronds et fixes.

Curieux comme une chouette. Très curieux, indiscret.

Chouette. Parfait en son genre, beau, agréable, admirable, en parlant de quelque chose ou de quelqu'un : *être chouette, c'est chouette !* Le mot est ici pris adjectivement, par allusion à la locution ancienne *jolie comme une chouette* (confusion avec le choucas, oiseau au plumage brillant) : *Ma femme sera coincte et jolye comme une belle petite chouette.* RABELAIS, *Pantagruel,* III.

Larron comme une chouette (vx). Se dit d'un voleur incorrigible, par confusion avec le choucas, oiseau qui, comme la pie, dérobe les objets brillants.

Quel qu'il soit, il n'est point poète,
Mais fils aîné d'une chouette,
Ou aussi larron pour le moins
C. MAROT, *Épigrammes.*

Faire la chouette (vx). Entretenir une correspondance. *Faire la chouette à trois personnes,* correspondre avec trois personnes.

Il est leur chouette (vx). Il est en butte à leurs railleries ; probablement du fait que la chouette est persécutée par les autres oiseaux lorsqu'elle s'aventure pendant le jour [É. Littré].

Cigale

(vx) Poète ; allusion probable au chant de cet insecte.

Ronsard, fais-m'en raison, et vous autres esprits
Que, pour être vivants, en mes vers je n'écris,
Pouvez-vous endurer que ces rauques cigales
Égalent leurs chansons à vos œuvres royales ?
M. RÉGNIER, *Satires.*

Ferrer les cigales (vx). Perdre son temps, faire un travail inutile, les cigales ne se ferrant pas.

VARIANTE. **Ferrer les oies** *(vx).*

Cigogne

Femme grande et maigre, par analogie avec cet oiseau échassier.

PAR EXTENSION. **Cou de cigogne.** Très long cou.

Mère, par allusion à la tendresse maternelle des cigognes, symbole de la piété et de la reconnaissance. *Quand cet honnête homme* [Néron] *eut tué sa mère (c'était une terrible cigogne !).* VOITURE, *Correspondance.*

La cigogne (arg.). Le palais de justice, la préfecture de police. *La cigogne finit toujours par nous gober.* H. de BALZAC, *in* Larousse du XXe siècle.

PAR EXTENSION. **Le dab de la cigogne** *(arg.).* Le procureur général.

Contes de la cigogne, à la cigogne (vx). Balivernes, contes invraisemblables. *J'appréhende qu'on ne croie que tout ce que j'ai rapporté jusqu'à présent ne passe pour des contes de la cigogne à cause que cela semble trop ridicule ou trop extravagant.* FURETIÈRE, *le Roman bourgeois.*

VARIANTE. **Contes de ma mère l'oie.**

Ciron

Tout petit être : *n'être pas plus gros qu'un ciron.* Avant l'invention du microscope, cet arachnide minuscule était considéré comme le plus petit animal existant. *La nature se moque des individus : pourvu que la grande machine de l'univers aille son train, les cirons qui l'habitent ne lui importent guère.* VOLTAIRE, *Lettre à Mme du Deffand,* 1768. *Nous étions des géants en comparaison de la société de cirons qui s'est engendrée.* CHATEAUBRIAND, *in* G.L.L.F.

CLOPORTE

Vivre comme un cloporte. Confiné chez soi, comme le cloporte qui vit dans des lieux sombres et humides.

Un cloporte. Un concierge, un portier ; par jeu de mots : *clôt porte.*

COBAYE

Servir de cobaye. Être utilisé comme sujet d'expérience, comme le sont ces rongeurs dans les laboratoires.

COCHON

Personne malpropre au physique ou au moral. Le cochon symbolise la saleté, la goinfrerie, la luxure et l'ignorance. *Quel est ce gros cochon qui me disait tant de mal de la pièce ?* VOLTAIRE, *Candide.* *M. de Chaulnes y a été reçu comme le roi ; mais, comme c'est la crainte qui a fait changer leur langage, M. de Chaulnes n'oublie pas toutes les injures qu'on lui a dites, dont la plus douce et la plus familière était gros cochon.* Mme de SÉVIGNÉ, *Lettre à Mme de Grignan,* 1675.

DÉRIVÉS. **Cochon, onne** *(adj.).* Dégoûtant, sale. **Histoire cochonne.** Licencieuse. **Cochonnerie.** Malpropreté ; chose sale ou mal faite ; action, propos obscène. **Cochonceté.** Obscénité.

VARIANTES. **Porc. Pourceau.**

... de cochon, ... comme un cochon. En valeurs péjoratives ou comparatives :

Temps de cochon. Mauvais temps.
Yeux de cochon. Petits yeux (dans un visage gras).
Tête de cochon. Mauvais caractère ou esprit borné.
Travail de cochon. Grossier, sans soin.
Tour de cochon. Mauvais tour, action déloyale.
Mener une vie de cochon *(vx).* Ne faire que manger et dormir.
Manger comme un cochon. Salement et voracement.
Gras, gros, sale comme un cochon. Très gros, très sale, dégoûtant.
Soûl comme un cochon. Complètement soûl.
Saigner quelqu'un comme un cochon. L'égorger.

Nous n'avons pas gardé les cochons ensemble. Se dit à quelqu'un pour repousser une familiarité déplacée ; allusion à la grossièreté de la tâche et à l'origine sociale des gardeurs de cochons.

VARIANTES. **Nous n'avons pas gardé les oies ensemble. Nous n'avons pas gardé les dindons ensemble. Nous n'avons pas gardé les vaches ensemble.**

Manger le cochon ensemble (vx). Comploter, conspirer avec quelqu'un.

Le cochon qui sommeille. Les mauvais instincts de l'homme, et plus particulièrement la sexualité. *Tout homme a dans son cœur un cochon qui sommeille.* Charles MONSELET.

Camarades, amis, copains comme cochon. Très amis, avec parfois une familiarité un peu excessive ; altération du mot *soçon* (du latin *socius*, camarade, associé), qui signifiait « copain, ami ».

Cochon qui s'en dédit. Formule de promesse, obligation de tenir un engagement. *Parions ! Dix francs que vous ne devinez pas ! — Dix francs que je devine ! — Cochon qui s'en dédit, comme disait le fermier de ma très chère amie, la comtesse du Rut. Quel métier ? — Eh bien, aventurier.* R. QUENEAU, *le Chiendent.*

Heureux comme un tueur de cochon (vx). Au comble du bonheur. Quand le paysan tuait son cochon, il avait pour plusieurs semaines de mangeailles.

Ne pas savoir si c'est du lard ou du cochon. Hésiter entre deux interprétations à propos de quelque chose ou de quelqu'un ; ne pas savoir à quoi s'en tenir. Allusion à la difficulté de définir deux choses de même nature : le lard (graisse de cochon employée en cuisine) et le porc, ou cochon (l'animal).

PAR EXTENSION. **N'être ni lard in cochon. Indéfinissable.**

Un cochon n'y retrouverait pas ses petits. Se dit d'un grand désordre.

VARIANTES. **Une poule n'y retrouverait pas ses poussins. Une vache n'y retrouverait pas son veau.**

Jeter, semer des perles aux cochons. Offrir à quelqu'un quelque chose dont il est incapable d'apprécier la valeur. Allusion à un passage de l'Évangile selon saint Matthieu où sont nommées « perles » les choses qu'il ne faut pas exposer à la profanation des indignes.

VARIANTES. **Jeter des perles, des fleurs aux pourceaux. Donner de la confiture aux cochons.**

Les cochons de payants. Les clients ordinaires, ceux qui paient leurs places, par opposition aux invités (qui eux, bénéficient de soins, de privilèges).

PROVERBES

Il faut mourir, petit cochon, il n'y a plus d'orge. C'est inévitable : lorsque toutes les ressources sont épuisées, il n'y a plus rien à faire.

Où il y a un joli cochon, il y a bonne soupe (régional, Auvergne). La qualité de la soupe indique une ferme bien tenue.

On ne peut pas avoir le lard et le cochon (régional, Bourbonnais). On ne peut pas tout avoir.

Colombe

Jeune fille pure et candide ; la colombe est symbole de paix, de pureté et d'innocence.

> *C'est lui* [Louis XIV] *qui rassembla ces colombes timides,*
> *Éparses en cent lieux sans secours et sans guides.*
> J. Racine, *Esther.*

Femme légère.

PROVERBES

Craignez la colère de la colombe. Il faut se méfier de la colère d'une personne douce.

À colombes soûles, les cerises sont amères. Quand il y a trop d'abondance, on n'apprécie plus le plaisir.

Coq

Le coq du village. L'homme le plus admiré des femmes, le séducteur. Emblème de fierté, le coq représente aussi la domination sur les femelles (il est le mâle de plusieurs gallinacés) ; autrefois, *coq du village* ou *d'une paroisse :* personnage très considéré à cause de sa fortune ou de son importance. *Ce grand garçon jovial et frisé, assez coq de village, inspirait confiance aux paysans.* A. Malraux, *in* G.L.L.F.

> *Viens, parais, jeune prince, et qu'on te reconnaisse*
> *Pour le coq de notre paroisse.*
> Voltaire, *Fête de Bellebat.*

PAR EXTENSION. **Un bon coq** *(vx).* Un homme vigoureux en amour.

Fier comme un coq. Très fier, très orgueilleux, par analogie avec l'allure hautaine du coq.

Rouge comme un coq. Très rouge, à la suite d'un effort ou d'une émotion (colère, honte, timidité, etc.), probablement à cause du comportement agité et combatif du coq. *Les efforts que faisait M. de Froberville pour qu'on n'entendit pas son rire,* *l'avaient fait devenir rouge comme un coq.* M. PROUST, *À la recherche du temps perdu,* II.

VARIANTES. **Rouge comme une écrevisse. Rouge comme un homard.**

Se battre comme un coq. Avec énergie, courage (le plus souvent de façon désordonnée).

À nous le coq (vx). À nous la supériorité !

Jambes, mollets de coq. Maigres, aux muscles saillants.

Au chant du coq. À l'aube, au point du jour : *se lever au premier chant du coq.* La coïncidence du chant du coq avec le lever du soleil est depuis des siècles bien établie (bien que son chant précède souvent la venue du jour). *Voyez donc, mes chéries, voilà la Divine mariée à Dieu. Elle se lève au chant du coq pour aller communier, la Toute-Repentante.* J. GENET, *Notre-Dame-des-Fleurs.*

Être, vivre comme un coq en pâte. Être soigné, dorloté, avoir toutes ses aises. *Un coq en pâte est un coq mis à la retraite, qu'on engraisse avec force pâtée, qu'on tient captif à cet effet pour le manger, et qui, ayant tout à souhait et étant en repos, profite rapidement.* Ch. NISARD, *in* Littré. Autrefois, *coq au panier* : *Ils lui envoyaient mille présents, comme gibiers ou flacons de vin... il était traité comme un petit coq au panier.* B. DESPERIERS, *Contes. J'étais comme un coq en pâte. On me fêtait. On ne me perdait pas un moment sans me regretter.* DIDEROT, *le Neveu de Rameau. J'aurais voulu le gâter, lui faire bâtir quelque chose, le mettre comme un coq en pâte.* G. DUHAMEL, *in* G.L.L.F.

VARIANTE. **Être comme un rat en paille** *(vx).*

Passer du coq à l'âne, faire un coq-à-l'âne. Passer brusquement d'un sujet à un autre, sans transition ; tenir un discours incohérent. *J'ai écrit dans les interlignes des coq-à-l'âne si ridicules.* VOLTAIRE, *Lettre au roi de Prusse. Dès qu'il fut de retour, il me conte son aventure que j'entendais bien du premier coup, encore qu'il y eût bien du coq-à-l'âne.* Ch. SOREL, *la Vraie Histoire comique de Francion.*

PROVERBES

Un coq est bien fort sur son fumier. En territoire familier, on a plus d'assurance.

Coq chante ou non, viendra le jour (vx). L'inéluctable n'a pas besoin de prophète.

Coquecigrue

À la venue des coquecigrues (vx). Jamais. La coquecigrue est un oiseau imaginaire. L'origine du mot est incertaine (peut-être de *coq-grue* et *cigogne*) ; il a été probablement imaginé par Rabelais. *Ainsi s'en alla le pauvre colérique ; puis passant l'eau au pont Huaux, et racontant ses males fortunes, fut avisé par une vieille lourpidon, que son royaume lui serait rendu à la venue des coquecigrues.* Rabelais, *Gargantua*, I. *Toute métaphysique ressemble assez à la coquecigrue de Rabelais.* Voltaire, *Lettre en vers et prose.*

Raisonner comme une coquecigrue (vx). D'une façon absurde.

PAR EXTENSION. **Coquecigrue** *(vx)*. Balivernes, sottise. *Elles élèvent fort bien leurs petites filles, elles ne leur apprennent point à mentir ni à dissimuler leurs sentiments ; point de coquecigrues ni d'idolâtries ; enfin je les aime.* Mme de Sévigné, *Correspondance.*

Chasseur de coquecigrues (vx). Rêveur qui se repaît de chimères, d'extravagances.

Dans les champs de l'azur, sur le parvis des nues,
Son esprit à cheval sur des coquecigrues.
Saint-Amant, *in* Furetière.

Corbeau

(vx) Homme avide et sans scrupules ; mouchard ; prêtre. Principalement à cause de sa couleur noire, le corbeau est un oiseau de mauvais augure, évoquant souvent la mort ou le malheur. (vx) Croque-mort, fossoyeur, le corbeau se nourrissant de charognes ; autrefois, nom donné à ceux qui enlevaient les pestiférés pour les porter à l'hôpital ou pour les enterrer. *J'entrai jusques au second étage, où je trouvai deux corps nus, étendus sur la table de la chambre ; alors je me retirai bien étonné, et en sortant je rencontrai des corbeaux qui me demandèrent ce que je cherchais.* F. de Bassompierre, *Mémoires.* Auteur de lettres anonymes. *Le Corbeau,* film d'Henri Clouzot (1943).

Noir comme un corbeau. Très noir. *C'était une véritable Espagnole : elle avait le teint espagnol, les yeux espagnols, de longs cils recourbés, et une prunelle plus noire que ne l'est l'aile d'un corbeau.* H. de Balzac, *El Verdugo.*

Ne pas revenir comme le corbeau de l'Arche (vx). Ne jamais revenir. Allusion au corbeau légendaire lâché par Noé et qui ne revint jamais, emportant avec lui le message attendu ; à l'inverse de la colombe, qui rapporta dans son bec un rameau d'olivier, devenant ainsi le symbole de la réconciliation. *Vous arriverez comme la colombe de l'Arche :* se dit à une personne impatiemment attendue.

Être ravitaillé par les corbeaux. Vivre isolé, loin des informations ; avoir du mal à s'approvisionner.

PROVERBES

Nourris, élève un corbeau, il te crèvera l'œil. Les méchants rendent le mal pour le bien.

Les corbeaux ne crèvent pas les yeux aux corbeaux. Les méchants ne se font pas de mal entre eux.

VARIANTE. **Les loups ne se mangent pas entre eux.**

Cormoran

(vx) Matelot ou pêcheur, par comparaison avec cet oiseau, bon plongeur, réputé pour sa pêche active. Commissionnaire. Le cormoran est utilisé pour la pêche, au Japon. *Le cormoran appelé aussi le pélican chinois, dressé à cet emploi, va chercher pour ses maîtres, en plongeant, le poisson qu'il avalerait sans doute lui-même si un anneau ne resserrait pas son cou.* ARMAND, *Gazette médicale de Paris,* 1860, *in* Littré.

Corneille

Bayer aux corneilles. Regarder en l'air d'un air niais, perdre son temps ou faire le badaud. De *bayer,* avoir la bouche bée d'étonnement, et *corneille,* autrefois, objet insignifiant (en terme de fauconnerie : *voler pour corneille,* chasser un gibier sans valeur) ; *bayer aux corneilles* se traduirait donc par ouvrir niaisement la bouche en contemplant une chose aussi insignifiante que l'est la corneille pour le chasseur. On écrit souvent *bâiller* (ouvrir la bouche par ennui, de sommeil, etc.) pour *bayer. Autant bâiller aux corneilles que de se nourrir de toutes les turpitudes quotidiennes qui sont la pâture des imbéciles.* G. FLAUBERT, *Correspondance.*

Allons, vous ! vous rêvez et bayez aux corneilles ;
Jour de Dieu ! je saurai vous frotter les oreilles.
MOLIÈRE, *le Tartuffe.*

VARIANTE. **Regarder les mouches voler.**

Y aller de cul et de tête comme une corneille qui abat des noix (vx). S'agiter, s'employer à quelque chose avec un empressement irréfléchi et maladroit, comme la corneille qui, friande de noix, s'accroche du bec et des griffes pour secouer les branches d'un noyer. *Et si faisoit* [en lavant son linge] *du cul et de la pointe comme une corneille qui abat des noix.* B. DESPERIERS, *Contes, in* Littré.

La corneille d'Ésope, la corneille de la fable (vx). Auteur qui fait un ouvrage composé de morceaux pris dans d'autres ouvrages ; personne qui se pare de ce qui ne lui appartient pas. Allusion au fabuliste grec Ésope, qui n'aurait écrit aucune de ses fables.

COUCOU

Manger, avaler comme un coucou (vx). Se goinfrer, s'empiffrer, par comparaison avec la voracité des jeunes coucous.

Gras comme un coucou ; maigre comme un coucou. Très gras (le coucou est connu pour son appétit insatiable) ; très maigre (peut-être à rapprocher de *maigre comme un clou*).

Un coucou. Un cocu. Le *coucou* est l'origine du mot *cocu*, qui signifiait en ancien français « le coucou » ; les jeux de mots sur *coucou-cocu* étaient fréquents. *Il fut dit qu'on appelait un homme marié cocu, qui avait une femme impudique, d'un bel oiseau qu'on appelle le cocu* [...] *parce que ce bel oiseau va pondre au nid des autres oiseaux, étant si sot qu'il n'en saurait faire un pour lui, par antithèse et contrariété on appelle celui-là cocu, au nid duquel on vient pondre, c'est-à-dire faire des petits.* BOUCHET, *Serées, in* Littré.

Une montre, par allusion aux pendules à coucou, dont la sonnerie est remplacée par le simulacre d'un coucou (qui apparaît en sonnant les heures).

PAR EXTENSION. **Faire coucou.** Cri des enfants qui jouent à se cacher ou de quelqu'un qui signale brusquement sa présence.

COULEUVRE

Paresseux comme une couleuvre. Se dit de quelqu'un de très paresseux, allusion à l'image de la couleuvre paressant au soleil.

Avaler des couleuvres. Subir des affronts, des humiliations, sans pouvoir protester ; croire naïvement à des mensonges : *faire avaler toutes sortes de couleuvres à quelqu'un*. De *avaler* au sens de « croire » et *couleuvre*, le serpent représentant l'image de la fausseté. *Mme de Maintenon nourrit longtemps Mme de Montespan des couleuvres les plus cruelles.* SAINT-SIMON, *Mémoires*. *Il faut que le goût qu'il a pris pour elle soit bien extrême, puisque ce goût lui fait avaler,* *et l'été et l'hiver, toutes sortes de couleuvres.* Mme de SÉVIGNÉ, *Correspondance,* 1676.

Un endormeur de couleuvres (vx). Une personne qui cherche à tromper (sans toutefois y parvenir) par des paroles fallacieuses, à bercer les gens d'illusions pour les empêcher d'agir.

VARIANTE. **Endormeur de mulots.**

COUSIN

Chasser les cousins (vx). Éloigner les parasites qui prennent prétexte de parenté ou d'amitié ; jeu de mots sur *cousin,* moustique, et *cousin,* descendant de personnes qui sont frères et sœurs.

Être mangé de cousins (vx). Avoir toujours des importuns chez soi ; jeu de mots sur le double sens de *cousin.*

CRABE

Individu ridicule et borné : *un vieux crabe.*

PAR EXTENSION. **Face de crabe.**

Marcher en crabe. Avancer de côté, à l'oblique.

Panier de crabes. Groupe de personnes qui se haïssent et cherchent mutuellement à se nuire. Allusion au panier du pêcheur dans lequel grouillent toutes sortes de crabes (image des pinces dangereuses).

CRAPAUD

Personne très laide ; gamin désagréable.

DÉRIVÉ. **Crapoussin, e** *(vieilli).* Personne petite et trapue ; gamin.

Sauter comme un crapaud. D'une manière lourde et disgracieuse.

Un crapaud sur une boîte d'allumettes. Une personne forte chevauchant un objet, un véhicule (vélo, motocyclette) de taille modeste.

Avaler un crapaud (vx). Faire quelque chose de désagréable et qui coûte beaucoup. *Avaleur de crapaud :* victime, souffre-douleur ; allusion aux spectacles de charlatans, où le compère avalait du « venin » de crapaud pour se faire ensuite guérir par son complice. *Mademoiselle Bérard semblait née pour cet état* *abominable* [demoiselle de compagnie] *que les Anglais, grands peintres pour tout ce qui est désagréable, désignent par le nom de* toad-eater, *avaleur de crapaud. Les mortifications sans nombre qu'une pauvre dame de compagnie doit supporter sans mot dire d'une femme riche...* STENDHAL, *Lucien Leuwen.* *Un sourire, c'est le geste qu'il nous faut pour avaler tant de crapauds.* M. BARRÈS, *in* G.L.L.F.

VARIANTE. **Avaler des couleuvres.**

Faire des yeux de crapaud mort d'amour. Des yeux langoureux, énamourés ; allusion ironique aux « amours » du crapaud (qui sert d'accoucheur à sa femelle).

VARIANTES. **Des yeux de poisson frit. Des yeux de merlan frit.**

Être chargé d'argent, etc., comme un crapaud de plumes (vx). N'avoir pas le sou ; manquer complètement de quelque chose. *Au regard des lettres, d'humanités, de connaissances des histoires antiques, ils en étaient chargés comme crapauds de plumes.* RABELAIS.

PROVERBE

La bave du crapaud n'atteint pas la blanche colombe. Se dit pour repousser dédaigneusement une insulte ou une attaque calomnieuse.

CRIQUET

(vx) Homme petit et malingre. *Ce Minique était un petit criquet d'une cinquantaine d'années.* A. THEURIET, *in* G.L.L.F. (vx) Petit cheval de peu de prix ; vin de mauvaise qualité, piquette.

CROCODILE

(vx) Usurier, créancier ; allusion à la cruauté du crocodile.

Larmes de crocodile. Larmes hypocrites, douleur feinte pour émouvoir et tromper : *verser des larmes de crocodile.* Selon une légende antique, les crocodiles du Nil feignaient de gémir pour attirer leurs proies.

Larmes de crocodile, yeux lascifs, doux langage,
Soupirs, souris flatteurs, tout est mis en usage,
Quand il s'agit d'attraper un amant.
LA FONTAINE, *in* Littré.

Cygne

Blanc comme un cygne. Se dit d'une peau très blanche, de cheveux ou d'une barbe très blancs. Le cygne, remarquable par la blancheur immaculée de son plumage (on n'a longtemps connu que le cygne blanc), symbolise la beauté majestueuse. *J'unis un cœur de neige à la blancheur des cygnes.* BAUDELAIRE, *les Fleurs du Mal.*

> PAR EXTENSION. **Blanc comme un cygne qui casse des noix.** Noir comme un corbeau ; par antiphrase.

Un cou de cygne. Un cou long et élégant. *J'ai pris femme noble aux doux yeux, aux mains blanches, au cou de cygne.* P.-J. de BÉRANGER, *in* Littré.

Le chant du cygne. La dernière œuvre d'un artiste de talent ; l'ultime création considérée comme la plus belle. Allusion au chant mélodieux attribué par la légende antique au cygne près de mourir.

> PAR EXTENSION. **Le cygne de...** Surnom donné à d'illustres littérateurs, poètes, musiciens, etc., surtout pour la grâce et la pureté de leur style. **Le cygne de Mantoue.** Virgile. **Le cygne de Dircé.** Pindare. **Le cygne de Cambrai.** Fénelon.

Faire un cygne d'un oison (VX). Faire de quelqu'un ou de quelque chose un éloge dithyrambique et injustifié.

D

DAIM

(vx) Niais. *Écervelés comme beaux daims.* G. COQUILLART, *in* Littré.

Jeune homme élégant qui recherche la société des « biches » (demi-mondaines).

PAR EXTENSION. **Un daim huppé** *(vx).* Un homme riche et bête.

Puer comme un daim (vx). Sentir très mauvais.

DINDE

Une dinde, une grande dinde. Une femme stupide et gauche ; allusion à la réputation d'imbécillité de la dinde, comme de nombreux volatiles. *C'est à mourir de rire, quelle dinde !* D. AMIEL, *in* G.L.L.F. Une personne à la démarche disgracieuse et lourde.

Plumer la dinde. Dépouiller un imbécile.

VARIANTES. **Plumer le pigeon. Plumer l'oison.**

DINDON

Un dindon, un franc dindon. Un homme stupide, niais. Comme la dinde, le dindon à une réputation d'imbécillité.

PAR EXTENSION. **Gourmand comme un dindon.** D'une façon grossière, excessive. **Coléreux comme un dindon.** Très coléreux. **Se pavaner, se rengorger comme un dindon.** D'une façon stupide et ridicule.

Nous n'avons pas gardé les dindons ensemble. Se dit à quelqu'un pour repousser une familiarité déplacée, pour le remettre à sa place.

VARIANTES. **Nous n'avons pas gardé les cochons ensemble. Nous n'avons pas gardé les oies ensemble. Nous n'avons pas gardé les vaches ensemble.**

Garder les dindons (vx). Se retirer à la campagne ou s'y marier, en parlant d'une fille de la ville.

DÉRIVÉ. **Dindonnier, ère** *(vx).* Campagnard.

Être le dindon de la farce. Faire les frais d'une plaisanterie ou être la dupe d'une affaire ; allusion probable aux farces du Moyen Âge, où les vieillards crédules étaient appelés « pères dindons » ; ou, peut-être, corruption de *dindon de la fable* dans une fable de Florian, *le Singe qui montre la lanterne magique :* le singe, ayant oublié d'éclairer sa lanterne, prive les animaux du spectacle qu'il commente : *Moi, disait un dindon, je vois bien quelque chose, mais, je ne sais pour quelle cause, je ne distingue pas très bien.*

DÉRIVÉ. **Dindonner** *(vx).* Duper, tromper facilement quelqu'un.

Danse des dindons (vx). Action faite à contrecœur en donnant l'apparence de la bonne grâce. Autrefois, dans les foires, pour arriver à faire danser les dindons, on les plaçait sur une plaque de tôle que l'on chauffait à volonté [P. Larousse].

Dogue

(vx) Homme violent qui se lance ou qu'on lance contre quelqu'un, comme ce chien au caractère féroce utilisé souvent comme chien de garde.

Du faubourg Saint-Médard les dogues aboyèrent,
Et les renards d'Ignace avec eux se glissèrent.
VOLTAIRE, *Épître.*

Portier, concierge. Personne irascible, hargneuse.

PAR EXTENSION. **Être d'une humeur de dogue.** Agressif, de très mauvaise humeur. *Je ne réponds pas maintenant, parce que, en vérité, je suis d'une humeur de dogue.* P.-L. COURIER, *Lettre.*

Dragon

Personne rigide, intraitable ; surveillant vigilant et farouche. Par allusion au dragon de la mythologie (animal fabuleux, représenté généralement avec des griffes de lion, des ailes d'aigle et la queue d'un serpent) qui ne dormait jamais et gardait la Toison d'or. *Pour ravir un trésor, il a toujours fallu tuer le dragon qui le garde.* GIRAUDOUX, *la Folle de Chaillot.*

PAR EXTENSION. **Endormir le dragon.** Tromper la surveillance d'un gardien terrible.

Femme acariâtre et brutale.

Pour peu que l'on s'oppose à ce que veut sa tête,
On en a pour huit jours d'effroyable tempête ;
Elle me fait trembler dès qu'elle prend son ton ;
Je ne sais où me mettre, et c'est un vrai dragon
MOLIÈRE, *les Femmes savantes.*

PAR EXTENSION. **Dragon de vertu.** Femme d'une vertu farouche et revêche, le plus souvent affectée.
Ces dragons de vertu, ces honnêtes diablesses,
Se retranchent toujours sur leurs sages prouesses.
MOLIÈRE, *l'École des femmes.*

Enfant mutin, volontaire.

Faire le dragon. Montrer une vertu farouche. *Mais toi, ne peux-tu rien tirer de ta boutique ; j'ai fait le diable à quatre. — Et j'ai fait le dragon.* J.-F. REGNARD, *le Bal. Tu ne feras plus le dragon, belle brunette.* S. FAVART, *la Chercheuse d'esprit.*

Le dragon, le dragon infernal (vx). Dans les Écritures, le démon ; le dragon symbolise le mal et les tendances démoniaques. *Des abominations suggérées par le Dragon à ceux qui suivent son parti.* PASCAL, *les Provinciales.*

Dragons, dragons noirs (vx). Soucis chimériques, inquiétudes, remords, idées noires ; allusion au démon de l'Écriture sainte, symbolisant l'esprit des ténèbres. *Vous savez comme je hais les remords : ce m'eût été un dragon perpétuel de n'avoir pas rendu les derniers devoirs à ma tante.* Mme de SÉVIGNÉ, *Lettre à Mme de Grignan,* 1672. *Hélas ! de quoi ne me souviens-je point ? les moindres choses me sont chères ; j'ai mille dragons.* Mme de SÉVIGNÉ, *Correspondance.*

DÉRIVÉ. **Dragonner** *(vx).* Tourmenter quelqu'un ; **se dragonner** *(vx).* Se créer des soucis, des chagrins. *Vous êtes si facile à vous dragonner.* Mme de SÉVIGNÉ, *Correspondance.*

DROMADAIRE

(vx) Individu vil et bas ; personne d'allure disgracieuse.

E

ÉCREVISSE

Rouge comme une écrevisse. Très rouge (par timidité, honte, etc.), en parlant d'une personne ; allusion à l'écrevisse cuite.

VARIANTES. **Rouge comme un homard. Rouge comme un coq.**

Aller, marcher comme une écrevisse. Marcher à reculons ou de côté ; reculer ou progresser peu dans une entreprise. Comparaison issue d'une observation erronée qui faisait marcher les écrevisses uniquement à reculons.

Les sages quelquefois, ainsi que l'écrevisse,
Marchent à reculons, tournent le dos au port.
LA FONTAINE, *l'Écrevisse et sa fille.*

Mère écrevisse un jour à sa fille disait :
Comme tu vas, bon Dieu ! ne peux-tu marcher droit ?
LA FONTAINE, *l'Écrevisse et sa fille.*

Éplucher des écrevisses (VX). Perdre son temps en questions futiles, en discussions oiseuses ; probablement parce qu'on perd plus de temps à éplucher une écrevisse qu'à la manger.

PAR EXTENSION. **Éplucheur d'écrevisse** *(vx).* Personne qui aime les discussions inutiles.

ÉCUREUIL

Vif comme un écureuil. Se dit d'une personne très rapide, très vive ; allusion à l'agilité de l'écureuil.

Tourner comme un écureuil en cage. Ne pas rester en place, tourner en rond.

VARIANTES. **Tourner comme un lion en cage. Tourner comme un ours en cage.**

Mettre les écureuils à pied (VX). Couper les arbres ; les écureuils vivent essentiellement dans les arbres.

ÉLÉPHANT

Personne énorme, à la démarche pesante : *léger comme un éléphant* (par antiphrase).

DÉRIVÉ. **Éléphantesque.** Énorme, gigantesque.

VARIANTE. **Hippopotame.**

Un éléphant dans un magasin de porcelaine. Se dit d'un lourdaud qui intervient avec maladresse dans une affaire délicate.

Une mémoire d'éléphant. Une mémoire exceptionnelle, en particulier pour les mauvais souvenirs ; l'éléphant passe pour vindicatif. *J'insiste... les points sur les i !... J'ai l'heureuse mémoire d'éléphant... on croit toujours me briser, mon air abruti.* L.-F. CÉLINE, *D'un château l'autre.*

Le cimetière des éléphants. Lieu secret, isolé ou lieu d'exil.

Voir des éléphants roses. Avoir des hallucinations après une importante absorption d'alcool ou de drogue.

ÉPAGNEUL

Suivre quelqu'un comme un épagneul. Le suivre docilement. Ce chien est renommé pour sa docilité et sa fidélité.

VARIANTES. **Suivre quelqu'un comme un caniche. Suivre quelqu'un comme un chien.**

ÉPERVIER

(vx) Usurier, homme âpre au profit.

VARIANTE. **Vautour.**

Partisan des solutions de force dans un conflit.

VARIANTES. **Vautour. Faucon.**

Mariage d'épervier, où la femelle vaut mieux que le mâle. Mariage où la femme est supérieure en tous points au mari. Chez les éperviers et les oiseaux de proie, en général, la femelle est plus grosse et plus forte que le mâle.

ESCARGOT

(vx) Vagabond. *Ce vilain et dangereux escargot* [l'abbé de Vaubrun aux jambes tortues] *se produisit à la cour et chercha à s'y accrocher.* SAINT-SIMON, *Mémoires.*

Aller, avancer comme un escargot. Très lentement.

PAR EXTENSION. **Escargot.** Personne qui apporte une certaine lenteur à tout ce qu'elle fait.

VARIANTES. **Aller, avancer à pas de tortue.**

ÉTALON

Homme ardent, porté sur les plaisirs de l'amour ; allusion au cheval entier, destiné à la reproduction. *Il croit en venir à bout, s'il peut faire voir qu'il est bon étalon.* N. D'ABLANCOURT, *Lucien.*

ÉTOURNEAU

Homme étourdi, léger ; comme la linotte ou le moineau, cet oiseau a une réputation de légèreté.

La pièce était vendue aux sifflets aguerris
De tous les étourneaux des cafés de Paris
A. PIRON, *la Métromanie.*

Vous êtes un bel étourneau pour jaser (vx). Se disait à un jeune homme qui se mêlait à une conversation trop savante pour lui.

PROVERBE

Les étourneaux sont maigres parce qu'ils vont en troupes. Il ne résulte rien de bon d'une association.

F

Faisan

(arg.) Individu ou commerçant malhonnête, qui vit d'affaires louches ; de *faiseur,* personne qui agit.

DÉRIVÉ. **Faisandé, e.** Corrompu, malsain : *Le goût des jeunes intellectuels d'alors pour ces mêmes aristocrates faisandés.* BERNANOS, *les Grands Cimetières sous la lune.*

FAUCHEUR

Avoir des jambes de faucheur. Avoir de longues jambes ; par analogie avec cette araignée des champs.

FAUVETTE

Une fauvette, un gosier de fauvette. Une chanteuse qui a une voix très agréable, comme le chant de cet oiseau.

Plumer la fauvette sur quelqu'un (vx). Lui extorquer de l'argent. De *plumer*, « dépouiller », et *fauvette*, diminutif de *fauve*, « roux », comportant autrefois une valeur dépréciative (au XIIIe siècle, *roux* signifiait « méchant, déloyal »). *Nous serions bien sottes, dit la femme d'un petit avocat, de porter de moindres étoffes que cela ; ce que nous en faisons donne davantage de courage à nos maris de travailler et plumer la fauvette sur le manant, pour nous entretenir.* *Les Caquets de l'accouchée, in* Littré.

Un dénicheur de fauvettes (vx). Un homme rusé et adroit qui fait de bonnes découvertes, surtout en matière de femmes (plus particulièrement celles qui assureront sa fortune). La fauvette fut l'emblème des amours volages.

FOUINE

Personne au visage allongé, aux yeux fureteurs. *L'abbé Dubois était un petit homme maigre, effilé, chafouin, à perruque blonde, à mine de fouine.* SAINT-SIMON, *Mémoires.*

Personne indiscrète, curieuse, rusée comme la fouine, qui fourre son museau partout.

VARIANTE. **Furet.**

DÉRIVÉS. **Chafouin, e.** Rusé, sournois. **Fouiner.** Fouiller avec indiscrétion dans les affaires d'autrui. **Fouineur, euse ; fouinard, e** *(adj. et n.).* Curieux, indiscret.

FOURMI

Personne laborieuse et économe. La fourmi est le symbole de l'activité laborieuse et obstinée, et de la prévoyance. *Les artisans et les marchands, que leur obscurité dérobe à la fureur ambitieuse des grands, sont des fourmis qui se creusent des habitations en silence, tandis que les aigles et les vautours se déchirent.* VOLTAIRE, *Essai sur les mœurs et l'esprit des nations.*

PAR EXTENSION. **Travail de fourmi.** Travail minutieux et obstiné.

Avoir des fourmis dans les jambes, dans les bras. Sentir des picotements, des démangeaisons dus à une mauvaise circulation du sang ; sensation analogue à celle que causeraient des fourmis courant sur la peau.

DÉRIVÉS. **Fourmiller.** Être le siège d'un picotement ; s'agiter en grand nombre. *Un peuple d'importuns qui fourmillent sans cesse.* N. BOILEAU, *Satires,* VI. **Fourmiller de.** Être rempli d'un grand nombre de. *C'était une femme d'excellente compagnie, et qui fourmillait d'amis et d'amies.* SAINT-SIMON, *Mémoires.* **Fourmilière.** Lieu où vit et s'agite une multitude de personnes. *Je n'ai eu aucune part aux divisions qui agitent la petite fourmilière* [Genève]. VOLTAIRE, *Lettre au duc de Choiseul,* 1766.

Avoir des œufs de fourmis sous les pieds (vx). Piétiner, ne pas pouvoir rester en place.

Se faire plus petit qu'une fourmi. S'abaisser, s'humilier.

La fourmi n'est pas prêteuse. Se dit d'une personne avare. Allusion à la fable de La Fontaine *la Cigale et la Fourmi :*

La fourmi n'est pas prêteuse :
C'est là son moindre défaut.

PROVERBE

Celui qui est trop endormi doit prendre garde à la fourmi (vx). Mieux vaut être sur ses gardes en toutes circonstances.

FRELON

(Vx) Personne qui vit aux dépens d'autrui. Le frelon, espèce de grosse guêpe, a la réputation de piller le miel des abeilles. Auteur qui pille l'ouvrage d'un autre : *un frelon littéraire. Quant à mon livre* De l'esprit des lois, *j'entends quelques frelons qui bourdonnent autour de moi ; mais, si les abeilles y cueillent un peu de miel, cela me suffit.* MONTESQUIEU, *Correspondance.*

Certes, c'est une vieille et vilaine famille
Que celle des frelons et des imitateurs
MUSSET, *in* G.L.L.F.

Irriter les frelons (vx). Éveiller la colère des gens nerveux ou agressifs, allusion à la piqûre douloureuse du frelon. *Comme en proverbe l'on dit irriter les frelons, mouvoir la Camerine, éveiller le chat qui dort.* RABELAIS, *in* Littré.

PROVERBE

Il ne faut pas émouvoir les frelons (vx). Il ne faut pas se faire d'ennemis, si petits qu'ils soient.

Furet

Personne qui fouille partout ou qui s'enquiert de tout, pour découvrir les choses qu'elle veut savoir. ...[l'esprit humain]... *un furet qui est à craindre...* P. CHARRON, *le Traité de la sagesse. Lisimon l'intrigant et Damon le furet, qui se fourre partout, à l'État très utile, officier à la cour, espion à la ville.* L. de BOISSY, *le Babillard.*

DÉRIVÉS. **Fureter.** Chercher, fouiller, s'introduire partout avec curiosité ou dans l'espoir d'une découverte. *Sachez donc que cet homme replet est outrageusement jaloux... il va toujours furetant dans l'appartement de sa femme.* Ch. de BERNARD, *la Peine du talion.* **Fureteur, euse** *(adj. et n.).* Qui furète, cherche partout avec curiosité. *On m'écrit que plusieurs fureteurs en ont* [de Tancrède] *des copies dans Paris.* VOLTAIRE, *Lettre à d'Argental,* 1760.

VARIANTE. **Fouine.**

G

GARDON

Frais comme un gardon. En pleine forme, en bonne santé ; allusion à l'éclat des écailles d'un poisson qu'on vient de pêcher. *Après avoir été un mois à la campagne à se reposer, à se purger, à se rafraîchir, elle revient comme un gardon.* Mme de SÉVIGNÉ, *Correspondance.*

Donner un chabot pour avoir un gardon (vx). Faire un petit cadeau pour en obtenir un plus grand. Le chabot est un poisson plus petit d'environ 20 cm que le gardon.

Ne faites, s'il se peut, jamais présent ni don.
Si ce n'est d'un chabot pour avoir un gardon.
M. RÉGNIER, *Satires,* XIII.

VARIANTE. **Jeter un gardon pour avoir un brochet** *(vx).*

GAZELLE

Des yeux de gazelle. De grands yeux doux ou alanguis. *Depuis qu'Albaydé dans la tombe a fermé ses beaux yeux de gazelle.* V. HUGO, *les Orientales.*

VARIANTE. **Yeux de biche.**

GEAI

Bavard comme un geai. Très bavard, comme cet oiseau criard.

VARIANTES. **Bavard comme une pie. Jaser comme un merle.**

Sale, foireux comme un geai (vx). Très sale, par allusion aux déjections de cet oiseau ; *foireux :* sali d'excréments, qui a la *foire,* la diarrhée.

Noir comme un geai. Très noir. Confusion entre la locution *noir comme du jais,* variété de charbon naturel d'un noir luisant, et le *geai,* passereau au plumage bigarré.

Le geai paré des plumes du paon. Se dit de quelqu'un qui se fait gloire d'une chose empruntée ; allusion à la fable de La Fontaine *le Geai paré des plumes du paon* (voir à paon).

VARIANTE. **Prendre les plumes du paon.**

GIRAFE

Personne grande et maigre. (vx) Injure grossière adressée aux femmes dans le plus bas style [É. Littré]. *Mme F. a eu une attaque de nerfs, et n'en est sortie que pour traiter Mlle M. de girafe et de chipie.* A. de PONTMARTIN, *Soirées de Mme Charbonneau.*

Cou de girafe. Cou très long.

Peigner la girafe. Faire un travail long et inutile ; ne rien faire, perdre son temps : *faire ça ou peigner la girafe...*

GOBE-MOUCHE

(vieilli) Celui qui, n'ayant pas d'opinion personnelle, paraît être de l'avis de tout le monde ; personne qui croit tout ce qu'on lui dit. Par allusion au mouvement de tête de ces oiseaux qui gobent toutes sortes d'insectes. *Tout s'avalera, l'hiatus du public sera prodigieux. Toutes les énormités passent. Les antiques gobe-mouches disparaîtront et feront place aux gobe-baleines.* HUGO, *in* G.L.L.F.

Badaud ; personne qui s'occupe de bagatelles. *J'allais avec la foule des gobe-mouches attendre sur la place l'arrivée des courriers...* J.-J. ROUSSEAU, *les Confessions.*

GORET

Petit enfant malpropre ; allusion au jeune cochon.

Rime en goret, de goret (vx). Se disait d'une rime pauvre, quand la voyelle seule est semblable (ex. : vertu-vaincu, ami-pari).

GORILLE

Garde du corps ; allusion à la stature de ce singe.

GOUJON

Faire avaler le goujon à quelqu'un (vx). Lui faire croire n'importe quoi ; le faire tomber dans un piège. *Baugouin, avalant le goujon, remercia et embrassa de tout son cœur la Tiffardière et suivit à la lettre son conseil.* A. d'AUBIGNÉ, *Mémoires.*

DÉRIVÉ. **Goujonner** *(vx).* Duper quelqu'un.

Taquiner le goujon. Pêcher à la ligne.

Un gobe-goujons (vx). Se disait d'un homme qui faisait maigre chère (qui ne se nourrissait que de goujons). *Ma table sans viande et sans œufs est celle d'un anachorète ; je n'y suis entouré que de gobe-goujons, de mangeurs de lupins, de raves, champignons.* Duc de CHAULNES, *Lettre à la duchesse du Maine.*

GRENOUILLE

Grenouille de bénitier. Bigote ; allusion à la symbolique de la grenouille : l'eau est assimilée au bénitier, et les bavardages aux coassements. *Sans doute se méfiait-il* [le curé] *des ultras,* *toujours informés de ses gestes, et des dévotes à l'affût derrière les rideaux de leurs fenêtres, de ces féroces grenouilles de bénitier.* A. ARNOUX, *in* G.L.L.F.

VARIANTE. **Punaise de sacristie.**

Grenouille de cave (vx). Ivrogne, parce qu'il barbote dans le vin ; extension de *grenouiller* (vieilli) : barboter dans l'eau ou boire de l'eau.

Sirop de grenouille (vx). L'eau, en tant que boisson fade ; plus généralement, la pluie. *Un bon coup de sirop de grenouille, et me voilà d'aplomb !* ZOLA, *in* G.L.L.F.

PAR EXTENSION. **Temps de grenouille.** Temps pluvieux.

Avoir des grenouilles dans le ventre. Produire des borborygmes (quand on a trop bu), comparaison des bruits de l'estomac avec le coassement de la grenouille. *Ces humeurs s'amassent au boyau nommé côlon, lequel par ce moyen se tend et fait un bruit grenouillant presque semblable aux cris des grenouilles.* A. PARÉ, *Œuvres complètes. Madame Putois ayant demandé de l'eau, le zingueur indigné venait d'enlever lui-même les carafes. Est-ce que les honnêtes gens buvaient de l'eau ? Elle voulait avoir des grenouilles dans l'estomac ?* É. ZOLA, *l'Assommoir.*

Faire sauter la grenouille ; manger la grenouille. S'approprier des fonds confiés ou dépenser cet argent. La grenouille représente la tirelire (en forme de grenouille) ou les fonds communs d'un groupe, d'une collectivité. *Faire sauter la grenouille :* fracturer la tirelire ; *manger la grenouille :* dépenser l'argent. *Est-ce vrai, vieux, reprit-elle, que tu as tué ton frère et ton oncle, ruiné ta famille, surhypothéqué la maison de tes enfants et mangé la grenouille du gouvernement en Afrique avec la princesse ?* BALZAC, *la Cousine Bette. Nestor Peyrolles, qui avait trois fois bouffé la grenouille et retrouvait toujours la confiance des petits porteurs.* ARAGON, *in* G.L.L.F.

La grenouille qui veut se faire aussi grosse que le bœuf. Se dit de quelqu'un qui cherche à épater, qui veut se faire passer pour plus important qu'il n'est ; allusion à la fable de La Fontaine qui porte ce titre, dans laquelle la grenouille, envieuse du bœuf, s'enfle et finit par éclater.

PROVERBE

Il n'y a pas de grenouille qui ne trouve son crapaud (vx). Si laide soit une fille, elle trouve toujours un mari.

GRIVE

Soûl comme une grive. Complètement ivre ; allusion à l'habitude qu'ont les grives (de vigne) de se gorger de raisin. *Il y avait l'autre jour une dame qui confondit ce qu'on dit d'une grive ; et, au lieu de dire, elle est soûle comme une grive, elle dit que la première présidente était sourde comme une grive : cela fit rire.* Mme de SÉVIGNÉ, *Lettre à Mme de Grignan,* 1672. *Coupeau, soûl comme une grive, recommençait à viauper et disait que c'était le chagrin.* É. ZOLA, *l'Assommoir.*

Cribler à la grive (arg., vx). Crier à la garde ; autrefois, la grive signifiait la garde, la patrouille.

PAR EXTENSION. **Corps de grive** *(vx).* Corps de garde. **Harnais de grive** *(vx).* Uniforme.

PROVERBE

Faute de grives on mange, on prend des merles. À défaut de mieux, il faut se contenter de ce que l'on a. La chair de la grive était plus estimée que celle du merle.

GRUE

Grande femme à l'air un peu gauche.

PAR EXTENSION. **Faire la grue.** Regarder en l'air d'un air bête.

Personne sotte, facile à duper. *Mais si c'est une grue... Dans ma famille, au moins, on ne voit point de sots.* J.-F. REGNARD, *le Bal.* *Le monde n'est plus grue et ne se mouche plus sur la manche.* Gui PATIN, *Lettres.*
Prostituée, à cause des stations prolongées sur le trottoir de la fille qui *fait le pied de grue. Au comptoir d'un bistrot, elle se fit servir un café, malgré sa peur d'être prise pour une grue.* MONTHERLANT, *in* G.L.L.F.

Faire le pied de grue. Attendre longtemps, debout à la même place, comme les grues immobiles sur un pied. *Hélas ! je rêve aussi, je rêve, comme toi, de grands voyages, et je me demande si dans dix ans, dans quinze ans, ce ne serait pas plus sage que de rester à Paris à faire l'homme de lettres, à faire le pied de grue devant le comité des Français, à saluer messieurs mes critiques...* G. FLAUBERT, *Correspondance.*

Cou de grue. Cou très long.

Que ferez-vous d'un pauvre acteur
Dont la taille et le cou de grue
Et la mine très peu joufflue
Feront rire le connaisseur ?
VOLTAIRE, *l'Épître à Uranie.*

GUENON

Femme très laide, disgracieuse, comme la femelle du singe. *Comment alors aimâtes-vous cette guenon savoyarde ?* A. FRANCE, *in* G.L.L.F. La femme de celui qui a une autorité quelconque, patron, propriétaire, appelé lui-même le singe. (vx) Femme de mauvaise vie. *Que maudite soit la première guenon qui le mit en réputation ! car enfin, qu'a-t-il donc de si merveilleux ?* M. BARON, *l'Homme à bonnes fortunes.*

GUENUCHE

(vx) Petite femme très laide, la guenuche étant une petite guenon. *Je connais de beaux et grands jeunes hommes qui ont pour épouses de petites guenuches de femmes.* D. A. BRUEYS, *le Grondeur.*

PAR EXTENSION. **Une guenuche coiffée.** Une femme laide et fort parée.

Le favori, le préféré de quelqu'un. *Il y a toujours des guenuches caressées dans le cabinet des rois et vêtues de toile d'or.* BALZAC, *De la cour.*

GUÊPE

Une guêpe, une fine guêpe. Une personne habile et rusée qui ne s'embarrasse d'aucun scrupule pour arriver à ses fins : *pas folle la guêpe ! L'armée acheva sa marche, qui fut encore de trois jours, où elle aurait beaucoup souffert encore de ces cruelles guêpes* [les ennemis qui harcelaient la retraite]... SAINT-SIMON, *Mémoires.*

DÉRIVÉ. **Guêpier.** Position critique dans une affaire ou parmi des gens suspects, menaçants. *Tomber, se fourrer dans un guêpier :* dans un piège.

VARIANTES. **Une fine mouche. Un fin merle.**

Taille de guêpe. Taille très fine, par analogie avec le mince pédoncule de la guêpe qui relie le corselet à l'abdomen.

PROVERBE

Où la guêpe a passé, le moucheron demeure. Là où les puissants réussissent, les faibles échouent ; allusion à la fable de La Fontaine *le Corbeau voulant imiter l'aigle :*

L'exemple est un dangereux leurre :
Tous les mangeurs de gens ne sont pas grands seigneurs ;
Où la guêpe a passé, le moucheron demeure.

H

Hanneton

Étourdi comme un hanneton (vx). Très étourdi ; allusion au vol du hanneton, qui se cogne à tous les obstacles. *Si Montreuil n'était pas douze fois plus étourdi qu'un hanneton, vous verriez bien que je ne vous ai fait aucune malice.* Mme de Sévigné, *Lettre à Gilles Ménage,* 1656.

PAR EXTENSION. **Un hanneton.** Un esprit léger et désordonné. *Son beau-fils était un petit hanneton, grand dissipateur, qui jouait volontiers, qui perdait tant qu'on voulait, mais qui ne payait pas de même.* A. Hamilton, *Mémoires du comte de Gramont.*

Avoir un hanneton dans le plafond, dans la boîte à sel. Être un peu fou, avoir l'esprit dérangé ; extension de *étourdi comme un hanneton.*

VARIANTES. **Avoir une araignée dans le plafond. Avoir une hirondelle dans le soliveau. Avoir un moustique dans la boîte à sel** *(vx).*

N'être pas piqué, n'être pas mangé des hannetons. Se dit de quelque chose d'extrême, qui se manifeste dans toute sa force. *N'être pas piqué :* n'être pas endommagé, par allusion aux ravages de cet insecte. *Un petit froid qui n'est pas piqué des hannetons.* L. ARAGON, *les Beaux Quartiers.*

VARIANTES. **N'être pas piqué des vers. N'être pas piqué des sauterelles** *(vx).*

Se tenir par le cul, comme des hannetons (vx). Être très liés, toujours ensemble ; allusion aux accouplements d'insectes.

HARENG

Maigre, sec comme un hareng, comme un hareng saur. Se dit de quelqu'un de très maigre, par comparaison avec le hareng saur, fumé. *Le roi O avait un gros ventre. Quand il tapait dessus, ça faisait toc, toc. La reine E n'avait pas du tout de ventre, elle était sèche, comme un hareng saur. Et les enfants ne venaient pas.* Ch. CROS, *le Collier de griffes.*

PAR EXTENSION. **Vivre d'un hareng saur** *(vx).* Manger peu, vivre sobrement.

Un hareng saur (vx). Un gendarme ; allusion à la raideur du hareng.

Serrés comme des harengs, comme des harengs en caque. Se dit de personnes, de choses qui sont serrées les unes contre les autres, comme les harengs salés qui étaient empilés dans des caques, des barils.

VARIANTE. **Être serrés comme des sardines.**

La mare aux harengs. L'océan Atlantique, dans le langage des marins.

PROVERBES

La caque sent toujours le hareng (vx). On porte toujours la marque de ses origines, quand elles sont basses. La caque, une fois vidée de son contenu, garde longtemps l'odeur du poisson. *Vos enfants auront l'esprit ordinairement tendu à la boutique, finesses et intérêts ; car la poche sent toujours le hareng.* N. du FAIL, *Contes et Discours d'Eutrapel.*

On vend au marché plus de harengs que de soles (vx). On a un plus prompt débit de choses communes que de choses précieuses.

Hérisson

Personne inabordable, d'un caractère difficile ; allusion au corps de ce mammifère recouvert de piquants.

DÉRIVÉS. **Hérisson, onne** *(vx).* Revêche, acariâtre : *La madame Grognac a l'humeur hérissonne.* J.-F. REGNARD, *le Distrait.* **Se hérisser.** Manifester sa colère, son opposition : *Chamillart en parla* [du mariage de son fils] *à Mme de Maintenon, qui d'abord se hérissa et qui en éloigna le roi.* SAINT-SIMON, *Mémoires.*

Rendre lisse un hérisson. Se dit d'une chose impossible.

Boniments à la graisse de hérisson. De peu de valeur.

VARIANTES. **Boniments à la graisse de chevaux de bois. Boniments à la graisse d'oie.**

Hermine

(vx) Personne d'une parfaite pureté ; allusion à la blancheur du pelage d'hiver de ce mammifère, symbole de l'innocence, de la pureté et de la justice.

PAR EXTENSION. **Une robe d'hermine.** Une innocence sans tache.

Héron

Faire comme le héron de la fable. Devoir se contenter de très peu pour s'être montré trop exigeant. Allusion à la fable de La Fontaine *le Héron :* après n'avoir pas daigné ouvrir le bec pour la carpe, le brochet, le goujon, le héron se contenta d'un limaçon.

Hibou

Homme triste, solitaire ou taciturne. Parce qu'il vit loin de la lumière, le hibou est symbole de tristesse et de retraite solitaire. *Hier au soir nous vînmes ici gais comme des pinsons ; nous y venons aujourd'hui plus tristes que des hiboux.* A.R. LESAGE, *le Bachelier de Salamanque.*

Je suis hibou, je l'avoue ; mais je ne laisse pas de m'égayer quelquefois dans mon trou. VOLTAIRE, *Lettre à d'Argental,* 1768.

PAR EXTENSION. **Vivre comme un hibou.** Vivre en solitaire, dans une retraite morose.

Avoir des yeux de hibou. De gros yeux ronds et fixes.

VARIANTE. **Des yeux de chouette.**

Nid de hibou. Vieille habitation abandonnée.

HIPPOPOTAME

Personne énorme et pesante.

DÉRIVÉ. **Hippopotamesque.** Qui évoque la lourdeur de l'hippopotame.

VARIANTE. **Éléphant.**

Souffler comme un hippopotame. Respirer péniblement et bruyamment (surtout en parlant d'une personne forte).

HIRONDELLE

Le retour des hirondelles. Le printemps, dont cet oiseau migrateur passe pour être le messager.

PAR EXTENSION. **Venir avec les hirondelles.** Venir au printemps. **Partir avec les hirondelles.** Partir en automne.

Une hirondelle. Un gendarme ; autrefois, *hirondelle de potence,* à cause des fonctions des gendarmes dans les exécutions. Un agent cycliste. *Il avait été arrêté par deux hirondelles* F. CARCO, *in* G.L.L.F. (vx) Un vagabond : *Hirondelle de ponts.* (vx) Un croque-mort : *Hirondelle de la mort.*

Hirondelles d'hiver (vx ; régional, Paris). Marchands de marrons grillés venant d'Auvergne l'hiver ; ramoneurs ambulants qui employaient des enfants venus de Savoie ; ouvriers de la campagne qui allaient travailler dans les grandes villes pendant la bonne saison et retournaient ensuite chez eux.

Avoir une hirondelle dans le soliveau. Avoir l'esprit dérangé.

VARIANTES. **Avoir une araignée dans le plafond. Avoir un hanneton dans le plafond. Avoir un moustique dans la boîte à sel** *(vx).*

PROVERBE

Une hirondelle ne fait pas le printemps. Un fait isolé ne permet pas de tirer des conclusions générales.

Homard

Rouge comme un homard. Très rouge, sous l'effet d'une émotion, d'un effort, etc., comme un homard après la cuisson.

VARIANTES. Rouge comme une écrevisse. Rouge comme un coq.

Huître

Personne stupide : *quelle huître !* Autrefois, *être bête comme une huître à écaille. Toutes les huîtres phraseuses des journaux ont vomi leurs fonds d'écritoire.* VALÉRY, *in* G.L.L.F. Crachat gras, par analogie d'aspect avec ce mollusque.

Être fermé, raisonner comme une huître. Refuser toute discussion, être dépourvu d'objectivité.

Bâiller comme une huître. Bâiller en ouvrant largement la bouche, comme l'huître ouvre sa coquille.

Chanter, jouer comme une huître (vx). Très mal.

Plein comme une huître. Complètement soûl, par allusion à l'huître gorgée d'eau de mer.

Huppe

Sale comme une huppe (vx). Très sale. Cet oiseau enduit son nid de fiente d'animaux.

Rabattre la huppe à quelqu'un (vx). Le rabaisser, le vexer, lui rabattre le caquet ; de *huppe,* touffe de plumes sur la tête de certains oiseaux, par allusion à la huppe, oiseau qui porte une huppe érectile.

Ce coup inopiné vous rabattra la huppe ;
Franchement, vous pensiez que je fusse une dupe
Th. CORNEILLE, *la Comtesse d'Orgueil.*

DÉRIVÉ. **Huppé, e.** De haut rang, haut placé ou fortuné (autrefois, ces personnes portaient souvent des plumes à leur chapeau). *Avec tous nos défauts* [nous, femmes], *nous gouvernons les hommes, même les plus huppés.* Ph. DESTOUCHES, *le Philosophe marié.*

HYDRE

Mal qui se renouvelle constamment et semble augmenter en proportion des efforts faits pour le détruire [P. Larousse]. Allusion à l'hydre de Lerne, serpent fabuleux à sept têtes, à laquelle il en renaissait plusieurs dès qu'on en coupait une. *Lorsque Bossuet descendit dans la carrière, la victoire ne demeura pas longtemps indécise, l'hydre de l'hérésie fut de nouveau terrassée.* CHATEAUBRIAND, *Génie du christianisme.* *La voix de l'intérêt, de la raison et de l'équité prévalut sur les cent bouches et les cent mains de l'hydre fiscale.* Abbé RAYNAL, *Histoire philosophique.* *Ce siècle dévoré de jalousie où mille rivalités, à couvert sous des systèmes, nourrissent à leur profit l'hydre de l'anarchie.* BALZAC, *in* G.L.L.F.

HYÈNE

Personne d'un naturel bas et cruel, par analogie avec ce charognard.

Rire comme une hyène. Rire de façon sarcastique, allusion au hurlement singulier de l'hyène.

IJ

Insecte

(VX) Individu vil, nuisible ou sans importance, méprisable. *À trente ans il écraserait tous ces insectes.* J.-J. ROUSSEAU, *Émile.* *Ces minuties bourgeoises occupèrent plus les Parisiens que tous les grands intérêts de l'Europe ; c'étaient des insectes sortis du cadavre du molinisme et du jansénisme, qui, en bourdonnant dans la ville, piquaient tous les citoyens.* VOLTAIRE, *Louis XV.* *Toi, insecte, tu t'opposes à mes projets ?* CAMUS, *in* G.L.L.F.

Une activité d'insecte. Affairée et inlassable.

JARS

Il entend le jars : il a mené les oies (vx). Se disait de quelqu'un de fin, qu'on ne pouvait tromper : il a mené les oies au jars et, par conséquent, il a compris l'intention du jars (mâle de l'oie domestique).

JUMENT

Une jument poulinière. Se dit d'une femme qui a beaucoup d'enfants ; la jument poulinière est destinée à la reproduction.

Avoir reçu un coup de pied de jument (vx). Être atteint d'une maladie vénérienne ; du nom populaire de *poulain,* appliqué au bubon inguinal (d'origine syphilitique).

PROVERBE

Jamais un coup de pied de jument ne fit mal à un cheval (vx). Un homme doit supporter galamment les malices d'une femme.

L

Lapin

Un chaud lapin. Un homme qui a beaucoup de tempérament, qui est porté sur les plaisirs sexuels. Bien que le lapin soit réputé pour son tempérament ardent, il s'agirait ici d'une allusion à la valeur sexuelle de *connil*, *connin*, nom latin du lapin, qui provoquait au XVIIe s. des jeux de mots obscènes (et, de ce fait, fut éliminé [Bloch-Wartburg]). Autrefois, *lapin* signifiait « pédéraste ». *Le vieux étant encore un chaud lapin malgré ses 75 ans et plus.* B. CENDRARS, *Bourlinguer.*

Un fameux, un rude lapin. Un gaillard vigoureux (avec parfois une connotation sexuelle), brave ou rusé. *C'est, à ce qu'on assure, un fameux lapin ; il mène avec lui trois maîtresses.* FLAUBERT, *in* G.L.L.F.

Propre comme un lapin (vx). Se disait d'un homme très propre ou habillé de neuf, comme semble propre le lapin dans sa fourrure.

Détaler, courir comme un lapin. S'enfuir à toutes jambes. *Maintenant il peut marcher et dans quelques jours il recommencera à voir ses malades et il courra comme un lapin.* G. FLAUBERT, *Correspondance.*

Poser un lapin. Faire attendre quelqu'un à un rendez-vous auquel on ne se rend pas ; autrefois, ne pas payer ou ne pas tenir un engagement, puis ne pas rétribuer les faveurs d'une fille publique.

En lapin ; monter, voyager en lapin (vx). En fraude, en parlant d'un voyageur assis près du cocher ; transporter en fraude une marchandise (que le cocher n'avait pas déclarée). Extension de *poser un lapin,* « ne pas payer ». *Lapin* désigne ici un voyageur ou un colis, par allusion sans doute à la course du lapin, qui ne se laisse pas prendre. *Moi, j'ai une place auprès du cocher, en lapin, comme cela se dit.* L.B. PICARD, *les Oisifs.*

PAR EXTENSION. **Être assis en lapin** *(vx).* En sens contraire de la marche ou sur un strapontin.

Le coup du lapin. Coup mortel ou coup traître, porté par derrière ; allusion à la manière d'achever un lapin en lui brisant les vertèbres cervicales.

Sentir le lapin. Sentir mauvais des aisselles.

Manger un lapin (vx). Aller à l'enterrement d'un camarade.

Avoir les yeux rouges comme un lapin blanc. Avoir les yeux très rouges.

Il a été vidé comme un lapin. Se dit par exagération de quelqu'un qui a subi une intervention chirurgicale, à qui on a ôté des organes.

PAR EXTENSION. **Se vider comme un lapin.** Avoir la colique.

Ne pas valoir un pet de lapin. Ne rien valoir du tout.

Cela lui va comme des guêtres à un lapin. Cela lui va très mal.

VARIANTES. **Cela lui va comme un tablier, comme un faux col à une vache.**

Un lapin de gouttière. Un chat, par allusion aux civets de chat.

Pattes de lapin. Favoris courts.

LAPINE

Femme qui fait beaucoup d'enfants, par allusion à la fécondité de la lapine.

Où nos femelles vagabondes,
Autant que lapines fécondes,
Puissent promptement remplacer
Ceux que le fer a fait passer
P. SCARRON, *le Virgile travesti.*

DÉRIVÉ. **Lapinisme.** Fécondité excessive.

LÉVRIER

(vx) Personne que la police mettait aux trousses d'un individu, par allusion à ce chien autrefois dressé à chasser le lièvre. *Je m'imaginais qu'il n'y avait plus rien à craindre pour moi, et que tous les lévriers de la justice s'étaient lassés de me poursuivre.* A. R. LESAGE, *l'Histoire de Guzman d'Alfarache.*

Courir comme un lévrier (vx). Courir très vite.

Être coiffé par le lévrier (vx). Être en butte à des railleries, à des agressions ; se disait du lièvre que le lévrier saisissait par la tête. *Je ne pouvais douter de l'extrême mauvaise volonté pour lui* [Chamillart] *de Mme de Maintenon et de la duchesse de Bourgogne, et il était sans cesse coiffé par de rudes lévriers.* SAINT-SIMON, *Mémoires.*

Un lévrier d'amour (vx). Un entremetteur.

PROVERBE

Assaut de lévrier, défense de sanglier, fuite de loup (vx). À la guerre, il faut attaquer comme le lévrier, se défendre comme le sanglier et fuir comme le loup.

LEVRON

Un jeune levron (vx). Un jeune homme ignorant ou très étourdi ; le levron est un jeune lévrier.

Affamé comme un levron (vx). Se disait d'un jeune homme qui avait bon appétit.

LÉZARD

· **Faire le lézard.** Paresser, s'étendre au soleil, comme le lézard.
DÉRIVÉ. Lézarder. Paresser au soleil.

Paresseux comme un lézard. Très paresseux.

Vivre comme un lézard (vx). Vivre seul, isolé. *Desfontaines est détesté et vit seul comme un lézard.* VOLTAIRE, *Lettre à Thiriot,* 1736.

Un pauvre lézard (vx). Se disait d'un homme misérable, sans valeur, sans intérêt.

Il y a un lézard. Une difficulté, un empêchement ; origine obscure. *Tu fais la gueule ? Y a un lézard ?* H. PAGAN, *les Eaux mortes.*

LIÈVRE

Peureux, poltron comme un lièvre. Excessivement poltron ; allusion à la réputation de couardise du lièvre. *Un capitaine qui n'ose rien tenter, qui a peur de son ombre comme un lièvre.* FÉNELON, *Dialogue des morts. Mon secrétaire a grand peur du tonnerre ; malgré tout son mérite, je lui vois le tempérament d'un lièvre.* Mme de MAINTENON, *Lettre à Mme de La Viefville,* 1707.

Cervelle, mémoire de lièvre (vx). Mémoire courte, peu fidèle. Probablement parce que le lièvre, ne se souvenant pas du danger, revient à son gîte d'où il a été chassé ; ou, par métaphore, mémoire que le lièvre perd en courant. *Nous sentons plus que jamais que la mémoire est dans le cœur ; car, quand elle ne nous vient point de cet endroit, nous n'en avons pas plus que les lièvres.* Mme de SÉVIGNÉ, *Lettre à Mme de Grignan,* 1671.

Un sommeil de lièvre ; dormir en lièvre (vx). Sommeil très léger, que le moindre bruit interrompt ; être toujours sur le qui-vive, comme le lièvre qui dort les yeux ouverts.

Mener une vie de lièvre (vx). Être poursuivi, harcelé, tourmenté. *Je menai, comme on dit, une vie de lièvre pendant huit jours.* A. R. LESAGE, *Histoire d'Estevanille Gonzalez.*

Lever, soulever, lancer un lièvre. Dans une conversation, être le premier à soulever une difficulté ou une question gênante ; de *lever un lièvre,* le faire sortir de son gîte. *Nous avons combattu et battu vos ennemis : ils avaient lancé deux lièvres, l'un en contrariété d'arrêt par une requête au grand conseil, l'autre par une requête civile.* Mme de SÉVIGNÉ, *Correspondance.*

Bailler le lièvre par l'oreille (vx). Faire de belles et vaines promesses à quelqu'un, le leurrer ; *bailler* (vx) : donner, mettre en main. *Il* [Napoléon] *ne nous baillait pas le lièvre par l'oreille,* *jamais ne nous leurra de la liberté de la presse ni d'aucune liberté.* P.-L. COURIER, *Réponse aux anonymes.*

Prendre le lièvre au corps (vx). Aller directement à l'essentiel ; prendre une affaire par le bon côté. Locution tirée du lévrier, qui saisit le lièvre par le corps. *Je vous aime par bien des raisons, mais surtout parce que vous m'aimez ; celle-là est fort pressante, et prend le lièvre au corps.* Mme de SÉVIGNÉ, *Correspondance.*

Trouver le lièvre au gîte (vx). Surprendre l'adversaire chez lui, prendre quelqu'un au dépourvu.

VARIANTES. Trouver la pie au nid. Prendre l'oiseau au nid.

Courir le même lièvre. Se dit lorsque deux ou plusieurs personnes tendent au même but, poursuivent le même dessein. *Nous sommes ici tous trois dans le même équipage, nous y faisons tous trois la même chose, et peut-être courons-nous tous trois le même lièvre.* DANCOURT, *Charivari.*

C'est là que gît le lièvre. C'est là le secret, le nœud de l'affaire ; du latin *hic jacet lepus.*

Vouloir prendre les lièvres au son du tambour (vx). Entreprendre ouvertement et avec éclat ce qu'on devrait faire délicatement et en secret.

VARIANTE. On n'attrape pas de lièvre avec un tambour.

PROVERBES

Il ne faut pas courir, poursuivre deux lièvres à la fois. Il ne faut pas entreprendre en même temps deux affaires différentes, car on s'expose à ne réussir ni dans l'une ni dans l'autre ; se dit aussi en parlant de la séduction d'un homme à l'égard de deux femmes. *Je sais qu'il ne faut pas courir deux lièvres ni deux tragédies à la fois.* VOLTAIRE, *Lettre à Richelieu,* 1773.

VARIANTE. Qui court deux lièvres n'en prend aucun.

Le lièvre retourne toujours à son gîte (vx). On retrouve tôt ou tard celui que l'on recherche.

Le lièvre va toujours mourir au gîte (vx). Après avoir beaucoup voyagé, on finit toujours par revenir dans son pays.

Ce n'est pas toujours celui qui lève le lièvre qui le prend (vx). Thème de l'inégalité des chances.

VARIANTE. L'un a battu les buissons, l'autre a pris les oisillons.

Il ne faut pas mettre le lièvre en sauce avant de l'avoir attrapé (régional, Agen). Il ne faut pas spéculer sur une chose qui n'est pas acquise.

Mieux vaut un lièvre pris que trois en liberté (régional, Bretagne). Il ne faut pas laisser échapper une occasion.

LIMACE

Personne molle, sans la moindre volonté : *quelle limace !*

PAR EXTENSION. **Marcher comme une limace.** Très lentement. **Mou comme une limace.** Sans énergie, veule.

(arg.) Chemise.

LIMAÇON

Un limaçon qui sort de sa coquille (vx). Un homme de rien qui veut paraître au-dessus de sa condition.

Être, vivre comme un limaçon dans sa coquille. Vivre dans l'isolement.

LIMANDE

Plat comme une limande. Très plat, en parlant de quelque chose ou de quelqu'un ; par analogie avec ce poisson. Se dit d'une femme qui a une poitrine peu développée. *Il avait donc guetté Céline et, un soir, il l'avait hélée : Hé, limande !* HUYSMANS, *in* G.L.L.F. *Je me demande pourquoi il se trimballe avec un porte-documents : ce soir il était vide, mon vieux, plat comme une limande !* A. SARRAZIN, *la Cavale.*

PAR EXTENSION. **S'aplatir comme une limande.** S'abaisser devant quelqu'un, devenir obséquieux, servile.

LINOTTE

Une linotte, une tête de linotte. Une personne très étourdie ou manquant de jugement. Comme de nombreux oiseaux, la linotte a une réputation de légèreté, d'imbécillité. *Je ne démêle point ce que vous me dites de M. d'Argenson, ni pourquoi vous ne pouvez parler de lui gravement ; ce n'est point une linotte.* Mme de MAINTENON, *Lettre à Mme de Dangeau. M. de Saint-Malo* [évêque de Saint-Malo], *linotte mitrée, âgé de soixante ans, a commencé, vous croyez que c'est les prières de quarante heures, c'est le bal à toutes les dames, et un grand souper : ç'a été un scandale public.* Mme de SÉVIGNÉ, *Correspondance.*

PAR EXTENSION. **Une linotte coiffée** *(vx).* Une femme.

VARIANTES. **Étourneau. Cervelle d'oiseau. Cervelle de moineau.**

Siffler la linotte (vx). S'enivrer, probablement comme ceux qui, à force de siffler des linottes pour les instruire au chant, finissaient par avoir soif et s'enivraient.

> *Bonhomme, dans quel cabaret*
> *Viens-tu de siffler la linotte ?*
> *Est-ce le vin rosé, le blanc ou le clairet,*
> *Qui t'ont si bien chamarré la calotte ?*
> *le Théâtre italien de Gherardi, in* Littré.

Instruire, dresser un complice. (arg.) Être en prison.

LION

Un lion, brave comme un lion. Homme courageux et fort : *un cœur de lion.* Le lion symbolise le courage, la force, le pouvoir et la sagesse ; l'excès de son orgueil fait aussi de lui l'incarnation du seigneur fier, cruel et despotique. *Et lions au combat, ils* [les chrétiens] *meurent en agneaux.* P. CORNEILLE, *Polyeucte.*

> *Encore si ce banni n'eût rien aimé sur terre !*
> *Mais les cœurs de lion sont les vrais cœurs de père*
> V. HUGO, *les Chants du crépuscule.*

> PAR EXTENSION. **Être comme un lion.** Montrer beaucoup de chaleur, d'emportement ou de colère dans un débat, etc. **Se défendre, se battre comme un lion.** Avec fougue, sans peur. *Si vous voulez des nouvelles de nos armées, le régiment de Champagne s'est battu comme un lion...* VOLTAIRE, *Lettre à d'Argental,* 1761.

Personne d'un caractère, d'un génie supérieur. *La sultane, par une secrète inclination dont presque toutes les femmes se sentent surprises en faveur des hommes extraordinaires, même sans les avoir vus, prenait hautement dans le sérail le parti de ce prince* [Charles XII] *; elle ne l'appelait que son lion...* VOLTAIRE, *Charles XII.*

(vx) Personnage qui excite la curiosité publique, homme célèbre ou en vue. Terme venu d'Angleterre, par allusion aux lions de la Tour de Londres, visités par un grand nombre de curieux : *le lion du jour, de la saison.* (vx) Se disait de jeunes gens riches, élégants, affectant une certaine originalité et faisant de grandes dépenses. *On sait que la race à laquelle le lion appartient a toujours vécu en France sous divers noms ; ainsi le lion s'est appelé autrefois raffiné, muguet, homme à bonnes fortunes, roué ; plus tard muscadin, incroyable, merveilleux ; dernièrement enfin dandy et fashionable...* Fr. SOULIÉ, *le Lion amoureux.*

La griffe du lion. Le signe révélateur d'un grand talent, le détail qui révèle le génie supérieur de quelqu'un.

Avoir mangé du lion. Faire preuve d'une énergie, d'une volonté inhabituelle ou d'une agressivité incontrôlée. *On lui a fait manger du lion :* on a aiguisé sa volonté, sa colère, etc. *Mon père a mangé du lion. Il veut sa revanche sur sa femme.* R. VAILLAND, *Beau Masque.*

VARIANTE. **Avoir mangé du cheval.**

Le lion populaire (vx). Le peuple déchaîné, dans les périodes de troubles.

J'ai vu pendant trois jours, j'ai vu, plein de colère,
Bondir et rebondir le lion populaire.
A. BARBIER, *les Ïambes.*

Tourner comme un lion en cage. Aller et venir par inaction ; ne pas pouvoir exercer sa colère, sa force. *Monsieur, moi, je ne sais plus quoi faire du jeune homme. Il fait les cent pas comme un lion en cage. Je n'ose plus passer dans l'antichambre.* J. ANOUILH, *Ornifle.*

VARIANTE. **Tourner comme un ours en cage.**

La part du lion. La totalité des parts ou la plus grosse part que s'adjuge le plus fort. *Se tailler la part du lion :* allusion, après Phèdre, à la fable de La Fontaine *la Génisse, la Chèvre et la Brebis en société avec le Lion,* où le lion prend pour lui tout le butin :

...Nous sommes quatre à partager la proie. »
Puis en autant de parts le cerf il dépeça,
Prit pour lui la première en qualité de sire :
« Elle doit être à moi, dit-il, et la raison,
C'est que je m'appelle lion :
À cela l'on n'a rien à dire.
La seconde par droit me doit échoir encor :
Ce droit, vous le savez, c'est le droit du plus fort.
Comme le plus vaillant, je prétends la troisième.
Si quelqu'une de vous touche à la quatrième,
Je l'étranglerai tout d'abord. »

Le prince s'était, pendant vingt ans, fait sa part du lion dans toutes les grandes canailleries légendaires. ZOLA, *in* G.L.L.F.

Avoir un vin de lion (vx). Avoir le vin mauvais.

Lion au logis, renard dans la plaine (vx). Se disait des fanfarons.

L'antre du lion. Endroit, difficulté dont on ne peut se tirer ; allusion à la fable de La Fontaine *le Lion malade et le Renard.*

PROVERBE

À l'ongle on connaît le lion. Un seul détail suffit à découvrir un homme de grand talent ou d'un grand caractère.

Lionne

Femme téméraire, passionnée ou en fureur. Allusion à la lionne qui devient terrible dès qu'on touche à ses petits. *L'ardeur avec laquelle elle aimait, son courage, sa fierté, ses yeux vifs, et ses cheveux trop dorés, lui firent donner le surnom de Lionne.* G. Tallemant des Réaux, *les Historiettes.* (vx) Femme élégante, à la mode ; de *lion,* « jeune dandy ». *C'est ma maîtresse, ma lionne.* A. de Musset, *l'Andalouse. Je ne suis pas une lionne le moins du monde ; je suis une femme, entendez-vous ? Tout ce qu'il y a de plus femme.* Ch. de Bernard, *la Peau du lion.*

Loir

Paresseux comme un loir. Très paresseux, par allusion à l'hibernation du loir. *Vous ne me parlez plus de ce paresseux* [Thiriot], *de ce négligent, de ce loir... qui passe sa vie à manger, à dormir, et à oublier ses amis.* Voltaire, *Lettre à Damilaville,* 1764.

PAR EXTENSION. **Dormir comme un loir.** Très profondément. *Il m'a semblé doux de me retrouver au milieu de mon vieux cabinet et de revoir toutes mes petites affaires ! Mes matelas ont été rebattus, et je dors comme un loir.* G. Flaubert, *Correspondance.*

VARIANTE. **Dormir comme une marmotte.**

Loup

Homme cruel, tyrannique, malfaisant. Dans le folklore européen, le loup symbolise la terreur et la destruction ; dans les légendes et les mythologies, il représente tantôt la mort, le danger, tantôt le courage, la force, la puissance. *Puisqu'entre humains ainsi vous vivez en vrais loups, Traîtres, vous ne m'aurez de ma vie avec vous.* Molière, *le Misanthrope. C'est à moi de nourrir mes enfants, et d'arracher mon peuple à ces loups dévorants.* Voltaire, *la Henriade.*

PAR EXTENSION. **Vieux loup.** Vieillard rusé et matois.

Jeune loup. Jeune homme ambitieux et sans scrupules : *avoir des dents de loup.* Cette métaphore est née du proverbe *l'homme est un loup pour l'homme (homo homini lupus) :* il est impitoyable envers son semblable. *Quoique ces loups* [les fanatiques] *soient à craindre, la philosophie, avec un peu d'adresse, viendra à bout de leur arracher les dents.* D'Alembert, *Lettre à Voltaire,* 1767.

Un froid de loup. Très rigoureux ; allusion à la période pendant laquelle les loups affamés sortent de leur retraite. *Ils arrivaient* *au Bois, par des froids de loup qui leur piquaient le nez et les lèvres.* ZOLA, *in* G.L.L.F.

VARIANTES. **Froid de canard. Froid de chien.**

Une faim de loup. Une faim vorace.

Un loup de mer. Un vieux marin expérimenté ; a signifié d'abord marin à l'humeur farouche et solitaire, endurci par ses longs voyages.

À pas de loup. En marchant sans faire de bruit, dans le but de surprendre. *À ces mots, il s'avance vers la lumière qui n'était pas fort éloignée ; il s'en approche à pas de loup.* A. R. LESAGE, *l'Histoire de Gil Blas.*

Tomber, se jeter, se précipiter, se fourrer dans la gueule du loup. S'exposer inconsciemment à un danger imminent. *J'ai vite donné toutes les copies dont je me suis pu aviser, pour me tirer, moi, de la gueule du loup.* P.-L. COURIER, *Correspondance. Les pauvres niais, sans songer un instant qu'ils se jettent dans la gueule du loup.* CAVANNA, *les Russkoffs.*

Tenir le loup par les oreilles (vx). Ne savoir quel parti prendre dans une situation, ni comment sortir d'une difficulté, parce qu'il y a péril de tous côtés. Du dicton latin de Térence *lupum tenere auribus*, exprimant l'embarras de lâcher le loup ainsi tenu et de continuer à le tenir. *Le prince de Condé, sachant les dispositions des premiers délateurs, n'était pas en petite peine, tenant, comme on dit, le loup par les oreilles...* A. d'AUBIGNÉ, *l'Histoire universelle.*

Enfermer le loup dans la bergerie (vx). Établir ou introduire quelqu'un de dangereux dans un lieu où il peut faire le mal. *Je viens, comme on dit, de mettre le loup avec la brebis.* A. BRUEYS, *le Muet.*

VARIANTE. **Donner la brebis à garder au loup** *(vx).*

Fermer une plaie ou un abcès sans l'avoir suffisamment fait suppurer, au risque de causer des accidents internes. *Je songe... que d'être toujours trompée sur cette guérison* [de ma jambe], *c'est une trop ridicule chose... il faut savoir qu'il y a encore des loups dans la bergerie, et les en faire sortir.* Mme de SÉVIGNÉ, *Correspondance,* 1685.

Hurler avec les loups. Adopter par bassesse, intérêt ou conformisme l'attitude ou les idées de certaines mauvaises personnes, même si on ne les approuve pas ; autrefois, s'accommoder aux usages des personnes avec lesquelles on se trouvait. *Tous ces Normands voulaient se divertir de nous : On apprend à hurler, dit l'autre, avec les loups.* J. RACINE, *les Plaideurs. Vous m'attaquez doucement, monsieur le comte, et me reprochez finement que je ne fais pas grand cas des malheureux... en un mot, que je hurle avec les loups, et que je* *suis d'assez bonne compagnie pour ne pas dédire ceux qui blâment les absents.* Mme de SÉVIGNÉ, *Lettre au comte de Bussy-Rabutin,* 1668.

Connu comme le loup blanc. Très connu. Allusion à la facilité de repérer ces loups, plus rares et plus cruels que les loups fauves ; autrefois, *connu comme le loup gris* ou *être décrié comme le loup gris* ou *blanc :* avoir mauvaise réputation. *Du reste, vous devez bien le connaître pour ce qu'il est, il est connu comme le loup blanc.* PROUST, *in* G.L.L.F.

Aller queue à queue, comme les loups (vx). À la queue leu leu ; marcher l'un derrière l'autre ; altération de *à la queue le leu* ou *lou lou* (*leu, lou,* anciennes formes de *loup*, XIe s.). *En voyant cette émigration des grandes dames, toutes ces femmes de robe imaginèrent que ce devait être l'usage de la cour, et elles se mirent à défiler à la queue lou-lou révérencieusement et silencieusement devant la présidente Molé, qui ne savait que devenir.* *Souvenirs de la marquise de Créquy, in* Littré.

Avoir vu le loup (vx). Se disait d'un homme aguerri, expérimenté, par allusion à la chasse au loup, qui exigeait du courage.

VARIANTE. **Être monté sur l'ours** *(vx).*

En parlant d'une fille, avoir eu des relations sexuelles. Autrefois, dans le même sens, *danser le branle du loup* (la *danse du loup*, l'acte sexuel), par allusion aux mœurs du loup. *Nana reniflait, se grisait lorsqu'elle sentait à côté d'elle une fille qui avait déjà vu le loup.* É. ZOLA, *l'Assommoir.*

VARIANTE. **Laisser aller le chat au fromage** *(vx).*

(vx) Être enroué ou enrhumé : *avoir crié au loup.* La croyance populaire attribuait une action malfaisante au regard du loup. *Perrot, les loups m'ont vu, ma voix est enrouée, je ne saurais chanter.* RONSARD, *in* Littré.

Courir un homme comme un loup (vx). Le traquer sans répit.

Il est comme les loups, il n'a jamais vu son père (vx). Se disait d'un bâtard. On croyait jadis que les loups étranglent par jalousie celui qui a couvert la louve.

PROVERBES

Quand on parle du loup, on en voit la queue. Se dit lorsqu'une personne survient au moment où on parle d'elle ; allusion probable à la virilité du loup.

La faim chasse le loup hors du bois. La nécessité oblige à se montrer ; le besoin peut contraindre les gens à faire, pour vivre, des choses contraires à leur goût, à leur tempérament. *Alors la faim, qui chasse le loup hors du bois, me fit sortir de mon gîte pour aller acheter des vivres.* A. R. LESAGE, *l'Histoire de Guzman d'Alfarache.*

Raison [besoin d'argent] *où il n'y a pas un mot à répondre, raison qui ferme la bouche, raison enfin qui fait sortir le loup du bois.* Mme de SÉVIGNÉ, *Correspondance,* 1694.

À chair de loup, sauce de chien (vx). Il faut traiter les gens selon leur mérite ; à un méchant, un plus méchant pour le châtier.

Où le loup trouve un agneau, il y en cherche un nouveau (vx). Où l'on a trouvé du profit, on revient.

Les loups ne se mangent pas entre eux. Les gens malhonnêtes, méchants, ne se nuisent pas entre eux.

VARIANTE. **Les corbeaux ne crèvent pas les yeux aux corbeaux.**

Quand le loup est pris, tous les chiens lui lardent les fesses (vx). Quand un puissant tombe, les inférieurs se déchaînent contre lui.

Le loup mourra dans sa peau (vx). Les gens mauvais ne changent jamais.

VARIANTE. **En sa peau mourra le renard.**

On crie toujours le loup plus grand qu'il n'est. On exagère toujours l'importance du péril ou des faits racontés. *Le duc de Parme, la jugeant* [une armée] *deux fois plus forte que le duc de Maienne ne lui avait faite, lui reprocha qu'il lui avait fait le loup plus petit qu'il n'était.* Agrippa d'AUBIGNÉ, *l'Histoire universelle.*

La lune est à l'abri des loups (vx). Les grands de ce monde n'ont rien à craindre des personnes de basse condition.

PAR EXTENSION. **Dieu garde la lune des loups** *(vx).* Se disait pour se moquer d'un homme qui menaçait de loin.

Tandis que le loup chie, la brebis s'enfuit (vx). Il ne faut jamais laisser échapper l'occasion qui se présente.

VARIANTES. **Pendant que le chien pisse, le loup, le lièvre s'en va.**

La guerre est bien forte quand les loups se mangent (vx). Lorsque des gens de même force ou de même profession se querellent, le combat s'avère plus difficile.

Il ne faut pas mettre le loup berger (régional, Agen). Il ne faut rien confier à un ennemi.

Si on savait où le loup passe, on irait l'attendre au trou (régional, Savoie). Si on savait d'avance d'où vient le danger, on s'en méfierait davantage.

Loup-cervier

(vx) Se disait de ceux qui spéculaient sur les entreprises de l'État et sur les besoins publics. Le loup-cervier (loup qui attaque les cerfs) est l'autre nom du lynx. *Vous, messieurs* [les juifs], *vous fûtes autrefois les plus détestables et les plus sots loups-cerviers qui aient souillé la face de la terre.* Voltaire, *Un chrétien contre six juifs.* Aujourd'hui, un homme d'affaires rapace.

Loup-garou

Personne solitaire, d'humeur farouche et insociable ; allusion à ce personnage de légende qui se transformait en loup et hantait, la nuit, les campagnes. *Mon humeur devint taciturne, sauvage ; ma tête commençait à s'altérer, et je vivais en vrai loup-garou.* J.-J. Rousseau, *les Confessions.*

Vous, si vous connaissez des maris loups-garous,
Envoyez-les au moins à l'école chez nous.
Molière, *l'École des maris.*

Adjectivement, brusque, sauvage. *Il a le regard brusque et l'accueil loup-garou.* Molière, *l'École des maris.*

Guéri du loup-garou (vx). Guéri des superstitions. *Peut-être tous trois* [Naudé, Gassendi et Gui Patin], *guéris du loup-garou, et délivrés du mal des scrupules, nous irons jusque fort près du sanctuaire* [dans nos conversations intimes]. Gui Patin, *Correspondance.*

Fait, vêtu comme un loup-garou (vx). Vêtu de façon très négligée. *Je suis toujours dehors, faite comme un loup-garou.* Mme de Sévigné, *Lettre à Mme de Grignan.*

Louve

(vx) Femme adonnée à la débauche ; prostituée. La louve fut l'incarnation de la débauche et du désir sexuel.

Sachant bien que Fortune est ainsi qu'une louve,
Qui sans choix s'abandonne au plus laid qu'elle trouve.
M. Régnier, *Satires,* XI.

Les fils de la louve. Les francs-maçons.

LOUVETEAU

(vx) Personne violente et rapace ; de louveteau, petit du loup et de la louve. *Les millions qu'ils* [les Carignans] *y ont pris* [à Turin] *à toutes mains, ne se peuvent ni expliquer ni nombrer ; tout le monde l'a vu et senti ; on n'y a que trop reconnu les louveteaux du cardinal d'Ossat.* SAINT- SIMON, *Mémoires.* Jeune scout ; fils de franc-maçon, dans les loges maçonniques.

LYNX

Avoir un œil, des yeux de lynx. Des yeux vifs et perçants. Autrefois, *des yeux de Lyncée,* héros mythologique, pilote des Argonautes, célèbre pour sa vue qui traversait les nuages. La confusion entre *lynx* et *Lyncée* a survécu ; il reste néanmoins certain que les anciens considéraient le lynx comme un animal fabuleux, doué d'une excellente vue. *Vous m'allez demander pourquoi, étant lynx sur les fautes de mes contes à dormir debout, je suis taupe sur les défauts des tragédies.* VOLTAIRE, *Lettre à d'Argental,* 1768.

VARIANTE. **Des yeux d'aigle.**

Voir clair dans les affaires, dans les desseins ou dans les pensées des autres. *Un œil de lynx pour saisir le faible ou le ridicule des hommes.* MARMONTEL, *Mémoires.* *Je soupçonne Zélie, examinez cela avec des yeux de lynx.* MONTESQUIEU, *Lettres persanes.*

M

Macaque

Personne très laide ou enfant grimacier, par comparaison avec ce singe.

Mante

Une mante religieuse. Une femme cruelle avec les hommes. La mante femelle dévore généralement le mâle après l'accouplement.

MARMOTTE

Dormir comme une marmotte. Dormir beaucoup ou profondément, par allusion à l'hibernation de ce mammifère. *Malgré la dureté du grabat et malgré les coutures qui m'écorchaient les jambes, je dormis comme une marmotte jusqu'à neuf heures du matin.* A. R. LESAGE, *Histoire d'Estevanille Gonzalez.* *« Et Agathe ? — Elle dort comme une marmotte ! — Ah ! tant mieux, dit madame Hochon, je voudrais qu'elle dormît pendant le temps que cette affaire s'éclaircira. »* H. de BALZAC, *la Rabouilleuse.*

VARIANTE. **Dormir comme un loir.**

MARSOUIN

(vx) Homme sale, laid ou mal bâti, par allusion à cette espèce de dauphin à museau bombé.

Il veut dès aujourd'hui qu'elle applique son soin
À donner de l'amour au plus vilain marsouin.
E. BOURSAULT, *les Fables d'Ésope.*

Nom donné aux soldats de l'ancienne infanterie de marine. Contrebandier.

MARTRE

Prendre martre pour renard (vx). Prendre une chose pour une autre, être trompé par une ressemblance superficielle. Allusion à la confusion du pelage roux du renard avec celui de la martre commune. *Nous avons donné ordre à notre cocher de se détacher de la file des carrosses, et de suivre celui de la duchesse quand il la verrait retourner au palais. Il prit martre pour renard ; et, voyant toujours les gardes, qui étaient ceux du duc, il continua d'aller et venir d'un grand sang-froid.* C. de BROSSES, *Lettres d'Italie.*

PAR EXTENSION. **Rendre martre pour renard** *(vx).* Duper qui nous a dupé.

Je voudrais...
Qu'elle pût un moment vous piper en votre art,
Rendre conte pour conte et martre pour renard.
P. CORNEILLE, *le Menteur.*

MAUVIETTE

Personne chétive et délicate, incapable du moindre effort : *quelle mauviette !* Autrefois, nom de l'alouette devenue grasse et bonne pour la table. *Le fait est que le Petit Chose était ridiculement petit, et puis l'air si jeune, si mauviette.* A. DAUDET, *le Petit Chose.*

PAR EXTENSION. **Manger comme une mauviette.** Manger très peu.

MÉRINOS

Laisser pisser le mérinos. Laisser aller les choses, laisser les affaires suivre leur cours, attendre le moment favorable. D'après P. Guiraud, il s'agirait d'une allusion à la diurèse des ovidés et plus particulièrement à celle du mérinos, mouton de race espagnole.

VARIANTE. **Laisser pisser la bête.**

MERLAN

(VX) Perruquier. Au temps des perruques poudrées, les perruquiers étaient toujours blancs de poudre, comme des merlans enfarinés, prêts à frire ; aujourd'hui, coiffeur. *M'adressant à un merlan qui filait une perruque sur un peigne de fer.* CHATEAUBRIAND, *Mémoires d'outre-tombe.*

Faire des yeux de merlan frit. Lever les yeux au ciel de telle façon que le blanc seul apparaisse ; se dit ironiquement de regards langoureux, amoureux.

VARIANTES. **Faire des yeux de poisson frit. Faire des yeux de carpe.**

PROVERBE

Merlans sont viandes de laquais, de postillon (VX). Le merlan est une nourriture légère qui ne charge pas l'estomac et n'empêche pas de courir ; *postillon :* autrefois, conducteur d'une voiture des postes.

MERLE

Un fin merle. Un homme adroit, rusé ; allusion probable à l' habileté du merle à défier les pièges.

VARIANTES. **Une fine mouche. Une fine guêpe.**

Jaser comme un merle. Parler beaucoup ; le merle est un oiseau très babillard.

VARIANTES. **Jaser comme une pie. Bavard comme un geai.**

Siffler comme un merle. Très bien, de façon harmonieuse ou joyeuse.

Un dénicheur de merles (vx). Un homme habile à se procurer ce qu'il désire et adroit à en profiter.

PAR EXTENSION. **À d'autres, dénicheur de merles !** *(vx).* Se disait à une personne à qui l'on ne se fiait pas.

Un vilain merle, (iron.) **un beau merle.** Un vilain personnage ; en emploi péjoratif à cause de la valeur dépréciative de l'oiseau en général. *Palsangué ! votre père est un vilain merle !* F. DANCOURT, *Eaux de Bourbon.*

VARIANTES. **Vilain moineau, joli moineau. Vilain oiseau, drôle d'oiseau.**

Merle blanc. Personne, chose rare ou introuvable. On ignorait autrefois l'existence des merles blancs (qui vivent dans les montagnes enneigées et qui subissent la loi du mimétisme). *Si tout le monde était comme moi, vous trouveriez plutôt un merle blanc qu'un amoureux.* MARIVAUX, *la Double Inconstance.*

PAR EXTENSION. **Je vous donnerai un merle.** Se dit pour défier quelqu'un de faire une chose qu'on juge impossible.

VARIANTES. **L'oiseau rare. L'oiseau bleu. Le mouton à cinq pattes.**

L'histoire du merle et de la merlette (vx). Se dit d'une querelle futile qui s'élève périodiquement sur le même sujet. Allusion à un vieux fabliau où la dispute d'un couple repose sur une histoire de merle ; pendant dix-sept ans, au même jour, le souvenir de cette querelle la fait renaître.

MITE

(vx) Tout petit être, par comparaison avec ce papillon blanchâtre. *Ils* [les deux géants de Sirius et de Saturne] *entendaient des mites* [les hommes] *parler d'assez bon sens : ce jeu de la nature leur paraissait inexplicable.* VOLTAIRE, *Micromégas.*

Mangé aux mites. Troué, en mauvais état. Les larves des mites rongent les étoffes, les fourrures

DÉRIVÉS. **Mité, e.** Troué, peu présentable. **Miteux, euse** *(adj. et n.).* En piteux état, minable ou pauvre en parlant de quelque chose ou de quelqu'un.

Avoir la mite à l'œil. Avoir les yeux sales, les paupières infectées, les yeux chassieux.

Moineau

Petit moine ; jeu de mots sur *moine,* « moineau » en ancien français, et *moine,* « religieux ». *Nous sommes ici tous obsédés de moines et moineaux de tout plumage.* Gui Patin, *Nouvelles Lettres.*

Un appétit de moineau ; manger comme un moineau. Manger très peu, allusion à la frugalité mythique des oiseaux. *Que je vous plains, vous qui êtes au lait, qui quittez votre ânesse pour Forges, qui mangez comme un moineau, et qui avec cela n'avez point de santé !* Voltaire, *Lettre à Mme de Fontaine,* 1750.

VARIANTE. **Un appétit d'oiseau.**

Une cervelle de moineau. Un esprit évaporé, étourdi, instable ; allusion à la réputation de légèreté des oiseaux en général.

VARIANTES. **Cervelle d'oiseau. Tête de linotte.**

Un vilain moineau, (iron.) **un joli moineau.** Un vilain personnage, désagréable ou méprisable.

VARIANTES. **Vilain merle, beau merle. Vilain oiseau, drôle d'oiseau.**

Tirer, brûler, user sa poudre aux moineaux (vx). Prendre de la peine, faire une dépense pour quelque chose ou quelqu'un qui ne le mérite pas, à l'instar du chasseur qui tire sur les moineaux, gibier sans valeur. *Ma foi, vous tireriez votre poudre aux moineaux ; il vous supplanterait.* Th. Corneille, *le Baron d'Albikrac.*

Vous voyez de quel air on reçoit vos joyaux ;
Croyez-moi, c'est jeter votre poudre aux moineaux.
Molière, *l'École des maris.*

Ce ne sont pas moineaux (vx). Se disait d'une chose d'importance, de prix : *appelez-vous cela des moineaux ?*

Le gibier du lion, ce ne sont pas moineaux,
Mais beaux et bons sangliers, daims et cerfs bons et [beaux.
La Fontaine, *le Lion et l'Âne chassant.*

Voilà une belle maison, s'il y avait des pots à moineaux (vx). Voilà une détestable habitation ; *pot à moineaux,* pot de terre qu'on attachait sur une fenêtre pour permettre aux moineaux d'y venir nicher.

PROVERBE

Moineau à la main vaut mieux que grue, que perdrix qui vole (vx). Un petit bien assuré vaut mieux qu'un grand bien incertain.

VARIANTES. **Mieux vaut moineau en cage que poule d'eau qui nage** (vx). **Un oiseau dans la main vaut mieux que deux dans la haie** (vx). **L'alouette en main vaut mieux que l'oie qui vole** (vx).

Mollusque

Personne molle ; personne ignorante, à l'esprit lourd.

Morpion

Gamin importun. *C'morpion-là, non, mais tu l'as vu !* Barbusse, *le Feu.*

Morue

Mauvaise femme ; prostituée de bas étage.

Baptisé d'eau de morue (vx). Né malchanceux.

Queue-de-morue. Basques plongeantes à l'arrière d'un habit ; l'habit lui-même.

VARIANTE. **Queue-de-pie.**

Mouche

Une fine mouche. Une personne très rusée, très habile. De *mouche,* autrefois, policier en civil ou détective privé, par allusion à la mobilité de l'insecte. *Il me paraît être une de ces mouches que l'on tient sans cesse à mes trousses.* J.-J. Rousseau, *Rêveries du promeneur solitaire. Pour attraper les gens, il est de fines mouches.* Th. Corneille, *Don César d'Avalos. Toi, fine mouche, va conter mon amour à l'objet qui me touche.* J.-F. Regnard, *le Distrait.*

DÉRIVÉS. **Mouchard, e.** Indicateur de police, dénonciateur, rapporteur. **Moucharder.** Dénoncer, espionner.

VARIANTES. **Une fine guêpe. Un fin merle.**

Prendre la mouche. S'emporter, se fâcher brusquement pour rien ; provoquer quelqu'un sans raison. *Quelle mouche le pique ? :* pourquoi s'énerve-t-il brusquement ? Allusion probable aux piqûres d'insecte sur les animaux (*mouche,* avec un déterminant ou non, désignant tout insecte volant : *mouche à miel,* abeille ; *mouche à bœuf,* taon ; etc.) ; il pourrait aussi s'agir d'une extension de *mouche,* signifiant autrefois « inquiétude, pensée soudaine ». *J'ai voulu le dire, monsieur ; mais, quand vous avez une fois pris la mouche, y a-t-il moyen de vous parler ?* D. A. Brueys, *le Muet. Le mal était qu'il prenait souvent la mouche sur rien.* J.-J. Rousseau, *les Confessions. On ne sait bien souvent quelle mouche le pique.* N. Boileau, *Satires,* IX.

VARIANTES. **Quelle mouche lui a passé devant les yeux ?** *(vx).* **Faire querelle sur un pied de mouche** *(vx).* **La mouche monte à la tête** *(vx).*

Une mouche qui passe devant les yeux (vx). Une personne qui attire les regards ; extension de *prendre la mouche. On nomme la comtesse de Grammont pour une des mouches qui passent devant les yeux* [du roi]. Mme de SÉVIGNÉ, *Correspondance,* 1677.

Attirer les mouches. Se dit d'une affaire qui attire les curieux, les gens malveillants, les profiteurs ; de *mouche,* autrefois, parasite, pique-assiette.

Être, faire la mouche du coche. Faire l'empressé, s'agiter sans rendre de réels services. Allusion à la fable de La Fontaine, *le Coche et la Mouche,* où la mouche s'imagine qu'elle fait marcher le coche. *Le jésuite vous a donné au moins un bon conseil : restez à la maison et occupez-vous de votre gosse. J'ajoute : ne faites pas la mouche du coche.* R. VAILLAND, *Bon pied, bon œil.*

Faire d'une mouche un éléphant (vx). Exagérer les choses, accorder beaucoup d'importance à une vétille.

Faire mouche. Toucher juste, atteindre le but recherché. De *faire mouche,* placer la balle dans la *mouche* (point noir au centre d'une cible) ; *mouche* s'est dit aussi, par analogie de forme ou de couleur, du morceau de taffetas noir dont les femmes ornaient leur visage, d'une touffe de poils au-dessous de la lèvre inférieure, d'une tache apparaissant dans le champ de l'œil, etc.

Patte de mouche. Écriture fine, mal formée et souvent illisible, évoquant les empreintes des pattes de l'insecte ; autrefois, *pied de mouche. Le latin qui est imprimé en pieds de mouche.* VOLTAIRE, *Lettre en vers et en prose. Sur le cahier dont quelques feuilles se couvrirent ainsi de pattes de mouches pas toujours très lisibles...* M. LEIRIS, *Fibrilles.*

VARIANTE. Patte de chat.

Être mangé des mouches (vx). Être en butte aux railleries, aux insultes. *Mon père trouva que la chute de Desmarets était bien assez profonde, sans se trouver encore mangé des mouches dans le lieu de son exil.* SAINT-SIMON, *Mémoires.*

Être tendre à la mouche, aux mouches (vx). Être sensible aux moindres émotions, à la plus petite incommodité. De *mouche,* autrefois, souci, inquiétude, obsession. *En vérité, la vie est triste quand on est aussi tendre aux mouches que je le suis.* Mme de SÉVIGNÉ, *Correspondance,* 1675.

Tomber, mourir comme des mouches. En très grand nombre. *Au moment même où les hommes s'étaient mis à pelleter ces limons, ils étaient tombés comme des mouches.* J. GIONO, *in* G.L.L.F.

Tuer les mouches au vol, tuer les mouches à quinze pas. Avoir une haleine fétide.

Il ne ferait pas de mal à une mouche. Il est inoffensif.

Gober les mouches. Perdre son temps dans l'oisiveté.

> VARIANTES. Regarder les mouches voler. Prendre les mouches à la pipée *(vx).*

Il ne faut qu'une mouche pour l'amuser. Se dit d'un enfant qu'un rien distrait de l'étude.

La première mouche qui le piquera sera un taon (vx). Le moindre mal, le moindre malheur qui lui arrivera achèvera de le perdre.

On entendrait une mouche voler. Le silence est total.

> VARIANTE. On entendrait trotter une souris *(vx).*

Connaître mouche en lait (vx). Savoir faire la différence entre les choses, reconnaître ce qui est évident, comme la mouche qui boit le lait sans se noyer dedans.

> *Je connais bien mouches en lait :*
> *Je connais à la robe, l'homme*
> F. VILLON, *Ballade des menus propos.*

Enculeur de mouche (vulg.). Se dit de quelqu'un d'excessivement minutieux, de tatillon. *Enculer les mouches :* apporter une application attentive à des choses sans importance.

Il ne semble pas qu'une mouche y ait passé (vx). Se disait lorsqu'une personne touchait à peine à un verre d'alcool.

> CONTRAIRE. Il semble qu'une mouche y ait passé *(vx).* Se disait lorsqu'une personne vidait son verre jusqu'à la dernière goutte.

Mouches d'hiver. La neige, qui tombe comme des mouches blanches.

Dru, menu comme mouches. En abondance, en très grand nombre.

Autant qu'en couvrirait l'aile d'une mouche (vx). Très peu, en petite quantité.

Mouche à miel (vx). Candidat à l'École centrale, par allusion au port d'une abeille sur leur képi (*mouche à miel,* ancien nom de l'abeille).

PROVERBES

On ne prend pas les mouches avec du vinaigre. On réussit souvent mieux dans les affaires par la douceur que par la violence.

> *La jeunesse répugne à des airs trop farouches,*
> *Et c'est avec du miel qu'on attrape les mouches.*
> FABRE D'ÉGLANTINE, *Intrigue épistolaire.*

VARIANTES. On attrape plus de mouches avec du miel qu'avec du vinaigre. On attrape plus de mouches avec une cuillerée de miel qu'avec cent tonneaux de vinaigre.

Mange bien des mouches qui n'y voit pas (vx). Les personnes peu clairvoyantes commettent des erreurs.

La mouche va si souvent au lait qu'elle y demeure. Quand on cède à la tentation, il arrive qu'on en pâtisse.

VARIANTE. La mouche se brûle à la chandelle.

En bouche close n'entre mouche (vx). Thème de la vertu du silence.

Une petite mouche fait péter un bel âne (régional, Agen). À petite cause, grand effet.

MOUCHERON

(vx) Homme sans importance. Petit garçon. *C'était un enfant de Paris malingre et pâle, qui pouvait avoir dix ans, peut-être quinze ; avec ces moucherons-là, on ne sait jamais.* A. DAUDET, *in* G.L.L.F.

Rejeter le moucheron et avaler le chameau (vx). Éviter de petites fautes et s'en permettre de grandes.

MOULE

Personne molle, sans caractère, ignorante : *quelle moule !* De l'adjectif *mou* et de *mollusque*, animal invertébré. *Je ne te croyais pas si moule.* F. COPPÉE, *in* G.L.L.F.

MOUSTIQUE

Enfant ou personne minuscule.

VARIANTE. Puce.

Avoir un moustique dans la boîte à sel (vx). Avoir l'esprit dérangé.

VARIANTES. Avoir une araignée dans le plafond. Avoir un hanneton dans le plafond. Avoir une hirondelle dans le soliveau.

MOUTON

Personne d'humeur douce ; personne qui se laisse facilement mener ou berner : *doux comme un mouton. Jamais Gervaise n'avait encore montré tant de complaisance. Elle était douce comme un mouton, bonne comme le pain.* É. ZOLA, *l'Assommoir. Les commissaires d'aujourd'hui sont des moutons auprès de lui* [Rhadamante]. P. SCARRON, *le Virgile travesti.*

PAR EXTENSION. **Se laisser égorger comme un mouton.** N'opposer aucune résistance. *On se disait les uns aux autres* [entre protestants durant les premières persécutions] *que se laisser égorger comme des moutons sans se défendre, ce n'était pas le métier de gens de cœur.* BOSSUET, *Histoire des variations des Églises protestantes.*

ADJECTIVEMENT. **Mouton, onne.** Doux, passif, extrêmement docile. *Elle a l'air doux, je croix qu'elle n'a pas de malice, elle a une figure moutonne.* Mme de GENLIS, *le Théâtre d'éducation.*

(arg.) Faux détenu, mouchard chargé de confesser un autre détenu ; allusion probable à l'humeur débonnaire affectée pour inspirer confiance. *Cet éloquent tribun n'était autre chose qu'un mouchard, ce qu'on nomme en langage d'argot un mouton, chargé de faire jaser les détenus.* Ch. de BERNARD, *Un homme sérieux.*

VARIANTE. **Renard** *(vx).*

Mouton de Panurge. Se dit d'une personne mue par un esprit d'imitation irréfléchie : *en vrais moutons, comme des moutons.* Allusion au passage du *Quart Livre* de Rabelais illustrant la vengeance de Panurge contre le marchand de moutons Dindenault : après avoir acheté au négociant le plus beau de ses moutons, Panurge le jette à la mer et tous les autres le suivent. *Est-ce ce petit musée qui décida une crémière déjà mûre à lui offrir sa main et son cœur ? Après tout, c'est bien possible : les femmes sont parfois « moutons de Panurge », tout comme les hommes.* GORON, *l'Amour à Paris.*

DÉRIVÉS. **Moutonnier, ère.** Qui imite, qui suit aveuglément les autres. *Quand on a le malheur d'être dans un pays de persécution et de servitude, au milieu d'une nation esclave et moutonnière, on est bien heureux qu'il y ait, dans un pays libre, des philosophes qui puissent élever la voix.* D'ALEMBERT, *Lettre à Voltaire,* 1760. **Moutonnerie.** Naïveté ; passivité ; esprit d'imitation.

Mouton enragé. Personne paisible qui cède soudain à une violente colère.

Revenons à nos moutons. Revenons à notre sujet, reprenons notre conversation. Allusion littéraire à *la Farce de Maître Pathelin : Laissez-là ce drap et cet homme, et revenez à vos moutons.*

D. A. BRUEYS, *l'Avocat Pathelin.* *Il ne s'agit pas, monsieur, des idylles et des moutons de Mme Deshoulières ; revenons aux nôtres, s'il vous plaît.* Mme de GENLIS, *Adèle et Théodore.*

Le mouton à cinq pattes. Personne qui fait figure de phénomène ; chose extrêmement rare. De l'ancienne locution *chercher cinq pieds à un mouton :* vouloir tirer d'une chose plus qu'elle ne peut fournir.

VARIANTES. **Oiseau rare. Oiseau bleu. Merle blanc.**

Être bien loin de ses moutons (vx). Se disait de quelqu'un qui n'obtenait pas la récompense qu'il attendait.

Sentir l'épaule de mouton (vx). Sentir mauvais des aisselles, allusion à la viande de mouton qui prend une odeur forte lorsque le bélier a été châtré trop tard.

Il ne jette pas les épaules de mouton toutes rôties par les fenêtres (vx). Se disait d'un avare.

Garder les moutons à la lune (vx). Être pendu.

PROVERBES

Mouton sale a envie de salir les autres. Un mauvais sujet suffit à corrompre les autres.

VARIANTE. **Il ne faut qu'une brebis galeuse pour gâter un troupeau.**

Si vous faites le mouton, on vous tondra (régional, Bretagne). Si vous êtes trop bon, vous serez berné.

MULE

Têtu comme une mule, une tête de mule. Se dit de quelqu'un de très obstiné. Comme l'âne, la mule (hybride femelle de l'âne et de la jument ou du cheval et de l'ânesse) a une réputation d'entêtement. *Il s'agit d'argent, as-tu compris, de beaucoup d'argent, tête de mule !* GIONO, *in* G.L.L.F.

Chargé comme une mule. Lourdement chargé.

VARIANTES. **Chargé comme un âne. Chargé comme un baudet. Chargé comme un mulet. Chargé comme une bourrique.**

Ferrer la mule (vx). Faire des profits illicites. Allusion à une anecdote de Suétone sur l'empereur Vespasien : un de ses serviteurs fit ferrer une mule sans nécessité, en échange d'une somme d'argent donnée par le solliciteur ; l'empereur, informé du marché, voulut partager avec le muletier.

PAR EXTENSION. **Un ferre-mule** *(vx).* Une personne qui reçoit des pots-de-vin. *C'est un serviteur malin, menteur et ferre-mule.* A. LESAGE, *in* Littré.

Quand une mule aura mis bas (vx). Se dit d'une chose impossible, la mule étant généralement stérile.

VARIANTE. **Quand les poules auront des dents.**

Coiffée comme la mule à Robespierre (régional, Lorraine). Se dit d'une femme mal coiffée.

PROVERBES

La mule du pape ne mange ou ne boit qu'à ses heures (vx). Même dans la plus grande abondance, on ne peut manger avec plaisir que lorsqu'on a faim.

PAR EXTENSION. **Quinteux comme la mule du pape** *(vx).* Très capricieux.

À vieille mule, frein doré (vx). Il faut parer une vieille bête pour mieux la vendre ; une vieille femme dissimule sous le fard les ravages de l'âge.

MULET

Têtu comme un mulet. Très têtu. Le mulet (hybride mâle) a la même réputation que la mule et l'âne. *Il* [le curé] *a fait rentrer le latin dans ma tête dure : « Intelligent ce petit, mais un mulet ».* CAMUS, *in* G.L.L.F.

Chargé comme un mulet. Très chargé. *La matinée entière fut employée à terminer les achats. Trois fois, Gervaise sortit et rentra chargée comme un mulet.* É. ZOLA, *l'Assommoir.*

VARIANTES. **Chargé comme un âne. Chargé comme un baudet. Chargé comme une bourrique. Chargé comme une mule.**

Rembourré comme un bât de mulet (vx). Extrêmement vêtu.

Garder, tenir le mulet, la mule (vx). Attendre dehors avec impatience. *On aurait grand tort, si on vous reprochait que vous avez gardé le mulet au camp de Thionville ; au diable le mulet que vous avez gardé !* V. VOITURE, *Correspondance.*

PAR EXTENSION. **Faire garder, tenir le mulet, la mule** *(vx).* Faire attendre quelqu'un pendant que l'on est en quelque partie de plaisir [É. Littré]. *Elle ne faisait grand cas du dit prince, et plusieurs fois lui a fait tenir la mule, cela s'entend qu'il entrait ordinairement dans la chambre de la reine, et le dit prince demeurait en l'antichambre...* BRANTÔME, *la Vie des grands capitaines français.*

Mulot

Endormir le mulot (vx). Tromper quelqu'un par de belles paroles ; allusion probable au manège des oiseaux de proie qui tentent d'immobiliser leurs victimes.

PAR EXTENSION. **Endormeur de mulots** *(vx).* Homme fin et adroit qui amuse les gens de belles espérances [É. Littré].

Oie

Personne niaise, stupide ; allusion à la réputation d'imbécillité de nombreux volatiles (bécasse, dinde, grue, etc.) : *bête comme une oie ;* autrefois, *n'avoir pas plus de sens qu'une oie. Je ne l'aurais quand même pas crue si niaise ; une oie de province égarée à Paris.* J. Romains, *in* G.L.L.F.

Une oie blanche. Une jeune fille innocente et niaise. *En fait, c'est un aventurier, mais je ne m'en suis rendu compte que trop tard. Si tu savais l'oie blanche que j'étais !* M. Cardinal, *les Mots pour le dire.*

Plumer l'oie sans la faire crier (vx). Voler subtilement quelqu'un.

VARIANTE. **Plumer la poule sans la faire crier** *(vx).*

La petite-oie (vx). Accessoires de toilette : rubans, chapeau, bas etc. ; extension de *petite-oie,* autrefois abats d'une volaille. *Que vous semble de ma petite-oie ? la trouvez-vous congruente à l'habit ?* MOLIÈRE, *les Précieuses ridicules.* Accessoires en général. *Ne vous vendrai-je rien ? monsieur, des bas de soie, des gants en broderie, ou quelque petite-oie ?* P. CORNEILLE, *la Galerie du Palais.*

Préludes d'amour. *Menu détail, baisers donnés et pris ; la petite-oie ; enfin ce qu'on appelle en bon français les préludes d'amour.* LA FONTAINE, *l'Oraison Saint-Julien. Hors de cela, elle lui accorda après deux ou trois conversations ce qu'une fille peut accorder honnêtement à un homme ; et il fut maître de ce que nous appelons en France la petite-oie.* R. BUSSY-RABUTIN, *la France galante.* Toute sorte de prélude, d'initiation. *Voilà une bataille avec ses petites-oies.* Agrippa d'AUBIGNÉ, *l'Histoire universelle. Je mettais mon chapeau en garçon qui n'était pas un sot ; enfin j'avais déjà la petite-oie de ce qu'on appelle usage du monde.* MARIVAUX, *le Paysan parvenu.*

Contes de ma mère l'oie (vx). Discours qui n'a nulle apparence de raison ou de vérité : *faire des contes de ma mère l'oie.* Allusion à une vieille femme légendaire à qui l'on attribuait l'invention de tous les contes pour enfants et qui jouait un rôle dans certains.

VARIANTE. **Contes de cigogne.**

Les oies du frère Philippe (vx). Les femmes, en particulier celles que rend plus séduisantes l'attrait de la nouveauté et du fruit défendu. Allusion au conte de La Fontaine, tiré de Boccace, où un jeune homme, élevé dans une totale solitude (afin de le préserver des séductions), rencontre un jour de jolies jeunes femmes. *Qu'est-ce là ? interroge le jouvenceau. — C'est un oiseau qui s'appelle oie, répond le père. — Oh ! qu'il est joli ! il faut m'en donner un...* LA FONTAINE, *les Oies du Frère Philippe.*

Marcher à pas d'oie (vx). Marcher gravement et solennellement.

Les nobles fondateurs de Troie
Marchant gravement à pas d'oie...
P. SCARRON, *le Virgile travesti.*

PAR EXTENSION. **Pas de l'oie.** Pas de parade des soldats allemands, sous le IIIe Reich.

Nous n'avons pas gardé les oies ensemble. Se dit pour repousser une familiarité déplacée.

VARIANTES. **Nous n'avons pas gardé les cochons ensemble. Nous n'avons pas gardé les dindons ensemble. Nous n'avons pas gardé les vaches ensemble.**

Merde d'oie, caca d'oie. Couleur mêlée de vert et de jaune. *Vert de gris, merde d'oie, jaune paille, jaune doré...* Agrippa d'AUBIGNÉ, *les Aventures du baron de Fœneste.*

Boniments à la graisse d'oie. De peu de valeur.

VARIANTES. Boniments à la graisse de chevaux de bois. Boniments à la graisse de hérisson.

Ferrer les oies (vx). Perdre son temps.

VARIANTE. Ferrer les cigales *(vx).*

Le bec de l'oie est ourlé (vx). L'affaire est faite.

Patte-d'oie. Petites rides à l'angle externe de l'œil, formant des sillons convergents ; par analogie de forme avec une patte d'oie. *C'est là d'où viennent les rides, les joues tombantes, les cheveux gris et la patte-d'oie.* Th. LECLERCQ, *Proverbes dramatiques.* Carrefour d'où partent plusieurs routes, plusieurs allées divergentes. *Les belles pattes-d'oie, les beaux arbres en parasols, en éventail !* J.-J. ROUSSEAU, *la Nouvelle Héloïse.*

PROVERBES

Qui mange l'oie du roi, cent ans après en rend les plumes (vx). On finit toujours par expier les torts qu'on a eus envers des gens puissants.

VARIANTE. Qui mange la vache du roi, à cent ans de là en paie les os *(vx).*

Si tous les fous portaient un bonnet blanc, nous ressemblerions à un troupeau d'oies (vx). Les fous sont en très grand nombre ; nul n'est exempt de folie.

OISEAU

Un vilain oiseau, un drôle d'oiseau. Un individu bizarre, déplaisant ou méprisable.

PAR EXTENSION. Donner à quelqu'un des noms d'oiseaux. L'insulter.

VARIANTES. Vilain merle, beau merle. Vilain moineau, joli moineau.

Oiseau rare, oiseau bleu. Se dit d'une personne irremplaçable, ayant des qualités exceptionnelles, ou d'une chose extraordinaire, impossible à trouver (souvent iron.). *Il décrivit d'abord l'oiseau rare : un garçon de la plus haute culture.* J. ROMAINS, *in* G.L.L.F.

VARIANTES. Merle blanc. Mouton à cinq pattes.

Oiseau de mauvais augure ; oiseau de bon augure. Personne qui annonce un événement fâcheux ou dont l'arrivée fait prévoir une catastrophe : *oiseau de malheur ;* (plus rarement) personne qui annonce un événement heureux. L'oiseau (corbeau, hibou) était considéré par les Anciens comme annonçant par son vol ou son chant d'heureux ou de fâcheux événements. *Eh ! bien, prenez la peine, mon cher seigneur, de chasser à l'instant cet oiseau de mauvais augure.* Ch. S. FAVART, *Soliman*, II.

Oiseau de passage, (vx) **oiseau passager.** Personne qui séjourne dans un lieu sans s'y fixer, par allusion aux oiseaux migrateurs. *Ces sortes de créatures* [les nourrices] *sont des oiseaux de passage, que l'on souffre à cause des pauvres enfants.* Mme de SÉVIGNÉ, *Correspondance*, 1675.

> *À quoi bon ce discours avec un étranger,*
> *Une plume à tous vents, un oiseau passager ?*
> G. de SCUDÉRY, *le Fils supposé.*

Cervelle d'oiseau. Esprit faible, évaporé, instable.

> VARIANTES. **Cervelle de moineau. Tête de linotte.**

Un appétit d'oiseau ; manger comme un oiseau. Avoir un petit appétit, manger très peu ; allusion à la frugalité mythique des oiseaux, qui en réalité mangent beaucoup comparativement à leur poids. *Quelle chose extraordinaire que mon appétit ! Je l'avais très petit, je mangeais comme un oiseau...* S. BECKETT, *Molloy.*

> VARIANTE. **Appétit de moineau.**

Boire du lait d'oiseau (vx). Être au comble du bonheur.

Baiser d'oiseau. Baiser tendre et léger.

Être comme l'oiseau sur la branche. Se trouver dans une situation incertaine ou transitoire. *Et comme dit fort bien cet auteur que je ne connais pas, l'homme est, en ce monde, ainsi que l'oiseau sur la branche.* MOLIÈRE, *Dom Juan.*

L'oiseau en a dans l'aile (vx). Se disait de quelqu'un atteint dans sa santé, sa fortune ou sa réputation. Locution issue de la fauconnerie, quand le faucon poursuit l'oiseau qu'il frappe de l'aile.

> PAR EXTENSION. **Battu de l'oiseau.** Découragé, abattu par suite d'un grand nombre de revers, de malheurs. *Vous n'êtes pas en état d'envisager votre retour, vous êtes encore trop battus de l'oiseau...* Mme de SÉVIGNÉ, *Lettre à Mme de Grignan*, 1680.

Aux oiseaux (vx). Très bien, remarquable. *Il est meublé aux oiseaux.* H. de BALZAC, *Excentricités du langage.*

Une grande cage pour un petit oiseau (vx). Un homme de peu d'importance qui loge dans une demeure magnifique.

La plume de l'oiseau. Ce qu'il y a de mieux dans une affaire. *Cette contusion* [du jeune marquis de Grignan, à la guerre] *était le dernier don de la dernière fée : c'est ce qui s'appelle la plume de l'oiseau, ou le pied du cerf.* Mme de SÉVIGNÉ, *Correspondance*, 1688.

Ce n'est pas viande pour vos oiseaux (vx). C'est trop beau pour vous ; c'est au-dessus de vos moyens.

L'oiseau s'est envolé. La personne qu'on recherchait n'est plus au bon endroit. Autrefois, l'expression désignait un prisonnier en fuite.

> VARIANTE. Ne plus trouver la pie au nid.
> CONTRAIRE. Prendre, trouver l'oiseau au nid : surprendre quelqu'un chez lui.

À vol d'oiseau, à vue d'oiseau. Se dit d'une vue aérienne, comme celle d'un oiseau qui plane. Superficiellement, d'en haut ou en ligne droite. *Je n'ai fait voir les choses dans ce dernier volume* [d'Essai sur l'histoire générale] *qu'à vue d'oiseau.* VOLTAIRE, *Lettre à Richelieu,* 1765.

PROVERBES

Petit à petit l'oiseau fait son nid. Les choses se font progressivement ; les efforts patients conduisent au but.

À chaque oiseau son nid est beau (vx). Chacun admire sa maison.

Il a battu les buissons et un autre a pris les oiseaux (vx). Il a fourni un effort et d'autres en ont profité. *Un certain homme* [Louvois] *avait donné de grands coups depuis un an* [contre M. de Pompone], *espérant tout réunir ; mais on bat les buissons, et les autres* [les Colbert] *prennent les oiseaux.* Mme de SÉVIGNÉ, *Correspondance,* 1679.

> VARIANTES. L'un a battu les buissons, l'autre a pris les oisillons *(vx).* Ce n'est pas toujours celui qui lève le lièvre qui le prend *(vx).*

La belle plume fait le bel oiseau (vx). Un bel habit valorise celui qui le porte.

Le bon oiseau se fait lui-même (vx). Les qualités se développent d'elles-mêmes.

Vilain oiseau que celui qui salit son nid (vx). Mauvais homme que celui qui médit de son pays ou de sa famille.

Plus l'oiseau est vieux, moins il veut se défaire de sa plume (vx). Plus on est vieux, plus on est attaché à ses biens, à l'existence.

Je suis oiseau, voyez mes ailes Je suis souris, vivent les rats ! Se dit des gens qui prennent successivement tous les partis, au gré de leurs intérêts. Allusion à la fable de La Fontaine *la Chauve-souris et les Deux Belettes.*

Un oiseau dans la main vaut mieux que deux dans la haie (vx). Mieux vaut posséder peu, plutôt que d'attendre un bien incertain.

VARIANTES. **Moineau à la main vaut mieux que grue, que perdrix qui vole** *(vx).* **Mieux vaut moineau en cage que poule d'eau qui nage** *(vx).* **L'alouette en main vaut mieux que l'oie qui vole** *(vx).*

Même quand l'oiseau marche, on sent qu'il a des ailes (vx). Tout chez l'homme supérieur porte la marque de son génie. Allusion au vers de Lemierre dans *les Fastes ou les Usages de l'année.*

OISELLE

Jeune fille niaise. Oiselle est en poésie le féminin d'oiseau. *Je n'en crois plus rien depuis que c'est l'avis d'une oiselle.* A. FRANCE, *le Crime de Sylvestre Bonnard.*

OISILLON

Avoir l'air d'un oisillon tombé du nid. Se dit de quelqu'un qui a les cheveux ébouriffés, la mine défraîchie.

PROVERBE

L'un a battu les buissons, l'autre a pris les oisillons (vx). Certains ne travaillent que pour le profit d'autrui.

VARIANTES. **Il a battu les buissons et un autre a pris les oiseaux** *(vx).* **Ce n'est pas toujours celui qui lève le lièvre qui le prend** *(vx).*

OISON

Personne crédule, simple, bornée. L'oison est le petit de l'oie. *Tu es un véritable oison et on n'a guère pris soin de t'instruire, mon pauvre petit.* G. SAND, *François le Champi.* *Que Damon ne vient-il ? mais vous ferez l'oison, sitôt qu'il paraîtra...* Ph. DESTOUCHES, *le Philosophe marié.*

PAR EXTENSION. **Oison bridé** *(vx).* Individu à qui l'on fait faire ou croire ce qu'on veut ; d'abord, oison à qui l'on a placé une plume dans le bec, pour l'empêcher de traverser les haies. *Hé bien, où va-t-elle, où va-t-elle, que veut-elle faire cet oison bridé ?* MOLIÈRE, *la Comtesse d'Escarbagnas.*

N'avoir pas plus de sens qu'un oison (vx). Être très borné, stupide. *Elle faisait des agaceries au bel Amazan, qui s'aperçut enfin qu'elle n'avait pas le sens d'un oison.* VOLTAIRE, *la Princesse de Babylone.*

VARIANTE. **N'avoir pas plus de sens qu'une oie** *(vx).*

Ces oisons-là (vx). Des gens de cette espèce (péjoratif). *Vous me faites peur de votre vieille veuve qui se marie à un jeune homme ; c'est* *un grand bonheur de n'être pas sujette à se coiffer de ces oisons-là...* Mme de SÉVIGNÉ, *Correspondance,* 1675.

Plumer l'oison (vx). Dépouiller une dupe.

VARIANTES. **Plumer le pigeon. Plumer la dinde.**

PROVERBE

Les oisons mènent paître les oies (vx). Les ignorants veulent instruire plus savants qu'eux. *Par Saint-Jean, tu as bien raison, les oisons mènent les oies paître.* RABELAIS.

ORFRAIE

Pousser des cris d'orfraie. Crier d'une voie stridente, hurler ; par confusion entre l'*orfraie,* oiseau de proie diurne, et l'*effraie,* espèce de chouette. *Je sais qu'en soutenant cette opinion j'ai fait pousser à plus d'un de mes collègues des cris d'orfraie mais, à mon sens, le gouvernement avait le devoir de laisser parler le colonel.* M. PROUST, *À la recherche du temps perdu,* II.

OUISTITI

Un drôle de ouistiti. Un type bizarre, un drôle d'individu.

VARIANTE. **Un drôle de zèbre.**

OURS

Personne qui fuit la société, qui vit en solitaire : *vivre comme un ours.* Allusion aux mœurs solitaires de ce mammifère. *Qui ? moi, madame... que je n'aie pas obéi aux ordres de celle qui m'honore depuis si longtemps de son amitié !... tout ours que je suis, soyez persuadée que je suis un très honnête ours.* VOLTAIRE, *Lettre à Mme du Deffand,* 1770. Adjectivement, sauvage, rustre, misanthrope. *La mère et le fils semblaient un peu ours.* É. ZOLA, *l'Assommoir.*

Un ours mal léché. Un individu rustre, au comportement grossier ; autrefois, un individu physiquement grossier ou un enfant mal fait. Allusion au mythe selon lequel l'ourse façonne son petit en le léchant. *Comme j'étais de chambrée avec lui, nous nous étions liés de préférence au milieu des ours mal léchés qui nous entouraient.* J.-J. ROUSSEAU, *les Confessions.*

PAR EXTENSION. **Lécher, polir son ours** *(vx).* Étudier longuement une affaire, polir un ouvrage avec soin. *Il est temps désormais que le juge se hâte ; n'a-t-il point assez léché l'ours ?* LA

FONTAINE, *les Frelons et les Mouches à miel.* **Lécher un ours** *(vx).* Travailler à éduquer un homme grossier.

Velu comme un ours. Très poilu.

Un meneur d'ours (vx). Se disait d'un fripon ou d'un homme grossier ; probablement de *ours mal léché.*

PAR EXTENSION. **Être fait comme un meneur d'ours** *(vx).* Être mal accoutré.

Être monté sur l'ours (vx). Être aguerri, n'avoir plus peur de rien. Autrefois, on conjurait la peur des enfants en les faisant monter sur le dos d'un ours apprivoisé ; de même, on croyait que le fait de chevaucher un ours guérissait de certaines maladies.

VARIANTE. **Avoir vu le loup.**

Se laisser mener par le nez comme un ours. Se laisser gouverner par les autres, par faiblesse ou imbécillité ; allusion au montreur d'ours qui promène l'animal par le nez.

VARIANTE. **Se laisser mener par le nez comme un buffle** *(vx).*

Tourner comme un ours en cage. Tourner en rond dans une pièce, aller et venir par inaction.

VARIANTES. **Tourner comme un lion en cage. Tourner comme un écureuil en cage.**

Il est de la nature de l'ours, il ne maigrit pas pour pâtir (vx). Se disait d'une personne sobre, qui prenait de l'embonpoint. Allusion à l'hibernation de l'ours qui, au printemps, n'en est pas plus maigre.

Prenez mon ours (vx). Se disait quand on pressait quelqu'un de prendre quelque chose dont on voulait se défaire ou pour se débarrasser de quelqu'un d'ennuyeux ; expression tirée d'un vaudeville de Scribe et Saintine, *l'Ours et le Pacha.*

Envoyer quelqu'un à l'ours (vx). L'envoyer promener.

L'ours (arg., vx). La prison ou la salle de police. *Je fus passer deux jours dans un lieu ténébreux qu'on appelle l'ours.* Souvenirs de Saint-Cyr, *in* Littré. Vieux cheval.

Le pavé de l'ours. Action faite dans l'intention de rendre service ou de plaire, mais qui produit un effet contraire. Allusion à la fable de La Fontaine *l'Ours et l'Amateur de jardins,* dans laquelle l'ours, voulant être agréable à l'homme endormi, lui fracasse la tête en lui jetant un pavé pour chasser une mouche importune.

Avoir ses ours (vieilli). Pour une femme, avoir ses règles. Peut-être avec l'idée de jours où l'on fuit la société.

PROVERBE

Il ne faut pas vendre la peau de l'ours avant de l'avoir tué. Il ne faut pas spéculer sur quelque chose qui n'est qu'en espérance ou se flatter trop tôt d'un succès. Allusion à la fable de La Fontaine *l'Ours et les Deux Compagnons,* qui a rendu célèbre ce proverbe ancien, probablement tiré d'Ésope.

Deux compagnons, pressés d'argent,
À leur voisin fourreur vendirent
La peau d'un ours encor vivant,
Mais qu'ils tueraient bientôt, du moins à ce qu'ils dirent.

Il passa une heure à écrire le devis de la dépense de son salon. Il sentait qu'il faisait l'enfant, mais n'en écrivait qu'avec plus de rapidité et de sérieux. Cette besogne terminée et l'addition vérifiée qui portait à 57 350 F la dépense de la salle à établir en élevant le toit de sa chambre à coucher : si ce n'est pas là vendre la peau de l'ours, se dit Octave en riant, jamais on n'eut ce ridicule... STENDHAL, *Armance.*

OURSIN

Avoir des oursins dans le porte-monnaie. Être avare ; par référence aux piquants de cet animal marin. *Il devenait radin, j'avais bien remarqué. « T'as des oursins dans le morlingue. » Je balançais la vanne à la blague, quand je le sentais trop réservé devant une addition.* A. BOUDARD, *la Métamorphose des cloportes.*

P

Panthère

Personne violente, en furie (surtout en parlant d'une femme).

PAR EXTENSION. **Ma panthère.** Ma femme.

VARIANTE. **Lionne.**

Faire sa panthère (vx). Être oisif, paresser. *Tiens ! Bibi qui fait sa panthère, dit Coupeau. On a donc la flemme, ma vieille ?* É. ZOLA, *l'Assommoir.* (Régional, Paris) Traîner d'un bar à l'autre, par allusion au mouvement de va-et-vient des fauves en cage.

Paon

Fier, vaniteux, orgueilleux comme un paon. Se dit d'une personne qui fait valoir avec orgueil (le plus souvent d'une manière ridicule) ses avantages physiques. Allusion à l'image de vanité du paon faisant la roue. *Toujours satisfait de lui ; d'ailleurs, fier comme un paon de son ignorance crasse, et acceptant les observations avec une douce ironie de grand seigneur.* G. COURTELINE, *les Gaîtés de l'escadron.* *En entrant dans son cabinet, je le trouvai glorieux comme un paon, plus joufflu que jamais.* J.-F. MARMONTEL, *Mémoires.*

PAR EXTENSION. **Paonner** *(vieilli)* **ou faire la roue.** Déployer ses séductions, sa richesse ou ses avantages. *Gardez vous... des systèmes dorés aux plumages changeants qui dans les carrefours s'en vont faire la roue.* V. HUGO, *les Chants du crépuscule.*

Se pavaner. Parader, marcher avec orgueil. *L'homme, en général, l'un portant l'autre, n'a qu'environ vingt-deux ans à vivre, et, pendant ces vingt-deux ans, il est sujet à plus de vingt-deux mille maux... dans cet horrible état on se pavane encore !* VOLTAIRE, *Dictionnaire philosophique.*

VARIANTE. **Un paon qui se mire dans sa queue** *(vx).*

Prendre les plumes du paon, se parer des plumes du paon. Tirer vanité des mérites d'autrui ; allusion à la fable de La Fontaine *le Geai paré des plumes du paon :*

Un paon muait, un geai prit son plumage,
Puis après se l'accommoda...

Leurs pauvres petits noms [des gens qui en ont pris d'illustres], *à quoi l'on ne penserait pas s'ils n'avaient point voulu prendre les plumes du paon.* Mme de SÉVIGNÉ, *Correspondance,* 1695.

VARIANTE. **Le geai paré des plumes du paon.**

Pousser des cris de paon. Pousser des cris aigus et désagréables ; protester à tout propos.

Papillon

Esprit superficiel, changeant ou volage, comme le papillon qui voltige de fleur en fleur, symbole de légèreté et d'inconstance ; autrefois : *étourdi, sot comme un papillon. J'étais chenille, j'ai pris quelquefois des ailes de papillons, mais je suis redevenu chenille.* VOLTAIRE, *Correspondance à Richelieu,* 1766. (vx) Affaire, difficulté qui ne se résout pas. *C'est bien ce papillon dont je parlais à mon fils, sur quoi on croit mettre le pied et qui s'envole toujours* Mme de SÉVIGNÉ, *Correspondance,* 1677. *Je suis à Paris pour ce chien de papillon : je n'ai pas encore mis entièrement le pied dessus, c'est-à-dire touché cette belle somme que vous savez.* Mme de SÉVIGNÉ, *Correspondance,* 1677.

Voler le papillon, courir après les papillons (vx). S'agiter pour des riens ; s'occuper de futilités au lieu d'aller à l'essentiel. *Voler le papillon* se disait de l'oiseau qui s'amusait à tourner autour des fleurs au lieu de poursuivre le gibier. *Par là je répondrai à beaucoup de choses du dernier écrit que je ne crois pas devoir traiter en particulier : ce serait voler le papillon.* Mme de SÉVIGNÉ, *Correspondance. C'était une étrange folie que voler le papillon aux dépens de l'objet si principal de prendre Turin.* SAINT-SIMON, *Mémoires.*

DÉRIVÉ. **Papillonner.** S'agiter ou aller d'une personne, d'une chose à une autre, s'éparpiller. *M. d'Andilly, mondain et dévot, papillonne de la cour aux ruelles, et des ruelles ici.* MONTHERLANT, *Port-Royal.* Folâtrer autour des dames. *Soit que, choisissant entre deux ennuis, il aimât mieux subir ma compagnie que de me voir papillonner autour de sa femme.* Ch. de BERNARD, *le Paratonnerre.*

Se brûler à la chandelle comme un papillon. Se laisser tromper par des apparences agréables, par un attrait dangereux, comme le papillon est attiré par la flamme. *Vous préférez les lumières de vos Messieurs, et vous y brûler comme les papillons aux chandelles.* MONTHERLANT, *in* G.L.L.F.

Avoir des papillons noirs (vx). Des sujets de tristesse, des idées lugubres, des mélancolies passagères. Allusion probable à Pathelin feignant le délire dans une farce de Brueys de 1706, *l'Avocat Pathelin : Ma femme, chasse, chasse ces papillons noirs, qui volent autour de moi.*

VARIANTES. **Avoir le cafard. Avoir le bourdon.**

Minute, papillon ! Attendez une minute, ne soyez pas si pressé ; doucement, je ne suis pas de cet avis ! Allusion probable au papillon qui effleure rapidement les choses. *Minute, papillon, tu t'égares !* A. SERGENT, *Je suivis ce mauvais garçon.*

Vol au papillon (vx). Vol de linge dans les voitures des blanchisseurs.

PAR EXTENSION. **Papillonneur** *(vx).* Malfaiteur qui pratiquait le vol au papillon.

PROVERBE

Le plus beau papillon n'est qu'une chenille habillée (Régional, Limousin). Il ne faut pas se fier aux apparences.

Perdrix

Faire comme les perdrix (vx). Découvrir son défaut en croyant bien le cacher [A. Oudin] ; allusion au fait que les perdrix cachent leur tête et dressent leur derrière.

Les perdrix lui puent (vx). Se disait de quelqu'un de friand et de connaisseur [A. Oudin].

Les perdrix y tombent toutes rôties (vx). Se disait par antiphrase d'une situation où l'on n'obtenait pas ce qu'on voulait.

Perdrix de Gascogne. Ail ou croûte de pain frottée d'ail.

VARIANTE. Chapon de Gascogne.

PROVERBE

On mange bien des perdrix sans orange (vx). Il faut savoir se contenter d'une bonne chose, sans désirer trop de raffinement. Les perdrix étaient généralement accompagnées d'une sauce à l'orange.

Perroquet

Parler comme un perroquet. Parler beaucoup et sans réflexion ; répéter à tort et à travers ce qu'on a entendu ; allusion au babil des perroquets. *À quoi sert-il qu'ils parlent dans leur jeunesse comme des perroquets pour approuver tout ce qui est bon ?* FÉNELON, *Dialogues des morts. Modernes perroquets qui répétez des paroles anciennes, cessez de nous tromper en tout genre.* VOLTAIRE, *Lettres philosophiques.*

DÉRIVÉ. Perroqueter *(vx).* Répéter ce qu'un autre a dit. *Comme parle la critique, ainsi perroquette le public.* G. A. BÜRGER, *Salons de 1861 à 1868.*

En bec de perroquet. De forme crochue.

VARIANTES. Bec d'aigle. Bec de faucon.

Vert perroquet. D'un vert évoquant le plumage du perroquet.

Étrangler, étouffer un perroquet (vx). Boire un verre d'absinthe ; par analogie de couleur.

PAR EXTENSION. Perroquet. Mélange de pastis et de menthe.

Bâton, échelle de perroquet (vx). Maison à plusieurs étages dont chacun n'a qu'une chambre. Allusion au perchoir traversé d'échelons de cet oiseau.

Soupe à perroquet. Tranche de pain trempée dans du vin. Le perroquet domestiqué prend goût au vin. *Il y a dans le vin et le pain, mêlés ensemble, une vertu sympathique qui fait parler ; ne voyez-vous pas bien qu'on ne donne autre chose aux perroquets, et qu'ils apprennent à parler en mangeant de cela ?* MOLIÈRE, *le Médecin malgré lui.*

Perruche

Femme bavarde, évaporée, qui fatigue par des propos sans intérêt. *Elle avait l'air d'une perruche, une fois de plus ; les mots qu'elle employait se retournaient toujours contre elle.* Sartre, *in* G.L.L.F.

Phoque

Souffler comme un phoque. Respirer, souffler avec effort, avec bruit. *Pendant tout ce temps mon fils soufflait comme un phoque.* S. Beckett, *Molloy.*

VARIANTE. Souffler comme un cachalot.

Pie

Larron, voleur comme une pie. Se dit d'un voleur impénitent. La pie cache dans son nid tout ce qu'elle trouve, surtout des objets brillants. *On dit aussi qu'il est voleur comme une pie, mais il ne faut pas toujours croire les cancans.* M. Proust, *À la recherche du temps perdu,* II.

Être bavard comme une pie. Parler beaucoup et mal à propos, ennuyer ses interlocuteurs. Autrefois, *jaser comme une pie borgne* (on crevait un œil aux pies que l'on voulait dresser à répéter des sons). *Les uns disent que je suis cul de jatte ; les autres, que je n'ai point de cuisse, et que l'on me met sur une table dans un étui où je cause comme une pie borgne.* P. Scarron, *Portrait.*

VARIANTES. Bavard comme un geai. Jaser comme un merle.

Prendre, trouver la pie au nid. Faire une heureuse trouvaille ou une découverte extraordinaire ; trouver une personne chez elle. *Ils ont seuls ici-bas trouvé la pie au nid.* M. Régnier, *Satires,* IX.

CONTRAIRE. Ne plus trouver la pie au nid. Ne plus trouver une personne là où elle est censée vivre. *Le père refusa. Elle partit. Un soir, on ne trouva plus au nid la pie.* R. Rolland, *l'Âme enchantée.*

VARIANTES. Trouver l'oiseau au nid. Trouver le lièvre au gîte.

Être au nid de la pie. Au plus haut degré de fortune. La pie construit son nid à la cime des grands arbres.

Queue-de-pie. Basques plongeantes à l'arrière d'un habit ; par analogie de forme.

VARIANTE. Queue-de-morue.

Croquer la pie (vx). Boire beaucoup ; faire bonne chère. De l'ancien verbe *pier,* « boire », dérivé lui-même de *pie,* l'oiseau.

De ce fut dit en proverbe commun : boire d'autant et à grands traits, être pour vrai croquer la pie. F. RABELAIS, *Cinquième Livre.*

Faire une pie d'une épaule de mouton (vx). Faire griller une épaule de mouton, après l'avoir mangée en partie.

Donner à manger à la pie (vx). Se disait d'un joueur qui cachait une partie de son gain, afin d'être moins impressionné par ce qui lui restait.

PIE-GRIÈCHE

Femme acariâtre, méchante et querelleuse. La pie-grièche est un passereau à bec crochu. *Coquette, sans esprit, menteuse, pie-grièche, à la noyer cent fois je m'étais attendu.* J.-F. REGNARD, *Démocrite.*

PIEUVRE

Personne insatiable dans ses exigences, qui ne lâche jamais sa proie (surtout en parlant d'une femme).

Celui ou celle qui s'attache à quelqu'un pour vivre à ses dépens ou pour le ruiner. *L'univers de pieuvres où finissent les douze Césars...* A. MALRAUX, *in* G.L.L.F.

VARIANTE. **Sangsue.**

PIGEON

Homme naïf, facile à duper, que les tricheurs, les escrocs choisissent pour l'exploiter ou le dépouiller. *La scène était préparée entre eux, comme les joueurs préparent les cartes pour une partie où l'on ruinera quelques pigeons.* H. de BALZAC, *in* G.L.L.F.

Plumer le pigeon. Exploiter, dépouiller une dupe.

DÉRIVÉ. **Pigeonner.** Duper, rouler. *Et s'il a de l'argent, il se trouvera incontinent pigeonné, soit au jeu, ou par autres inventions.* F. de LA NOUE, *Discours politiques et militaires.*

VARIANTES. **Plumer la dinde. Plumer l'oison.**

Être logé comme les pigeons (vx). Demeurer au plus haut du logis, comme les pigeons au pigeonnier.

PAR EXTENSION. **Pigeonnier.** Petit logement situé aux étages supérieurs.

Attirer les pigeons au colombier (vx). Attirer des personnes qui apportent du profit. *Une fameuse courtisane de Paris se voulut servir de fard, pour attirer les pigeons au colombier de Cypris.* Fr. MICHEL, *le Facétieux réveille-matin des esprits mélancoliques.*

Un pigeon privé (vx). Homme qu'on faisait entrer dans un complot pour trahir ceux qui y prenaient part. *M. d'Aumont, qui tôt après ne se cacha plus guère d'avoir été un pigeon privé.* SAINT-SIMON, *Mémoires.*

VARIANTE. **Canard privé** *(vx).*

Ailes de pigeon. Disposition des cheveux qui figure une aile de chaque côté de la tête.

Gorge-de-pigeon. Couleur à reflets changeants et chatoyants. *Les passants se retournaient pour considérer la toque de castor, les culottes et les bas gorge-de-pigeon du petit vieillard, sans trop s'étonner pourtant, habitués qu'ils étaient à la faune de la Société des Nations.* A. COHEN, *Belle du Seigneur.*

PROVERBES

Il ne faut pas laisser de semer par crainte des pigeons (vx). Il ne faut pas hésiter à entreprendre, quels qu'en soient les risques.

Point de pigeon pour une obole (vx). Se disait pour exprimer qu'une chose coûtait de l'argent, des soins, de la peine. Une obole, monnaie du temps de Charlemagne, valait un demi-denier.

La fourmi le pique au talon.
Le vilain retourne la tête :
La colombe l'entend, part, et tire de long.
Le souper du croquant avec elle s'envole :
Point de pigeon pour une obole.
LA FONTAINE, *la Colombe et la Fourmi.*

PIGEONNE

(Vx) Jeune femme.

Adieu pour jamais, mignonne ;
Périssent tous les jaloux ;
Pleurez, amour, avec nous,
Pleurez l'aimable pigeonne.
P. PELLISSON, *in* Littré.

PIGEONNEAU

(Vx) Jeune homme dupé par une femme.

Pinson

Gai comme un pinson. Très gai, exubérant ; allusion au chant du pinson. *Il rentrait gai et galant comme un pinson.* É. Zola, *l'Assommoir.*

Poisson

Poisson d'avril. Mystification traditionnelle du 1er avril, plaisanterie consistant à faire courir quelqu'un sous de faux prétextes le premier jour d'avril : *faire un poisson d'avril à quelqu'un.* « Farce provenant sans doute d'une ordonnance de Charles IX [1564] ayant reporté au 1er janvier le début de l'année qui jusque-là avait commencé le 1er avril ; les étrennes ne se donnèrent plus qu'au jour initial de janvier, et le 1er avril on ne fit plus que des félicitations de plaisanteries aux personnes qui s'accommodaient avec regret du nouveau régime ; et comme au mois d'avril le soleil quitte le signe zodiacal des Poissons, nos aïeux donnèrent à ces simulacres le nom de poissons d'avril » [Larousse du XXe siècle]. *Nous crûmes prudent, chacun de notre côté, de nous assurer que nous n'étions pas dupes de quelque poisson d'avril.* M. Proust, *À la recherche du temps perdu,* II. *Je vais à l'autre bout de la ville, on se met à rire, et l'on me dit : Poisson d'avril !* P.-L. Courier, *Lettre.* (vx) Souteneur, maquereau (le poisson de ce nom abonde au mois d'avril). *Albert Cousin observe que de son temps on appelait en France poisson d'avril, celui qui fait le métier infâme de débaucher les personnes du sexe, parce que le poisson, dont il porte le nom chez le bas peuple, est excellent à manger dans ce mois-là.* J.-C. Tuet, *Matinées senonaines.*

Comme un poisson dans l'eau. Heureux, à son aise dans un lieu. *Achille continue à être heureux comme un poisson dans l'eau, et moi je n'ai plus rien à faire, absolument rien...* É. Zola, *Pot-Bouille.*

> CONTRAIRE. **Comme un poisson hors de l'eau** *(vx).* Malheureux ; éloigné du lieu où l'on voudrait être.

Noyer le poisson. Embrouiller une affaire en entretenant la confusion de manière à faire céder l'interlocuteur ; en termes de pêche, épuiser un poisson pris à l'hameçon, en lui élevant par moment la tête hors de l'eau.

Finir en queue de poisson. Se terminer brusquement sans conclusion satisfaisante, en parlant d'une affaire, d'un discours ou d'une œuvre. Allusion au passage de l'*Art poétique* d'Horace, où le poète compare une œuvre d'art sans unité à un beau buste de femme qui se terminerait en queue de poisson. *Je* *m'engageais sur une piste qui semblait finir en queue de poisson, il y avait deux possibilités, à droite, à gauche.* L. ARAGON, *Blanche ou l'Oubli.*

PAR EXTENSION. **Faire une queue de poisson.** Se rabattre brusquement devant la voiture qu'on vient de doubler. *Tu le doubleras et tu lui feras une queue de poisson, de façon à l'arrêter.* BORNICHE, *le Gang.*

Avaler, boire la mer et les poissons. Avoir une grande soif ou un appétit désordonné : *il avalerait la mer et les poissons.* Se dit d'un homme avide d'argent.

Être muet comme un poisson (vx). Garder un silence absolu. *Je ne sais pas à quoi je suis bonne ici, car je me suis promis de demeurer muette comme un poisson.* E. SUE, *in* G.L.L.F.

VARIANTE. Muet comme une carpe.

Ni chair ni poisson. De nature incertaine, indéfinissable ; d'opinion indécise. Allusion à l'ambiguïté des aliments considérés par l'Église comme maigres : chair (viande) et poisson. *Telle rêverie, dis-je, qui n'est ni chair ni poisson, est exclue.* J. CALVIN, *l'Institution chrétienne.*

S'en soucier comme un poisson d'une pomme. S'en moquer complètement. *C'est joli, n'est-ce pas, me dit-il d'un ton légèrement impertinent et qui pourtant rappelait un peu l'influence et l'accent de Swann. Mais vous vous en fichez comme un poisson d'une pomme. Vous voulez rentrer, quitte à manquer de respect à Beethoven et à moi.* M. PROUST, *À la recherche du temps perdu,* II.

Engueuler quelqu'un comme du poisson pourri. L'invectiver, l'accabler d'injures ; allusion probable aux injures répandues dans le milieu des marchandes de poisson. *Ils nous fouillent d'abord pour voir si on était armé et se mettent à engueuler Métral comme du poisson pourri...* A. SERGENT, *Je suivis ce mauvais garçon.*

Nager comme un poisson. À la perfection ; autrefois, *au poisson à nager ne montre :* on n'apprend pas à nager au poisson.

Changer le poisson d'eau. Uriner.

Ne savoir à quelle sauce manger son poisson. Avoir de la peine à digérer un affront ; être embarrassé, sous le coup d'une humiliation, etc.

PAR EXTENSION. **À quelle sauce sera-t-il mangé ?** De quelle manière sera-t-il attaqué, vaincu ?

Jeune chair et vieux poisson (vx). Conseil gastronomique : la chair des jeunes bêtes et celle des vieux poissons sont les meilleures. *En vérité, mon compère, vous faites bien mentir le proverbe : jeune chair et vieux poisson ; car, n'étant qu'un jeune brochet, vous avez une fermeté que les plus vieux esturgeons n'ont pas.* V. VOITURE, *Correspondance.*

Se faire marchand de poisson, se faire poissonnier la veille de Pâques (vx). S'engager dans une affaire à contretemps, comme vendre du poisson après le carême, période où l'on en mange.

PROVERBES

Petit poisson deviendra grand. Une personne, une chose à l'état embryonnaire se développera avec le temps ; allusion à la fable de La Fontaine *le Petit Poisson et le Pêcheur.*

Les gros poissons mangent les petits. Les puissants oppriment les faibles ; les sentiments les plus forts font taire les plus faibles. *Voilà une lettre infinie... tous mes autres commerces languissent, par la raison que les gros poissons mangent les petits.* Mme de SÉVIGNÉ, *lettre à Mme de Grignan,* 1675. *Il faudrait plus d'un cœur pour aimer tant de choses à la fois ; pour moi, je m'aperçois tous les jours que les gros poissons mangent les petits.* Mme de SÉVIGNÉ, *Lettre à Mme de Grignan,* 1675.

La sauce fait passer, fait manger le poisson. Quelques éléments accessoires rendent supportable une chose désagréable ou médiocre. *L'opéra est mauvais, mais les ballets charmants : la sauce fait passer le poisson.* GAUTIER, *in* G.L.L.F.

Le poisson commence à sentir, à pourrir par la tête. Les organisations humaines se dégradent d'abord par leurs éléments dirigeants.

Si la mer bouillait, il y aurait bien des poissons cuits (vx). Se disait pour écarter un projet irréaliste, une supposition absurde.

> VARIANTE. Si le ciel tombait, il y aurait bien des alouettes de prises.

De petites rivières de grands poissons n'espère (vx). Il y a peu à attendre là où ne règne pas la prospérité.

Pas de poisson sans arête. On n'a rien sans peine.

PORC

Homme sale, gourmand, débauché ou grossier ; le porc symbolise à la fois la saleté, la goinfrerie et la perversité.

> DÉRIVÉS. Porcher *(fig.).* Homme grossier et malpropre.
> Porcherie *(fig.).* Lieu extrêmement sale ; autrefois, lieu de débauche.
> VARIANTES. Cochon. Pourceau.

Manger comme un porc. Manger gloutonnement, malproprement.

Être comme le porc à l'auge (vx). Être dans un lieu où l'on a tout en abondance.

Dérober le porc et donner les pieds pour l'honneur de Dieu (vx). Voler ou pratiquer l'usure et faire des aumônes d'une partie de ce qu'on a acquis.

Porc du roi (vx). Financier [A. Oudin].

Porc de Notre-Seigneur (vx). Prélat [A. Oudin].

PROVERBE

À chaque porc vient la Saint-Martin (vx). Tout le monde est destiné à mourir. Dans les villages, on tuait les porcs aux alentours de la Saint-Martin (11 novembre).

Porc-épic

Personne d'un abord difficile, irritable et bourrue. Le porc-épic, mammifère au corps recouvert de longs piquants, se hérisse devant le danger.

Pou

Laid comme un pou. Très laid, rebutant ; allusion à la mauvaise réputation de cet insecte. *Ma mère me disait toujours : « Tu es laide comme un pou... »* M. Cardinal, *les Mots pour le dire.*

Sale comme un pou. Très sale, le pou étant jugé sale, comme celui qui en est porteur. Autrefois, *se laisser manger aux poux :* être très sale ou couvert de poux.

> DÉRIVÉ. **Pouilleux, euse** *(adj. et n.).* Extrêmement sale ou couvert de poux ; se dit de quelqu'un qui est dans une grande misère, de choses misérables ou sordides.

Fier comme un pou. Très orgueilleux. Par confusion entre *pou,* l'insecte et *pou (pouil, poul),* ancienne dénomination du coq.

Être vexé comme un pou, râler comme un pou. Excessivement ; même confusion avec l'ancien nom du coq. *Il la regarda avec haine, une belle et franche haine, vexé comme un pou, vexé comme un praticien de premier ordre que la famille écarte du lit d'un mourant pour faire place au rebouteux.* G. Conchon, *l'État sauvage.*

Chercher des poux dans la tête de quelqu'un. Lui chercher querelle à tout propos, le critiquer pour des riens ; autrefois, *chercher les poux parmi la paille :* s'occuper de futilités ou faire des critiques mesquines. *Et puis alors tout le monde ça leur était égal mes idées sur la sémantique qui m'aurait cherché des poux dans la tête, pour savoir s'ils étaient conformes ou non au marxisme, les poux ?* L. Aragon, *Blanche ou l'Oubli.*

PAR EXTENSION. **Épouiller.** Débarrasser une personne ou un animal de ses poux. *Vous me parlez fort complaisamment de ce saint qui vous est tombé à Aix et qu'on épouille à tout moment.* Mme de SÉVIGNÉ, *Correspondance.* **Pouilles** *(vieilli).* Injures, reproches. **Chanter pouilles à quelqu'un.** L'accabler d'injures et de reproches : *Il* [J.-J. Rousseau] *vient de s'enfuir d'Angleterre, brouillé avec son hôte, ayant laissé sur la table une lettre où il chante pouilles.* Mme du DEFFAND, *Lettre à H. Walpole.*

Trouver des poux à la tête d'un chauve (vx). Trouver à reprendre là où il n'y a rien à dire.

Être comme le pou entre deux ongles (vx). Se trouver pris entre deux hommes, deux partis puissants, près d'être écrasé. *M. du Maine disait à ses familiers, qu'il était comme un pou entre deux ongles, des princes du sang et des pairs, dont il ne pouvait manquer d'être écrasé, s'il n'y prenait garde.* SAINT-SIMON, *Mémoires.*

Un pou affamé, un pou maigre (vx). Un mendiant, un gueux ; un misérable mû par la cupidité. *Quand il* [Mazarin] *mourrait, il ne manquerait point de successeurs qui seraient des poux maigres qui voudraient se rengraisser de la substance des pauvres et des riches.* Gui PATIN, *Lettres.*

Écorcher un pou pour en avoir la peau (vx). Être extrêmement avare, avide d'argent.

Barbe à poux. Barbe fournie ou frisée.

POULAIN

Débutant à la carrière prometteuse, et sur lequel quelqu'un a fondé des espoirs.

POULARDE

Jeune femme dodue ; allusion à la jeune poule engraissée.

POULE

Fille de mœurs légères, prostituée. On dit aussi *cocotte. À un degré au-dessus, les poules de luxe qui croisent dans les parages du Congrès.* A. de GOULÈNE, *le Bois la nuit.* Maîtresse d'un homme. *Tiens, petit salaud, ça t'apprendra à embrasser les poules des autres !* J. ANOUILH, *in* G.L.L.F. Terme d'affection à l'égard d'une femme, d'une jeune fille. *Oh ça, nous sommes parfaitement seuls ; ne me cachez rien, ma petite poule.* P. DESTOUCHE, *Fausse Agnès.*

Tuer la poule aux œufs d'or. Détruire, par avidité ou impatience, une source de profits importants. Allusion aux fables d'Ésope, de Babrius, puis de La Fontaine : une poule qui pondait des œufs d'or est tuée par un avare qui croyait y trouver un trésor.

L'avarice perd tout en voulant tout gagner.
Je ne veux, pour le témoigner,
Que celui dont la poule, à ce que dit la fable,
Pondait tous les jours un œuf d'or
LA FONTAINE, *la Poule aux œufs d'or.*

Mais cette femme-là veut de l'argent, et rien que de l'argent. En sortant de chez Monsieur, Madame la baronne disait en riant :
— Si cela continue, cette fille-là me rendra veuve.
— Diable ! répondit Asie, il ne faut jamais tuer la poule aux œufs d'or ! H. de BALZAC, *Splendeurs et Misères des courtisanes.*

Plumer la poule sans la faire crier (vx). Voler adroitement quelqu'un sans qu'il élève de plaintes ; exiger, d'une manière adroite et sans éclat, des sommes dues ou non. *Plumer la poule,* se disait de soldats qui vivaient à discrétion chez le paysan.

PAR EXTENSION. **Une poule à plumer.** Une dupe à dépouiller. *Le chevalier est un jeune fou, qui faute de biens s'attachait à tout ce qui se présentait, dans l'espoir de trouver quelque bonne poule à plumer.* MARIVAUX, *le Paysan parvenu.*

VARIANTE. **Plumer l'oie sans la faire crier** *(vx).*

Faire pondre la poule (vx). Se procurer des profits. *Chantez, messieurs, faites pondre la poule ; envahissez croix, titre, bien et rangs.* P.-J. de BÉRANGER, *Chansons.*

Poule mouillée. Personne poltronne, lâche ou qui craint la moindre incommodité ; probablement parce que la poule est associée à l'idée de peur et de lâcheté, l'adjectif *mouillé* renforçant l'idée d'amollissement. *Je déteste les poules mouillées et les âmes faibles.* VOLTAIRE, *Lettre à Mme du Deffand,* 1768. *C'est un garçon, disait-il à ma mère, tu vas en faire une poule : je ne veux pas que mon petit-fils devienne une poule mouillée.* SARTRE, *les Mots.*

Faire la poule (vx). Se sauver. *L'aigle* [Charles Quint] *qui a fait la poule devant le coq* [François Ier] *à Landrecy.* Titre d'un ouvrage de Claude CHAPPUIS, *1543.*

Un cœur de poule (vx). Un homme sans courage, lâche. *Ah ! poltron, dont j'enrage, lâche, vrai cœur de poule !* MOLIÈRE, *Sganarelle.*

VARIANTE. **N'avoir pas plus de vigueur qu'une poule** *(vx).*

Poule laitée (vx). Homme faible et sans vigueur ; homme

efféminé. *Laitée :* qui a du lait (usité seulement dans cette locution). *Leur ton de poule laitée...* MOLIÈRE, *l'Avare.*

Un jocrisse qui mène les poules pisser ; mener les poules pisser (vx). Un sot qui fait des choses insignifiantes, inutiles ou qui s'occupe du ménage. *C'est dommage que vous n'avez nom Jocrisse ; je crois qu'il vous ferait fort bon voir mener les poules pisser.* N. de CHOLIÈRES, *Contes.*

VARIANTE. Un tâte-poule *(vx).*

Frisé comme une poule mouillée. Se dit ironiquement d'une personne qui a les cheveux plats.

Vouloir garder les poules de monsieur le curé (vx). Être près de mourir, d'aller au cimetière.

Caquet bon bec, la poule à ma tante. Se dit d'un bavardage intarissable. *Caquet bon bec :* personne bavarde et médisante (La Fontaine a donné ce nom à la pie).

Vendre la poule au renard (vx). Trahir les intérêts qui nous sont confiés ; livrer la personne que l'on devait protéger. *Nos métayers sont des fripons qui vendent la poule au renard.* P.-L. COURIER, *Lettres particulières.*

Mettre, pouvoir mettre la poule au pot (vx). Être à son aise, avoir un confort matériel suffisant. Allusion au propos prêté à Henri IV : « Je veux que chaque laboureur de mon royaume puisse mettre la poule au pot le dimanche ». *Les paysans répètent encore aujourd'hui que Henri IV voulait qu'ils eussent une poule au pot tous les dimanches ; expression triviale, mais sentiment paternel.* VOLTAIRE, *Essai sur les mœurs et l'esprit des nations.*

Se coucher, se lever avec, comme les poules. De très bonne heure. *Un homme ne pouvait pas, tous les soirs, se coucher comme les poules.* É. ZOLA, *Germinal.*

Être comme une poule qui a trouvé un couteau. Être stupéfait, embarrassé de peu de chose ; allusion au comportement souvent affolé de la poule.

VARIANTES. Embarrassé comme une poule qui a couvé un canard, des œufs de cane. Empêché, empêtré comme une poule qui n'a qu'un poussin, comme une poule à trois poussins *(vx).*

Une poule n'y retrouverait pas ses poussins. Se dit d'un grand désordre.

VARIANTES. Un cochon, une truie n'y retrouverait pas ses petits. Une vache n'y retrouverait pas son veau.

Vouloir la poule et les poussins (vx). Vouloir tout pour soi, être avide.

Cage à poules. Immeubles regroupant de nombreux logements exigus.

VARIANTES. **Cages à lapins. Cage à écureuils.**

Chair de poule. Aspect granuleux que présente la peau sous l'effet du froid ou d'une frayeur, par l'érection des follicules pileux, analogue à la peau d'une poule plumée.

PAR EXTENSION. **Avoir la chair de poule.** Avoir peur ou froid. **Donner la chair de poule.** Exciter la frayeur, l'horreur. *Rien que d'apercevoir cet homme de loin lui donnait la chair de poule.* STENDHAL, *in* G.L.L.F.

Bouche en cul de poule. Bouche qui s'arrondit et se resserre en une espèce de moue hautaine ou ridicule. *Elles pouffaient lorsqu'Yves et José singeaient les chanteuses, à l'église autour de l'harmonium, avec leur bouche en cul de poule.* F. MAURIAC, *in* G.L.L.F.

Lait de poule. Mélange de jaune d'œuf battu avec du lait sucré et de l'eau chaude aromatisée d'eau de fleur d'oranger ou de rhum.

Allons, Babet, un peu de complaisance,
Mon lait de poule et mon bonnet de nuit !
P.-J. de BÉRANGER, *Chansons.*

Mère poule. Mère qui surprotège ses enfants, qui les « couve » comme la poule le fait des poussins.

Quand les poules auront des dents. Se dit d'une chose dont la réalisation est impossible, qui n'arrive jamais.

« Quand te marieras-tu, toi ?
— Quand les poules auront des dents.
— Y en a qui en ont. »
R. QUENEAU, *le Dimanche de la vie.*

VARIANTES. **Quand les poules pisseront** *(vx).* **Quand une mule aura mis bas** *(vx).*

Le fils de la poule blanche (vx). Une personne extrêmement heureuse, favorisée par le sort.

Du siècle les mignons, fils de la poule blanche,
Ils tiennent à leur gré la fortune en la manche.
M. RÉGNIER, *Satires,* III.

Voleur de poules. Voleur de petite envergure.

PROVERBES

Quand on tient la poule, il faut la plumer. Il ne faut pas laisser passer l'occasion.

La poule ne doit pas chanter avant, devant le coq (vx). L'autorité doit appartenir au mari.

Mon congé cent fois me fût-il hoc,
La poule ne doit point chanter devant le coq.
MOLIÈRE, *les Femmes savantes.*

VARIANTE. **Chétive est la maison où le coq se tait et la poule chante** *(vx).*

Qui naît poule aime à gratter (vx). On conserve toujours l'empreinte de ses origines.

VARIANTE. **Qui naquit chat court après les souris** *(vx).*

Qui suit les poules apprend à gratter (vx). Il faut se garder des mauvaises fréquentations.

La poule perd son œuf en chantant trop après l'avoir pondu (Régional, Bretagne). Il faut savoir rester modeste et ne pas crier ses exploits, sous peine de les diminuer.

Les poules qui gloussent le plus fort ne sont pas les meilleures pondeuses (Régional, Languedoc). Ceux qui font le plus de bruit ne sont pas les plus utiles.

POULET

(vx) Billet doux, missive d'amour. D'après Furetière, allusion aux pointes rabattues du billet qui imitaient les ailes du poulet. *De ce même papier où il vient d'écrire l'arrêt de condamnation contre un adultère, le juge en dérobe un lopin pour en faire un poulet à la femme de son compagnon.* MONTAIGNE, *in* Littré.

Et m'a droit dans ma chambre une boîte jetée,
Qui renferme une lettre en poulet cachetée.
MOLIÈRE, *l'École des maris.*

Mademoiselle, j'aurais à cette heure de quoi vous écrire un beau poulet, et je pourrais dire, sans mentir, que je passe les jours sans lumière, et les nuits sans fermer l'œil. V. VOITURE, *Lettre.*

Policier, gendarme. *Boris repéra du coin de l'œil un monsieur à moustache rouge qui rôdait souvent dans les parages et qu'il soupçonnait d'être un poulet.* SARTRE, *in* G.L.L.F.

VARIANTE. **Vache.**

Terme d'affection à l'égard d'un enfant, d'un jeune homme ou d'une jeune femme. *Hé bien, mon poulet, me dit-il, lorsque nous fûmes hors de table, es-tu content de mon ordinaire ?* A.R. LESAGE, *Gil Blas de Santillane.*

Un porte-poulet (vx). Un entremetteur (celui qui remet en cachette un poulet).

Manger le poulet (vx). S'entendre avec un entrepreneur pour partager un bénéfice illicite.

Quand il tient un poulet, il n'en fait qu'un article. Il mange avidement et goulûment.

Un poulet d'Inde (vx). Un dindonneau ; un niais, un imbécile. Un cheval de cavalerie. *Manœuvres fort utiles à la tête d'un régiment, mais tout à fait superflues lorsqu'au lieu d'un poulet d'Inde on a une chaise entre les jambes.* H. MALOT, *Clotilde Martory*.

Gardeur de poulets d'Inde (vx). Gentilhomme campagnard.

POULETTE

Jeune fille, jeune femme. *Cette Mouchy fut une étrange poulette, comme on le verra en son temps.* SAINT-SIMON, *Mémoires*. Terme d'affection envers un enfant, une jeune femme. *Je compte sur toi, poulette, pour ramener Monsieur à de meilleurs sentiments.* P. BENOIT, *in* G.L.L.F.

POURCEAU

Homme corrompu, crapuleux ; porc ou cochon en langage littéraire (avec les mêmes valeurs péjoratives). Homme qui met son unique plaisir à manger (généralement de façon grossière) : *se goinfrer comme un pourceau ;* personne très sale, dégoûtante : *sale comme un pourceau. Ils étaient sales comme des pourceaux, les mains noires, les joues point rasées...* G. COURTELINE, *les Gaîtés de l'escadron*.

Un pourceau d'Épicure, un pourceau du troupeau d'Épicure (vx). Un homme qui s'adonne aux plaisirs des sens ; traduction d'Horace, qui interprète librement la doctrine d'Épicure.

Jeter, semer des perles, des fleurs aux pourceaux. Accorder ou dire à quelqu'un une chose dont il est incapable d'apprécier la valeur ou la finesse. Traduction de la Bible (Matthieu, VII, 6), où sont nommées pierres précieuses les choses qu'il ne faut pas exposer à la profanation du commun.

> *Faire là des serments si beaux,*
> *C'est donner des fleurs aux pourceaux.*
> P. SCARRON, *le Virgile travesti*.
>
> VARIANTES. **Donner des perles aux cochons. Donner de la confiture aux cochons.**

Le pourceau de saint Antoine (vx). Homme qui s'introduit partout pour boire et pour manger ; allusion au cochon que les peintres représentaient près de saint Antoine, car on prétendait que, dans sa solitude, le diable le troublait sous cette forme.

Un pourceau qui en remontre à Minerve (vx). Un ignorant qui veut instruire plus savant que lui. Minerve était la déesse de la sagesse, chez les Romains.

Vous ne savez ce que c'est que manger merde, votre père n'était pas pourceau (vx). Se disait à un ignorant.

Plus aisé qu'un pourceau qui se gratte, qu'un pourceau qui pisse dans du son (vx). Très content.

PROVERBE

Nul ne peut donner des tripes sinon celui qui tue son pourceau (vx). On ne doit pas rechercher trop la richesse.

VARIANTE. **On ne doit pas à gros pourceau le cul oindre** *(vx).*

POUSSIN

Jeune enfant, avec une nuance d'affection. Élève de première année dans certaines écoles.

PUCE

Personne de très petite taille.

VARIANTE. **Moustique.**

Avoir la puce à l'oreille ; mettre la puce à l'oreille. Être inquiet, soupçonner quelque chose ; alerter l'attention, la méfiance de quelqu'un. *Avoir la puce en l'oreille :* autrefois, éprouver un désir sexuel, par allusion à la puce qui agace et tourmente, et à l'oreille associée à un coquillage (symbolisant le sexe de la femme). *Fille qui pense à son amant absent, toute la nuit, dit-on, a la puce à l'oreille.* LA FONTAINE, *Contes.* *Si les catholiques d'Augsbourg ont la puce à l'oreille contre les luthériens...* Gui PATIN, *Nouvelles Lettres.* *Une envie qui n'osait pas dire oui ; c'est ce qui m'a mis la puce à l'oreille [...] je le confessai.* J. GIONO, *Un de Baumugnes.*

N'avoir pas le temps de chercher ses puces (vx). Se disait d'une femme très occupée.

Excité comme une puce. Très agité.

Secouer les puces à quelqu'un. Le réprimander vigoureusement. *Remuer les puces à quelqu'un :* autrefois, le battre, par allusion aux chiens. *Ah bien ! il n'est pas poivre, non, c'est que je tousse ! disait Nana embêtée. Moi, je m'esbigne, vous savez ! Je n'ai pas envie qu'il secoue mes puces...* É. ZOLA, *l'Assommoir.*

Secouer ses puces. S'ébrouer, comme un chien. *Il se levait tard, secouait ses puces sur les huit heures seulement...* É. ZOLA, *l'Assommoir.*

Être mangé de puces (vx). En avoir sur soi, être piqué sur tout le corps.

Mesurer le saut des puces. Passer son temps inutilement.

Brider, charmer les puces (vx). Boire à l'excès, au point de n'être pas réveillé par les puces. *Qui bien dort puce ne sent.* LEROUX DE LINCY, *Proverbes.*

Sac à puces. Lit.

DÉRIVÉ. **Pucier.**

Chien.

Je la trouverais mieux dans un lit qu'une puce (vx). Donner à entendre qu'une femme est grasse et de belle taille [É. Littré].

Chercher les puces (vx). Éplucher, vérifier minutieusement quelque chose.

Le marché aux puces, les puces. Endroit où l'on vend toutes sortes d'objets d'occasion. *Un type inédit de lecteur courait le dimanche matin la foire aux puces de Saint-Ouen.* B. CENDRARS, *Bourlinguer.*

PROVERBE

À la Sainte-Luce du saut d'une puce (vx). Le 13 décembre, fête de sainte Luce dans l'ancien calendrier, les jours croissent imperceptiblement. *Il s'ensuit que ce proverbe a près de trois siècles ; car depuis 1582 la Sainte-Luce se trouve le 13 décembre, époque après laquelle les jours diminuent encore sensiblement.* LEGOARANT, *Dictionnaire critique de la langue française. À peine le soleil remonte du saut d'une puce, que vous me demandez de votre côté quand vous m'attendrez à Grignan.* Mme de SÉVIGNÉ, *Lettre à Mme de Grignan,* 1690.

PUCERON

Enfant très petit ; allusion à ce petit insecte, parasite des plantes.

PUNAISE

Femme méprisable et vile. *Ce que vous êtes ? Vous êtes une petite punaise prétentieuse.* MONTHERLANT, *in* G.L.L.F.

Plat comme une punaise. De forme aplatie, en parlant de quelque chose, par analogie de forme avec cet insecte ; de la plus extrême bassesse morale. Vaincu, abattu. *Alors il ne me restait qu'à m'aplatir comme une punaise. Ce que j'ai fait jusqu'à devenir punaise.* M. CARDINAL, *les Mots pour le dire.*

Avoir le ventre plat comme une punaise. Être resté longtemps sans manger.

Puer comme une punaise (vx). Sentir extrêmement mauvais ; la punaise a pour défense une odeur fétide.

PAR EXTENSION. **Punais** *(vx).* Qui sent mauvais. *La femme de Hieron, qui ne sentait pas son mari punais, estimant que ce fut une qualité commune à tous les hommes.* MONTAIGNE, *Essais,* III.

Punaise de sacristie. Dévote qui hante les églises.

VARIANTES. **Grenouille de bénitier. Rat d'église** *(vx).*

Punaise ! (Régional, Provence). Exclamation de surprise ou de dépit. *Les Marseillais qui s'exclament : « Funérailles », ou sur le même ton : « Punaise ».* J. GENET, *Pompes funèbres.*

PUTOIS

Crier, gueuler comme un putois. Crier d'une manière désagréable, protester très fort. *Il a bien tenu cent vingt secondes avec tous ses souvenirs classiques, ses résolutions, l'exemple à César... mais pendant dix-huit minutes il a gueulé comme un putois...* L.-F. CÉLINE, *Mort à crédit.*

R

Raie

Gueule de raie. Terme d'injure à l'adresse d'une personne qui a une « sale tête ». D'abord, *gueule de raie des fesses* (association courante *face/fesse*), puis l'expression a été prise comme une comparaison animale, la raie étant un poisson disgracieux. *Ce n'est pas à toi à fourrer ton nez dedans... gueule de raie !* A. France, *in* T.L.F.

VARIANTES. **Face de crabe. Face de rat.**

RÂLE

Courir comme un râle (vx). Courir très vite. Cet oiseau échassier est réputé pour la rapidité de sa course à terre.

RAT

Personne très avare : *être rat* (par croisement avec les mots *radin, rapiat, rapace*). Élève de la classe de danse ou figurant à l'Opéra. Terme d'affection envers un enfant ou une jeune personne : *mon petit rat.*

Face de rat. Formule injurieuse. L'expression repose essentiellement sur la comparaison *face/fesse.*

VARIANTES. **Face de crabe. Gueule de raie.**

Fait comme un rat. Pris au piège, sans moyen d'en réchapper.

Rat d'hôtel. Voleur spécialisé dans la visite des chambres d'hôtel. De *rat*, autrefois, voleur nocturne dans les maisons ; *courir le rat :* voler.

Rat de bibliothèque. Érudit qui passe son temps à consulter des livres. *En un mot je parlais de Mécène, d'un rat de bibliothèque qui était l'ami d'Horace, de Virgile, d'Auguste.* M. PROUST, *À la recherche du temps perdu,* II.

Rat de cave (vx). Sobriquet donné aux commis des Contributions indirectes, qui descendaient dans les caves vérifier les marchandises. *Enfin il* [un paysan] *prononça en frémissant ces mots terribles de commis et de rats de cave ; il me fit entendre qu'il cachait son vin à cause des aides, qu'il cachait son pain à cause de la taille.* J.-J. ROUSSEAU, *les Confessions. Orry fut d'abord rat de cave, puis homme d'affaires de la duchesse de Portsmouth.* SAINT- SIMON, *Mémoires.*

Rat d'église (vx). Bigot, dévot mesquin. *Les pauvres rats d'église pourront être un peu mécontents ; mais, cette fois-ci, ils n'oseront pas trop sortir de leurs trous ; il n'y aurait que des coups à gagner pour eux.* D'ALEMBERT, *Lettre à Voltaire,* 1773.

VARIANTES. **Punaise de sacristie. Grenouille de bénitier.**

Employé laïque d'une paroisse : sacristain, bedeau, suisse.

Gueux comme un rat d'église (vx). Très pauvre, les rats trouvant peu à manger dans les églises, ou par allusion à *rat d'église,* sacristain. *Mon Dieu, tous ces blondins sont agréables et débitent fort bien leur fait ; mais la plupart sont gueux comme des rats.* MOLIÈRE, *l'Avare. Monchevreuil était Mornay, de bonne maison, sans esprit aucun, et gueux comme un rat d'église.* SAINT-SIMON, *Mémoires.*

Être comme rat en paille (vx). Être à son aise, ne manquer de rien ; se disait des gens qui faisaient bonne chère chez autrui ou de domestiques qui dissipaient le bien du maître [É. Littré]. *Vous êtes là comme rats en paille, dans les papiers jusques aux oreilles, toujours lisant, écrivant, corrigeant, proposant...* VOITURE, *Correspondance.*

> *Avec vous je faisais gogaille,*
> *Et j'étais comme un rat en paille.*
> P. SCARRON, *le Virgile travesti.*
>
> VARIANTE. **Comme un coq en pâte.**

S'ennuyer comme un rat mort. S'ennuyer beaucoup.

Puer comme un rat mort. Sentir très mauvais.

Prendre des rats par la queue (vx). Couper les bourses, voler adroitement.

Avoir un rat, des rats dans la tête (vx). Avoir des idées bizarres, des caprices, des fantaisies saugrenues ; avoir l'esprit fécond en plaisanteries ; allusion à l'instabilité du rat. *Ayant fait un tour de chambre et passé devant son miroir, elle comprit, et mes yeux lui confirmèrent, que le dégoût n'avait point de part à ce rat.* J.-J. ROUSSEAU, *les Confessions. Je n'ai jamais compris comment vous aviez pu un instant adopter ses rats.* Mme d'ÉPINAY, *Mémoires.*

> PAR EXTENSION. **Prendre un rat** *(vx).* Manquer son coup, ne pas réussir ; allusion à une arme à feu qui s'est enrayée. *Oh ! par ma foi, monsieur, vous ne prenez qu'un rat ; et le notaire peut remporter son contrat.* J.-F. REGNARD, *le Joueur.*

Sentir un rat (vx). Soupçonner un danger, une mauvaise farce. Probablement de *donner le rat :* autrefois, en période de carnaval, accrocher la figure d'un rat au dos des passants. *Je sens un rat est une expression proverbiale qui veut dire soupçonner du danger.* M. de GRIMM, *Correspondance littéraire.*

Le rat a mis le museau dans la poix (vx). Se disait d'une situation inextricable.

Nid à rats, trou à rats. Logement sale, isolé ou minuscule. *À Madrid, on couche dans des nids à rats.* J.-J. ROUSSEAU, *le Contrat social.*

Il ne craint que la beurrière et les rats (vx). Se disait d'un écrivain dont les ouvrages, peu lus, serviraient à envelopper du beurre ou seraient dévorés par les rats.

Voilà ce que les rats n'ont pas mangé (vx). Se disait d'une chose endommagée.

Les rats quittent le navire. En cas de danger, les lâches, les profiteurs abandonnent tout ; allusion aux rats qui s'enfuient du bateau qui va sombrer.

PROVERBE

Au paresseux laboureur les rats mangent le meilleur. Le patron qui néglige ses affaires se fait voler.

RATON

(vx) Enfant de voleur, qui se laissait enfermer dans une boutique pour ouvrir la porte à ses complices, la nuit venue.

Désignation raciste de l'Arabe.

DÉRIVÉ. **Ratonnade.** Expédition punitive exercée par des Européens contre des Nord-Africains. *Un inspecteur des stups, mais un gros bras nationaliste. Il s'offrait des ratonnades. Il en a tué quelques-uns chez nous.* D. PENNAC, *la Fée carabine.*

RENARD

Homme malin, rusé. Le renard est réputé pour sa ruse et son adresse. *Un gouvernement n'est point faible quand il mène les affaires au but par souplesse, sans cruauté ; il vaut mieux être renard que lion ou tigre.* FÉNELON, *Dialogues des morts.*

PAR EXTENSION. **Faire la guerre en renard** *(vx).* Faire la guerre avec ruse, agir finement. **Renarder** *(vx).* Agir avec ruse.

(vx) Mouchard, espion ou traître. Ouvrier qui refuse de prendre part à une grève. *L'unanimité ne régnait pas parmi les grévistes sur les méthodes à suivre avec les renards.* ARAGON, *les Cloches de Bâle.*

Un vieux renard. Une personne d'une grande expérience, que l'âge a rendu extrêmement rusée. *Ce n'est pas que l'âge me rende insensible. Simplement, le vieux renard ne se laisse plus prendre si aisément.* F. MAURIAC, *in* G.L.L.F.

Faire comme le renard des raisins (vx). Feindre de dédaigner ce qu'on ne peut avoir. Allusion à la fable de La Fontaine le Renard et les Raisins :

Certain renard gascon, d'autres disent normand,
Mourant presque de faim, vit au haut d'une treille
Des raisins mûrs apparemment,
Et couverts d'une peau vermeille.
Le galant en eût fait volontiers un repas ;
Mais comme il n'y pouvait atteindre :
« Ils sont trop verts, dit-il, et bons pour des goujats. »

VARIANTE. **Autant en dit le renard des mûres, elles sont trop vertes** *(vx).*

Crier au renard (vx). Se moquer des gens qui se sont laissé duper. *Il y avait un éveillé de cordonnier qui, quand il voyait passer un arracheur de dents, faisait semblant d'avoir une dent gâtée, puis le mordait bien serré, et criait après au renard ; un arracheur de dents, qui savait cela, cacha un petit pélican dans sa main, et lui arracha* *la première dent qu'il put attraper, puis il se mit à crier au renard.* TALLEMANT DES RÉAUX, *Historiettes.*

Être enfumé comme un renard dans son terrier. Être dans une pièce où l'on fume beaucoup. On enfume le renard pour le faire sortir de son terrier.

Coudre la peau du renard à celle du lion (vx). Joindre la ruse à la force. *Quand on lui représentait* [à Lysandre] *que les descendants d'Hercule ne devaient pas employer à la guerre la ruse et la fraude, il leur disait d'un ton moqueur : partout où la peau du lion ne peut atteindre, il faut y coudre celle du renard.* PLUTARQUE, *in* Littré.

Le renard prêche aux poules. Se dit de quelqu'un d'habile qui cherche à tromper des gens simples et ignorants.

Écorcher le renard, piquer un renard (vieilli). Vomir (plus particulièrement quand on est soûl). *Gargantua écorchait le renard.* RABELAIS, *Gargantua.*

> PAR EXTENSION. Renard *(vieilli).* Vomissures. *Oh ! de belles fusées, des queues de renard élargies au beau milieu du pavé, que les gens attardés et délicats étaient obligés d'enjamber.* ZOLA, *l'Assommoir.* Renarder *(vieilli).* Vomir.

Se fouetter avec une queue de renard (vx). Feindre une dévotion sévère.

PROVERBES

Un bon renard ne mange jamais les poules de son voisin. Un homme habile évite de se faire connaître tel qu'il est dans son voisinage.

Le renard est pris, lâchez vos poules. Lorsque le danger est passé, on peut faire ce que l'on veut.

Il est avis au renard que chacun mange poule comme lui (vx). L'homme mauvais juge les autres par lui-même.

Il ne faut pas se confesser au renard (vx). Il ne faut rien confier à quelqu'un qui est susceptible de vous trahir ou de tirer avantage d'un secret. Allusion à un épisode du *Roman de Renart,* où le goupil se fait confesseur pour attraper ses ouailles.

Il viendra un temps où le renard aura besoin de sa queue (vx). Ce qui paraît aujourd'hui inutile peut un jour devenir nécessaire.

> VARIANTE. Il viendra un temps où les vaches auront besoin de leur queue *(vx).*

Enfin les renards se retrouvent chez le pelletier (vx). On est un jour puni de ses méchancetés.

Renard qui dort la matinée n'a pas la gueule emplumée (VX). Qui paresse au lit ne fera pas fortune.

Le renard change de poil mais non de naturel (VX). On ne corrige pas ses défauts en vieillissant.

VARIANTES. **En sa peau mourra le renard** *(vx).* **Le loup mourra dans sa peau** *(vx).*

Le renard cache sa queue. L'homme habile dissimule ses ruses.

Renard qui n'a qu'un trou est bientôt pris (VX). Un homme qui n'a qu'une ruse a de la peine à se tirer d'affaire.

VARIANTE. **Souris qui n'a qu'un trou est bientôt prise** (VX).

À la fin le renard sera moine (VX). À la longue, tout est possible.

REQUIN

Personne cupide, impitoyable en affaires ; allusion à la voracité du requin. *Un de ces grands requins d'affaires dont l'esprit d'entreprise est toujours en éveil.* VERCORS, *in* G.L.L.F.

Requin de terre (VX). Huissier.

ROITELET

Roi d'un petit pays, roi peu important. Le roitelet est le plus petit des oiseaux d'Europe. *Clovis tua un roitelet de Cambrai qui lui montrait ses trésors.* VOLTAIRE, *Essai sur les mœurs et l'esprit des nations.*
(VX) Roi de petit taille. *Les éphores condamnèrent à une amende leur roi Archidamus, parce qu'il avait épousé une femme fort petite ; car, disaient-ils, elle ne nous donnera pas des rois, mais des roitelets.* C. ROLLIN, *l'Histoire ancienne.*

ROQUET

Individu hargneux dont les attaques sont peu redoutables, par comparaison avec ce petit chien. *Les roquets de la littérature. Le roquet est physiquement dégénéré. Bas sur pattes, ventru, laid de visage...* MONTHERLANT, *in* G.L.L.F.

ROSSIGNOL

Voix pure et agréable ; allusion au chant harmonieux de cet oiseau. *Carle Vanloo, ce grand dessinateur et ce grand coloriste, et sa femme qui, la première, avec sa voix de rossignol, nous avait fait connaître les chants de l'Italie.* J.-F. MARMONTEL, *Mémoires.* Personne qui charme et sait se faire écouter. *À l'égard de la canaille, je ne m'en mêle pas... il faut bien qu'il y ait des crapauds ; ils n'empêchent pas mes rossignols de chanter.* VOLTAIRE, *Lettre à d'Alembert,* 1767. *On sautait dans la rue, on rossignolait, on cancanait.* HUYSMANS, *in* G.L.L.F.

DÉRIVÉ. **Rossignoler** *(vieilli).* Imiter le chant du rossignol.

Un rossignol, un vieux rossignol. Marchandise défraîchie, passée de mode, invendable ; nom donné par les libraires aux ouvrages invendus qui restent longtemps perchés sur les plus hauts casiers. *Des livres invendables, des rossignols de librairie...* GONCOURT, *in* G.L.L.F.

Un rossignol d'Arcadie (vx). Un âne, par allusion ironique à son braiment rauque.

PROVERBE

Quand le rossignol a vu ses petits, il ne chante plus (vx). Quand on a des enfants, les soucis vous empêchent d'être heureux.

S

Saint-bernard

Personne généreuse, toujours prête à se dévouer. Allusion à cette race de chien de montagne, dressée par les religieux du monastère du Grand-Saint-Bernard au sauvetage des voyageurs perdus dans la montagne.

SANGLIER

Homme d'aspect rude et bourru ou homme brutal, par comparaison avec ce porc sauvage. *Desmarets était un sanglier tellement enfoncé dans sa bauge, qu'il ignorait presque tout ce qui se passait hors de sa sphère.* SAINT-SIMON, *Mémoires.* *Où pourrai-je éviter ce sanglier redoutable ?* MOLIÈRE, *la Princesse d'Élide.*

SANGSUE

Femme collante. Allusion aux sangsues, dont la tête munie d'une ventouse absorbe le sang des vertébrés (elles furent jadis employées en médecine pour les saignées).

Personne qui exige une rétribution plus forte que celle qui lui revient légitimement.

Personne qui s'attache à quelqu'un pour lui soutirer de l'argent ou pour vivre à ses dépens. *Les sangsues d'État dont le nombre serait suffisant pour remplir les galères.* VAUBAN, *la Dîme royale.* *Elle et ses autres enfants et petits enfants devinrent autant de sangsues, dont le moindre mal qu'ils fissent à Thérèse était de la voler.* J.-J. ROUSSEAU, *les Confessions.*

VARIANTE. **Pieuvre.**

SANSONNET

De la roupie de sansonnet. Une chose sans intérêt, insignifiante. Autrefois, *roupie :* goutte d'humeur qui s'écoule des fosses nasales ; l'association avec *sansonnet,* petit étourneau, reste mystérieuse. *Le zingueur voulut verser le café lui-même. Il sentait joliment fort, ce n'était pas de la roupie de sansonnet.* É. ZOLA, *l'Assommoir.*

VARIANTES. **De la roupie de singe** *(vx).* **De la crotte de bique. Du pipi de chat. De la pisse d'âne.**

SARDINE

Serrés comme des sardines. Serrés les uns contre les autres comme des sardines en boîte.

VARIANTE. **Serrés comme des harengs.**

SAUMON

Rose tendre légèrement orangé, comme la chair de ce poisson.

PAR EXTENSION. **Rose saumoné.**

PROVERBE

Il faut perdre un véron pour gagner un saumon (vx). Il faut accepter une petite perte pour s'assurer un gros gain. *Véron ou vairon :* petit poisson de rivière ; *saumon :* gros poisson migrateur à chair très estimée.

SAUTERELLE

Personne maigre et sèche, par analogie avec cet insecte. *Anne, venez voir cette sauterelle, elle est toute maigre. Si le travail lui fait cet effet-là, il faut qu'elle arrête.* F. SAGAN, *Bonjour tristesse.*

PAR EXTENSION. **Jambes de sauterelle.** Longues jambes maigres.

Se jeter sur un plat comme des sauterelles. Dévorer tout rapidement, allusion aux dégâts commis par les nuées de sauterelles.

N'avoir pas plus d'esprit qu'une sauterelle (vx). Avoir peu de jugement et d'esprit.

SERIN

Niais qui se laisse leurrer ou qui n'a pas d'idées et répète celles des autres. Allusion à ce passereau qui se laisse *seriner* (instruire au chant) au moyen d'une *serinette* (orgue mécanique). *Je dis que tu es un serin, Demokas. Je dis que si les serins avaient la bêtise, la prétention, la laideur et la puanteur des vautours, tu serais un serin.* GIRAUDOUX, *La guerre de Troie n'aura pas lieu.*

DÉRIVÉS. **Seriner.** Rabâcher les mêmes paroles à quelqu'un. Apprendre ou faire apprendre une leçon, un air à force de le répéter. **Serinage.** Action de seriner. *Quel temps a-t-il fallu aux élèves pour se mettre en état d'aborder cette messe, sans recourir au procédé barbare du serinage ?* A. AZEVEDO, *l'Opinion nationale,* 1867. **Serinette.** Personne qui chante mécaniquement, sans aucune expression.

Jaune serin. Jaune pâle.

PAR EXTENSION. **Jaune queue de serin.** Jaune assez vif.

Serpent

Personne perfide, méchante : *un serpent à sonnettes.* Allusion au venin mortel de certains serpents, symbolisant le mal dans l'imagerie occidentale. *Je fus appelé dans une seule maison où un petit serpent de fille se donna le plaisir de me montrer beaucoup de musique dont je ne pus lire une note.* J.-J. ROUSSEAU, *les Confessions.*

Se dit d'une chose étirée, sinueuse. *Le vaste bateau glissait, jetant sur le ciel un gros serpent de fumée noire.* MAUPASSANT, *in* G.L.L.F.

DÉRIVÉ. **Serpenter.** Suivre une forme tortueuse, onduler.

Près de ces bords fleuris,
Où la Seine serpente en fuyant de Paris.
VOLTAIRE, *la Henriade.*

Le démon tentateur. Allusion biblique : le démon se changea en serpent pour séduire Ève, occasionnant le péché originel.

Enfin le vieux serpent tâchera de t'aigrir
Contre les moindres maux que tu voudras souffrir ;
Il fera mille efforts pour brouiller ta conduite ;
Mais avec l'oraison tu le mettras en fuite.
CORNEILLE, *l'Imitation de Jésus-Christ.*

Langue de serpent. Personne médisante.

Langue de serpent, fertile en impostures,
Vous osez sur Célie attacher vos morsures.
MOLIÈRE, *l'Étourdi.*

PAR EXTENSION. **Serpentin, e.** Qui ressemble au serpent par sa forme, son mouvement ou son caractère. *Zénon fut surpris par ce corps serpentin et lisse.* M. YOURCENAR, *in* G.L.L.F.

VARIANTE. **Langue de vipère.**

Le serpent de mer. Sujet rebattu, cliché ; allusion au monstre fabuleux dont l'existence hypothétique déchaîna le monde des chroniqueurs. *Je ne sais pas si cette « crise de l'homme de trente ans » est un serpent de mer, ou si elle a une réalité.* MONTHERLANT, *in* G.L.L.F.

Un serpent caché sous les fleurs (vx). Un danger voilé sous des dehors séduisants ; variante de l'ancienne locution *un serpent caché sous l'herbe. De quelque belle apparence que l'iniquité se couvrît, M. Le Tellier savait connaître, même sous les fleurs, la marche tortueuse de ce serpent.* BOSSUET, *Oraison funèbre de M. Le Tellier.*

Réchauffer, nourrir un serpent dans son sein. Aider un ingrat ; le serpent, comme la vipère, est symbole de trahison.

Ah ! coquine, en venir à cette perfidie !
Petit serpent que j'ai réchauffé dans mon sein !
MOLIÈRE, *l'École des femmes.*

Et que dans votre sein ce serpent élevé
Ne vous punisse un jour de l'avoir conservé.
RACINE, *Andromaque.*

Les serpents de l'envie, de la calomnie (vx). Les fureurs de l'envie, de la calomnie. Dans la mythologie, les serpents étaient un attribut des Furies.

À son rire moqueur,
Le serpent de l'envie a sifflé dans son cœur.
A. PIRON, *la Métromanie.*

Une prudence, une ruse de serpent. Extrême. *Que le ciel vous donne la force des lions et la prudence des serpents !* MOLIÈRE, *le Bourgeois gentilhomme.*

SINGE

Laid comme un singe. Très laid. Allusion à l'image du singe en tant que caricature de l'homme, plutôt qu'à sa réelle laideur.

PAR EXTENSION. **Simiesque.** Qui tient du singe. *Des grimaces plus simiesques qu'humaines.* Th. GAUTIER, *le Capitaine Fracasse.*

Adroit, agile comme un singe. Se dit de quelqu'un de très adroit, de très habile de ses mains. L'adresse du singe est proverbiale.

Malin comme un singe. Très rusé, astucieux. Au Moyen Âge, *malin comme un singe* signifiait méchant et malicieux, le singe symbolisant le démon (inspiré du malin : l'esprit du mal, le Diable dans la religion chrétienne). *Un certain niais qui a l'air plat et bête, mais qui a de l'esprit comme un démon, et qui est plus malin qu'un vieux singe.* DIDEROT, *le Neveu de Rameau.*

Faire le singe. Faire des grimaces, des pitreries pour divertir les autres ; allusion aux dons d'imitation du singe ; autrefois, *singe botté,* farceur. Imiter maladroitement les gestes, les actions, les manières ou le style de quelqu'un. *Les plus excellentes choses sont sujettes à être copiées par de mauvais singes.* MOLIÈRE, *les Précieuses ridicules.*

DÉRIVÉS. **Singer.** Imiter pour se moquer ou contrefaire maladroitement.

Des travers étrangers
Fait nos amusements,
Singe les lords anglais,
Les barons allemands.
J. DELILLE, *la Conversation.*

Singerie. Grimace, tour comique ou imitation ridicule ou maladroite. *La fricassée d'ange de Fragonard est une singerie de Boucher.* DIDEROT, *Salons de 1767.*

Le singe imite l'homme. Se dit d'une personne qui en imite une autre ou à quelqu'un qui imite ce que l'on fait.

Le singe. Individu qui a une autorité quelconque (patron, propriétaire, etc.). *Tu ne retourneras pas chez ton ancien singe ? – Ils me videront au bout de quarante-huit heures, à la reprise.* L. MALET, *Le soleil n'est pas pour nous.*

Fourni d'argent comme un singe de queue (vx). Démuni d'argent, par allusion aux singes sans queue.

PAR EXTENSION. **Pourvu de quelque chose comme un singe de queue** *(vx).* Se disait d'une personne qui manquait de quelque chose. *La plus sage femme du monde, au regard du sens, en a autant comme j'ai d'or en l'œil, ou comme un singe a de queue.* *Les Quinze Joyes de mariage, in* Littré.

Propos à faire rougir un singe (vx). Propos inconvenants, obscènes ; expression probablement empruntée à Octave Feuillet, dans son roman *la Morte : Je ne relaterai pas les propos que j'eus la stupeur d'entendre sortir de ces lèvres virginales, je dirai simplement qu'ils auraient fait rougir un singe.*

Dire la patenôtre du singe (vx). Claquer des dents ; murmurer entre ses dents ; manifester de l'irritation. Allusion à certains singes qui remuent les mâchoires ; *patenôtre* (vx) : paroles inintelligibles, vides de sens. *Comme un singe fâché, j'en dis ma patenôtre* M. RÉGNIER, *Satires,* XI.

Payer en monnaie de singe. Payer quelqu'un de belles paroles et de promesses creuses. *Monnaie de singe :* fausse monnaie, grimace ; allusion à l'ordonnance de Saint Louis sur l'entrée des singes à Paris : tout singe à vendre devait acquitter un droit ; s'il appartenait à un forain, une gambade devant le péager remplaçait alors la taxe due. *Frère Jean acheta deux rares et précieux tableaux, et les paya en monnaie de singe.* RABELAIS, *Pantagruel.*

Avoir un vin de singe (vx). Avoir le vin mauvais.

C'est comme le singe de Nicolet (vx). Chose curieuse, vers laquelle se porte la foule [É. Littré]. J.-B. Nicolet, directeur de la Comédie-Italienne et fondateur du théâtre de la Gaîté en 1764, fut réputé pour ses spectacles fréquents et diversifiés, qui lui valurent l'expression célèbre : « De plus en plus fort chez les Nicolet. »

On n'apprend pas à un vieux singe à faire la grimace. On n'apprend pas les ruses à un homme d'expérience.

La pomme est pour le vieux singe. L'avantage est toujours à celui qui a le plus d'expérience.

Plus le singe s'élève, plus il montre son cul pelé (vx). Plus le parvenu s'élève, plus il montre ses limites et ses défauts.

Souris

Jeune fille, jeune femme ou petite amie. *Elle est drôlement roulée, sa souris, et elle n'a pas dix-huit ans.* J.-P. SARTRE, *la Mort dans l'âme.* Personne menue.

Éveillé comme une potée de souris (vx). Se dit de quelqu'un de très vif, de très actif. *Potée* (autrefois, bande d'enfants) serait une déformation populaire de *portée :* ensemble des petits d'une femelle de mammifère. *J'y trouvais M*[me] *de Frontenac et la divine, et la Bertillac qui y loge, et qui est comme une potée de souris.* Mme de SÉVIGNÉ, *Correspondance,* 1677.

On entendrait trotter une souris (vx). Il règne un silence total.

CONTRAIRE. On n'entendrait pas une souris trotter *(vx).* Il y a beaucoup de bruit.

VARIANTE. On entendrait une mouche voler.

On le ferait rentrer, se cacher dans un trou de souris. Se dit pour donner une idée de la poltronnerie ou de la gêne de quelqu'un.

La montagne accouche d'une souris, la montagne a enfanté une souris. Se dit par raillerie d'une entreprise ou d'un projet ambitieux qui n'aboutit à rien. Allusion probable à un vers d'Horace dans *l'Art poétique (parturiunt montes, nascitur ridiculus mus),* popularisé par La Fontaine dans la fable *la Montagne qui accouche. Vous savez déjà comme cette montagne d'Allemagne est accouchée d'une souris, sans mal ni douleur.* Mme de SÉVIGNÉ, *Correspondance.*

Que produit un auteur après tous ces grands cris ?
La montagne en travail enfante une souris.
BOILEAU, *Art poétique.*

Cacher une souris dans l'oreille d'un chat (vx). Mettre une chose à la discrétion de celui qui la convoite.

Encore est vive la souris (vx). Se dit d'une personne que l'on croyait perdue et qui peut encore se venger. Allusion à une ballade de Charles d'Orléans, où il s'adresse à ceux qui le croyaient mort. *Nouvelles ont couru en France par maints lieux, que j'étais mort. Si fais à toutes gens savoir qu'encore est vive la souris.*

Brûler les souris (vx). Mettre le feu à une maison. *Guillaume se prit à dire qu'il brûlerait les souris des suppliants, ce qui veut dire en langage du pays qu'il brûlerait leurs maisons...* Ch. du CANGE, *Sorilegus.*

Faire la souris (vx). Fouiller adroitement dans la poche de quelqu'un.

PAR EXTENSION. **Souris d'hôtel.** Voleuse qui dépouille les bagages des voyageurs à l'hôtel.

Souris du palais (vx). Avocat.

Gris souris. Gris argenté. *L'intérieur était d'un gris de souris fort lustré...* Ch. BONNET, *Traité d'insectologie.*

PROVERBES

Souris qui n'a qu'un trou est bientôt prise (vx). Quand on n'a qu'un seul recours, on est vite à bout de ressources.

VARIANTE. Renard qui n'a qu'un trou est bientôt pris *(vx).*

Ce qui ne fut jamais ni ne sera, c'est le nid d'une souris dans l'oreille d'un chat. Se dit d'une chose tout à fait impossible.

SPHINX

Personne habile à poser des problèmes, des questions difficiles ; allusion au monstre fabuleux (lion ailé à tête et buste de femme) que Junon en colère suscita contre la ville de Thèbes et qui, selon la légende, proposait des énigmes aux passants et dévorait tous ceux qui ne pouvaient y répondre. *Deviner l'énigme du sphinx, ou bien en être dévoré.* BEAUMARCHAIS, *la Mère coupable.* Personne énigmatique, qui ne laisse pas deviner sa pensée.

La chose est pour la chose ici-bas un problème.
L'être pour l'être est sphinx.
HUGO, *la Légende des siècles.*

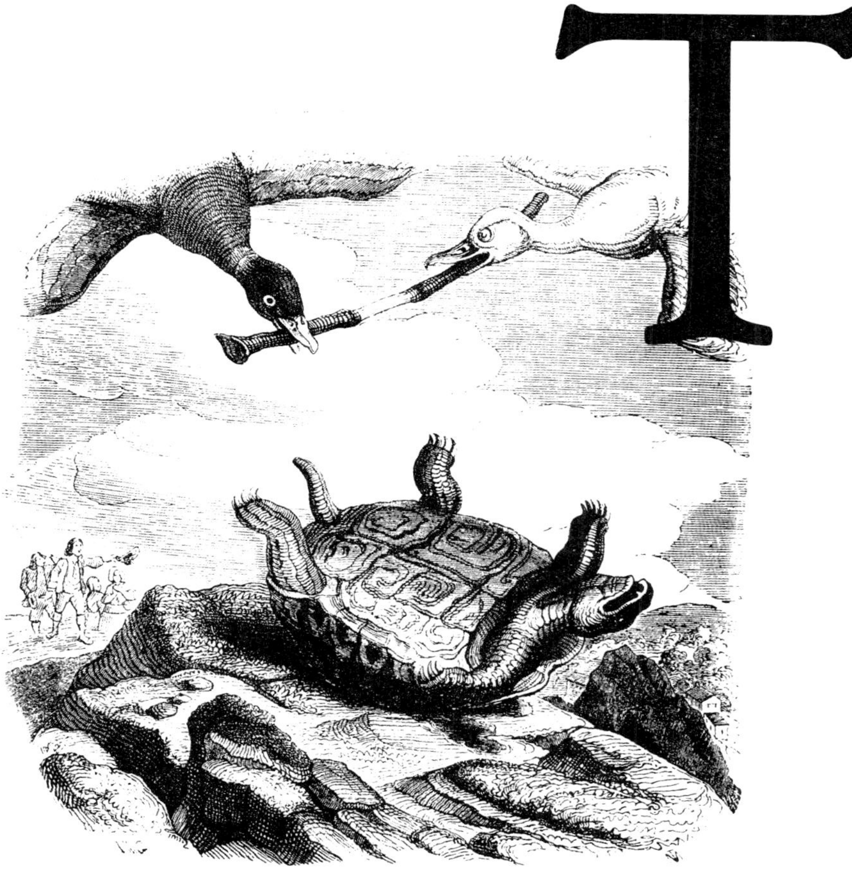

TAPIR

Élève qui prend des leçons particulières ; de *taper,* « emprunter », par calembour avec ce mammifère d'Asie et d'Amérique.

TARENTULE

Piqué, mordu de la tarentule (vx). En proie à une violente agitation, à une vive passion. La piqûre de cette araignée passait pour provoquer des accès de dépression et d'excitation. *Tous* *les premiers historiens des croisades semblent mordus des mêmes tarentules que les croisés.* VOLTAIRE, *le Panégyrique de Saint Louis.*

PAR EXTENSION. **Tarentisme** ou **tarentulisme.** Nom d'une maladie nerveuse très commune du XVe au XVIe siècle, que l'on attribuait à la piqûre de la tarentule. La vue des malades affectés de tarentisme suffisait à contaminer des personnes saines ; la maladie donnait une extrême envie de danser [É. Littré].

TAUPE

Personne intellectuellement aveugle ou peu clairvoyante ; allusion à la vue basse de ce mammifère, due à ses yeux minuscules et cachés, dont on a longtemps nié l'existence. *Ce que vous me mandez que nous sommes des taupes, et que la paix est quelquefois bonne et quelquefois la guerre, cela, dis-je, est du meilleur sens du monde.* R. BUSSY-RABUTIN, *Lettre à Mme de Sévigné,* 1673.

PAR EXTENSION. **Myope comme une taupe.** Très myope.

Individu dangereux qui agit sournoisement ; espion infiltré dans un milieu (par allusion au cheminement souterrain de la taupe). Femme laide et désagréable. *Zazie ouvre un œil. « Tiens, qu'elle dit, elle est encore là, la vieille taupe. »* QUENEAU, *Zazie dans le métro.* Élève d'une classe de mathématiques spéciales, préparant aux grandes écoles : *être en taupe.* De *taupin,* élève qui prépare Polytechnique (d'où sortent les officiers du génie, qui conçoivent les galeries de mines).

Noir comme une taupe. Très noir. *M. Corvesi était un vilain homme, noir comme une taupe.* J.-J. ROUSSEAU, *les Confessions. Sa jolie petite femme, noire comme une taupe.* VOLTAIRE, *Lettre au prince de Ligne,* 1764.

Le royaume des taupes. La mort. *Aller dans le royaume des taupes :* mourir. *Je ne vois guère plus qu'une taupe ; et d'ailleurs j'irai bientôt dans leur royaume, en regrettant fort peu celui-ci, mais en vous regrettant beaucoup.* VOLTAIRE, *Lettre à Mme Du Deffand,* 1770.

Un preneur de taupes (vx). Quelqu'un de très rusé.

PAR EXTENSION. **Aller comme un preneur de taupes** *(vx).* Avancer lentement, sans faire de bruit.

Vivre comme une taupe. Vivre dans une profonde retraite, sans sortir de chez soi. *La pauvre Nicole est dans les Ardennes, et M. Arnauld sous terre, comme une taupe.* Mme de SÉVIGNÉ, *Lettre à Mme de Grignan,* 1680.

Servir comme une taupe dans un pré (vx). Être très nuisible.

TAUREAU

Homme extrêmement robuste, vigoureux (avec souvent une allusion à la puissance sexuelle) : *fort, puissant comme un taureau.* Le taureau (mâle de la vache) est l'étalon de l'espèce bovine. *Danton, la bouche torse, demi-homme et demi-taureau, dans sa laideur royale...* J. MICHELET, *Histoire de la Révolution.*

PAR EXTENSION. **Cou de taureau.** Très épais, musculeux.

Voix de taureau. Grosse voix grave. *L'un de nos camarades, dont la voix disputait à celle des taureaux du Cantal où il était né, entonna l'hymne de louange.* J.-F. MARMONTEL, *Mémoires.*

Taureau banal (vx). Homme très porté sur les plaisirs sexuels. Au Moyen Âge, taureau étalon appartenant au seigneur du lieu et auquel ses vassaux étaient tenus d'amener toutes leurs vaches.

Prendre le taureau par les cornes. Affronter résolument une difficulté. *Je prends le taureau par les cornes et au lieu de lutter contre le chômage, je l'organise.* M. AYMÉ, *Travelingue.*

TEIGNE

Méchant comme une teigne. Se dit d'une personne hargneuse, nocive. Allusion à une affection du cuir chevelu causée par des champignons microscopiques, qui doit son nom à la teigne, variété d'insecte qui cause des dégâts dans les maisons. *Comme elle n'est pas intelligente, qu'elle est méchante comme une teigne et qu'elle a mauvaise façon, elle sent bien que, quand elle ne sera plus belle, il ne lui restera rien du tout.* M. PROUST, *À la recherche du temps perdu,* II. *Il s'est fait un prodigieux changement dans le parlement de Toulouse ; la moitié est devenue philosophe, et les vieilles têtes rongées de la teigne de la barbarie mourront bientôt.* VOLTAIRE, *Lettre à d'Alembert,* 1769.

Cela tient comme teigne (vx). Se dit d'une chose difficile à détruire.

TERMITE

Un travail de termite. Travail destructeur, lent et souterrain ; allusion à l'insecte qui ronge et détruit de l'intérieur les pièces de bois.

TIGRE

Homme cruel, impitoyable ; allusion aux instincts sauvages de ce fauve.

> *Si l'on doit le nom d'homme à qui n'a rien d'humain,*
> *À ce tigre altéré de tout le sang romain.*
> CORNEILLE, *Cinna.*
>
> PAR EXTENSION. **Tigrerie** *(vx).* Cruauté comparable à celle du tigre ou colère du tigre. *Dieux ! que j'aime la tigrerie ! C'est le métier des beaux esprits.* Paroles de Mme de Grignan, dans une *lettre* de Mme de SÉVIGNÉ, 1671.

(vx) Se disait de quelqu'un qui se fâchait et faisait preuve d'autorité. *Les voltigeurs* [de la garde nationale] *et les flots sont changeants. — Bah ! répondis-je, un tas de moutons ! — Moutons aujourd'hui, tigres demain.* L. REYBAUD, *Jérôme Paturot.* (vx) Homme insensible à l'amour. (vx) Groom de petite taille.

Jaloux comme un tigre. Jaloux jusqu'à la rage. *Vous ne savez pas comme Josias avec son air tranquille peut être jaloux, féroce* [...] *un tigre !* LA VARENDE, *in* G.L.L.F.

TIGRESSE

Femme très agressive ou très jalouse. *Andromaque était belle et toujours touchante, comme il se doit (en réalité, c'était une tigresse qui avait fait tuer un enfant à la place de son fils).* J. GREEN, *in* G.L.L.F.

TIQUE

Soûl comme une tique (vx). Complètement soûl. Allusion probable à la tique (parasite des animaux) gorgée de sang qui, repue, reste immobile, comme enivrée. *Ils étaient déjà soûls comme des tiques.* É. ZOLA, *l'Assommoir.*

Être comme une tique après quelqu'un (vx). Le harceler sans répit.

TORTUE

Aller, marcher comme une tortue, à pas de tortue. Marcher très lentement. La lenteur de la tortue est proverbiale. *Je suis guérie de mille petites incommodités que j'avais autrefois ; non seulement j'avance doucement comme une tortue, mais je suis prête à croire que* *je vais comme une écrevisse.* Mme de SÉVIGNÉ, *Lettre à M. de Coulanges,* 1695. *Marchez donc ; là, quel pas de tortue !* Th. CORNEILLE, *le Comte d'Essex.*

VARIANTE. Aller à pas d'escargot.

La tortue d'Eschyle (vx). Le destin. Allusion à une anecdote attribuée à Pline l'Ancien : un oracle ayant prédit au poète grec Eschyle qu'il mourrait écrasé, il se retira à la campagne ; un jour, alors qu'il se promenait, un aigle laissa tomber sur sa tête une tortue qui le tua sur le coup.

TOURTEREAU, TOURTERELLE

Jeune amoureux. La tourterelle est l'emblème de l'amour fidèle ; autrefois, *tourtereau* : jeune tourterelle. *Quand nous les trouvâmes au Vaudreuil, ils vivaient ensemble comme deux tourtereaux.* Mme de GENLIS, *Mémoires. Je hais la coquetterie, et je suis une tourterelle pour la fidélité.* A. R. LESAGE, *Gil Blas de Santillane.*

TRUIE

Femme très grosse ; femme qui se livre à la débauche. La truie (femelle du porc, du verrat) est destinée à la reproduction.

Personne excessivement sale.

VARIANTES. Cochon. Porc. Pourceau.

Bonne truie à pauvre homme (vx). Femme qui fait beaucoup d'enfants, qui serait capable d'enrichir un pauvre si elle était une truie.

Tourner la truie au foin (vx). Détourner la conversation de son véritable but ou éviter de répondre, comme si on détournait la truie du gland pour la mettre devant le foin, dont elle n'a que faire.

Une truie n'y retrouverait pas ses petits. Se dit d'un grand désordre. *Vous n'avez pas honte, de laisser votre peloton dans un état pareil ? Ce n'est pas une chambre, c'est un fumier ; une truie n'y retrouverait pas ses petits !* G. COURTELINE, *les Gaîtés de l'escadron.*

VARIANTES. Une poule n'y retrouverait pas ses poussins. Une vache n'y retrouverait pas son veau.

Les yeux riants comme une truie brûlée (vx). Se disait de quelqu'un qui avait une mauvaise vue.

Il va l'amble comme une truie court aux vignes (vx). Il trotte, il avance de mauvaise grâce. *L'amble :* allure d'un quadrupède qui se déplace en levant ensemble les deux jambes du même côté, alternativement avec celles du côté opposé.

En avaler autant qu'une truie de lait clair (vx). Se disait d'un homme très vorace, goulu.

Ne s'y entendre non plus qu'une truie en épices (vx). Être ignorant. *Vous entendez, répondit Panurge, en exposition de ces récentes prophéties, comme fait truie en épices.* RABELAIS, *Tiers Livre.*

Appeau à prendre les truies (vx). Rot. L'appeau est un instrument imitant le cri des oiseaux pour les attirer au piège.

VZ

Vache

Personne d'un embonpoint excessif : *gros comme une vache ;* personne molle et paresseuse : *une grosse vache.*

Personne méchante, sévère, qui ne laisse rien passer : *une peau de vache, être vache. Et Mireille ici, la petite nièce, elle a le vice de toutes les autres, une vraie peau de vache...* L.-F. Céline, *Mort à crédit.*

> DÉRIVÉS. **Vacherie.** Parole, action méchante ou chose pénible, injuste : *dire, faire des vacheries.* **Vachement.** Méchamment, durement ; très : *J'ai été plaqué deux fois. Et vachement.* Montherlant, *les Jeunes Filles.*

(vx) Nourrice qui a beaucoup de lait ; allusion à la vache laitière. *Ce fut un plaisir de la voir téter ; elle n'avait jamais tété de cette sorte ; sa nourrice avait peu de lait ; celle-ci en a comme une vache.* Mme de SÉVIGNÉ, *Correspondance,* 1671.

(vx) Femme dévergondée ; peut-être parce que la vache est la femelle du taureau (symbole de puissance sexuelle).

Agent de police ; probablement de *coup de pied en vache. On accuse mon client d'avoir dit : « Mort aux vaches ! »* A. FRANCE, *Crainquebille.*

PAR EXTENSION. **Vache à roulettes.** Agent cycliste.

Coup de pied en vache. Coup sournois, traître. *Donner à quelqu'un des coups de pied en vache, des coups en vache :* à la façon d'une vache qui rue.

Queue de vache. Couleur tirant sur le roux, comme la queue d'une vache.

VARIANTE. **Poil de vache** *(vx).*

Vache à lait. Personne ou chose qu'on exploite, dont on tire un profit continu ; allusion à la vache laitière. *Cet homme-là fait de vous une vache à lait.* MOLIÈRE, *le Bourgeois gentilhomme. Je jugeai par là que le public était une bonne vache à lait qui se laissait aisément traire.* A. R. LESAGE, *Gil Blas de Santillane.*

La vache a bon pied (vx). Se disait d'un homme riche, plein de ressources. Confusion probable entre *pis,* mamelle d'une vache, et *pied ;* autrefois, *la vache a bon pied* se disait chez les sergents et les procureurs quand ils avaient fait une saisie chez de riches propriétaires.

La vache est à nous. Notre succès est assuré, nous nous sommes rendus maîtres de la situation. *S'il ne tient qu'à battre, la vache est à nous.* MOLIÈRE, *le Médecin malgré lui.*

PAR EXTENSION. **S'il ne tient qu'à jurer, la vache est à nous** *(vx).* Un serment ne coûte rien.

Manger de la vache enragée. Connaître de dures privations ; en être réduit à manger de la viande avariée (d'une vache mordue et devenue enragée). *La vie devint sévère pour Marius. Manger ses habits et sa montre, ce n'était rien. Il mangea cette chose inexprimable qu'on appelle de la vache enragée. Chose horrible, qui contient les jours sans pain, les nuits sans sommeil, les soirs sans chandelle, l'âtre sans feu, les semaines sans travail, l'avenir sans espérance.* HUGO, *les Misérables.*

Bonhomme, garde ta vache ! (vx). Se disait pour avertir quelqu'un d'une tromperie ou pour le railler de s'être laissé tromper.

Pleurer comme une vache, comme une vache qui pisse. Pleurer abondamment.

> *Qu'il tremble de peur comme un lâche ;*
> *Qu'il en pleure comme une vache.*
> P. SCARRON, *le Virgile travesti.*

Pleuvoir comme vache qui pisse. Pleuvoir à verse ; probablement de *pleurer comme une vache qui pisse.*

Bourré, plein comme une vache. Complètement soûl.

Comme une vache qui regarde passer les trains. D'un air passif, un peu bête.

Sorcier comme une vache (vx). Maladroit, sans malice, en parlant de quelqu'un.

Une vache n'y trouverait pas son veau. Se dit d'un grand désordre.

> VARIANTES. **Une poule n'y retrouverait pas ses poussins. Une truie, un cochon n'y retrouverait pas ses petits.**

Prendre la vache et le veau (vx). Épouser une femme enceinte d'autrui. *Je veux avoir mon enfant ; votre maître aura la vache, mais j'aurai le veau.* C. DELAVIGNE, *Louis XI.*

> PAR EXTENSION. **Laisser la vache et le veau** *(vx).* Abandonner une femme enceinte. **Donner à quelqu'un la vache et le veau** *(vx).* Lui faire épouser une femme enceinte.

Parler français comme une vache espagnole. Parler très mal le français. Altération probable de *vasce,* signifiant en gascon « *Basque* » (les Basques, en France et en Espagne, avaient du mal à bien parler le français) ; la locution serait alors *parler (le) français comme un Basque espagnol ;* selon d'autres, *vache* serait une altération de *basse,* vieux mot désignant une servante : *parler (le) français comme une servante espagnole. Jacques Collin parlait le français comme une vache espagnole, en baragouinant de manière à rendre ses réponses presque inintelligibles et à s'en faire demander la répétition.* H. de BALZAC, *Splendeurs et Misères des courtisanes.*

Le plancher, (vx) **le pavé des vaches.** La terre, par opposition à la mer. *Il verra M. de Seignelai dans son bord, M. le maréchal d'Estrées sur le pavé des vaches à Brest.* Mme de SÉVIGNÉ, *Correspondance,* 1689.

Le grand chemin des vaches (vx). Les procédés ordinaires, les moyens connus de tout le monde ; allusion aux chemins (en terre battue) fréquentés par les vaches.

Voir vaches noires en bois brûlé (vx). Se forger d'agréables chimères, rêver de choses agréables, comme un vacher devant son feu rêve et semble voir dans les tisons, des troupeaux de vaches noires, les meilleures [É. Littré].

PAR EXTENSION. **Chercher vache noire en bois brûlé** *(vx)*. Chercher une chose impossible ou difficile à trouver.

Vache de Barbarie qui ne reconnaît que ses propres veaux (vx). Se disait d'une personne simple [A. Oudin].

Ça lui va comme un tablier, comme un faux col à une vache. Ça ne lui va pas du tout.

VARIANTE. **Ça lui va comme des guêtres à un lapin.**

Rompre sa lance dans le cul d'une vache (vx). Commettre une lâcheté ; ne rien faire de bon.

Il est bon à vendre vache foireuse (vx). Se disait d'un pince-sans-rire, d'une personne qui pratiquait l'humour à froid.

La vache à Colas (vx). Les protestants. Selon une anecdote rapportée par le journal *l'Estoile* (1605), au village de Bionne, près d'Orléans, la vache d'un certain Colas Pannier serait entrée dans un temple protestant au moment du prêche ; les huguenots, croyant à un outrage des catholiques, auraient tué l'animal. Les catholiques en firent une chanson qui devint populaire, et l'expression passa à la postérité [É. Littré].

PAR EXTENSION. **Sentir la vache à Colas** *(vx)*. Être suspect d'hérésie, appartenir à la religion réformée.

Il mourrait plutôt la vache d'un pauvre homme (vx). Se disait d'un homme peu recommandable, qui relevait d'une grave maladie.

Le Diable est aux vaches (vx). Il y a du vacarme, des cris, du désordre.

Les vaches grasses ; les vaches maigres. Période de prospérité ; temps de pénurie. Allusion biblique aux sept vaches grasses et aux sept vaches maigres, symbolisant dans le rêve du pharaon d'Égypte sept années d'abondance suivies de sept années de disette.

PAR EXTENSION. **Faire vache maigre.** Se priver de quelque chose pendant une période déterminée.

PROVERBES

Chacun son métier, les vaches seront bien gardées. Que chacun se mêle de ses propres affaires et tout ira bien.

Il viendra un temps où les vaches auront besoin de leur queue (vx). Tout finit par servir ; on peut avoir besoin un jour de ceux qu'on néglige.

VARIANTE. **Il viendra un temps où le renard aura besoin de sa queue** (vx).

Vache de loin a assez de lait (vx). Les choses paraissent toujours belles quand on les voit de loin.

Qui mange la vache du roi, à cent ans de là en paie les os (vx). Qui s'attaque à plus puissant que lui en supportera longtemps les conséquences.

VARIANTE. **Qui mange l'oie du roi, cent ans après en rend les plumes** *(vx).*

Où la vache est attachée, il faut qu'elle broute (vx). Il faut se résigner à sa condition, se contenter de ce que l'on a.

VARIANTE. **Où la chèvre est attachée, il faut qu'elle broute** *(vx).*

À la boucherie, toutes les vaches sont bœufs et à la tannerie tous les bœufs sont vaches (vx). Quand on veut faire passer des marchandises pour meilleures qu'elles ne sont, on les appelle du nom qui peut les faire vendre le plus facilement.

Les vaches qui remuent tant la queue, ce ne sont pas celles qui ont le plus de lait (régional, Auvergne). Ceux qui parlent ou s'agitent beaucoup ne sont souvent que des incapables.

Quand une vache blanche entre dans une étable, une vache blanche en sort cent ans après (régional, Auvergne). Sur le thème de l'hérédité.

VAUTOUR

Homme avide et rapace ; allusion à ce rapace qui se nourrit de charognes. *Il n'est bon ni pour vous ni pour moi que je sache que la nature m'a fait vautour.* DIDEROT, *Essai sur le mérite et la vertu.* *À ces vautours de la société, qui comme l'eau, boivent l'iniquité.* J.-B. ROUSSEAU, *Épîtres.* Usurier.

VARIANTE. **Épervier.**

Propriétaire exigeant ; allusion au succès d'une pièce de Désaugiers, représentée en 1806 : *M. Vautour ou le Propriétaire sous le scellé.*

Partisan des solutions de force dans un conflit ; de l'anglais *vulture.*

VARIANTES. **Faucon. Épervier.**

Le vautour de Prométhée (vx). Emblème des remords et des soucis. Allusion au vautour qui, selon la fable, rongeait éternellement le foie de Prométhée (personnification du génie de l'homme dans la mythologie grecque).

Je ne crains point la cruelle longueur
D'une prison où le sort vous oublie,
Ni les vautours de la mélancolie.
LA FONTAINE, *Poésies mêlées.*

L'amour cruel qui lui ronge le cœur, vautour perpétuel. Ph. DESPORTES, *Angélique.*

VEAU

Nigaud ; allusion à la réputation de bêtise de cet animal. Paresseux ; autrefois, afin de produire de la bonne viande de boucherie, on transportait les veaux dans des voitures pour ne pas les fatiguer. Mauvais cheval de course ; automobile lente et sans reprises.

Faire le veau (vx). Se vautrer, avoir une attitude nonchalante : *s'étendre comme un veau ;* faire l'idiot.

Tu t'amuses ainsi qu'un veau,
Comme un blondin qui fait le beau,
À dormir jusqu'à près d'onze heures.
P. SCARRON, *le Virgile travesti.*

Tandis que ce nigaud, comme un évêque assis,
Fait le veau sur son âne, et pense être bien sage.
LA FONTAINE, *le Meunier, son Fils et l'Âne.*

Faire le pied de veau (vx). Faire des révérences ridicules ; témoigner à quelqu'un une basse complaisance. *Si vous aviez appris à prendre le temps comme il vient, et à ne pas négliger les pieds de veau de Provence...* Mme de SÉVIGNÉ, *Correspondance,* 1680.

Pleurer comme un veau. Pleurer à chaudes larmes. *Il pleurait comme un veau, avec de si grosses larmes, qu'il mouillait le drap en s'essuyant les joues...* É. ZOLA, *l'Assommoir.*

VARIANTE. **Pleurer comme une vache.**

Crier, hurler comme un veau. Crier de toutes ses forces.

Fièvre de veau (vx). Petit frisson après le repas ; tremblement de celui qui a trop bu : *avoir la fièvre de veau.*

Tuer le veau gras. Faire de grandes réjouissances de table pour fêter quelque chose. *Veau gras :* veau engraissé pour la boucherie ; allusion à la parabole biblique de l'enfant prodigue. *Il s'était dit qu'il tuerait le veau gras le jour de mon retour ; en effet son déjeuner fut splendide.* L. REYBAUD, *Jérôme Paturot.*

Adorer le veau d'or (vx). Avoir le culte de l'argent.

PAR EXTENSION. **Un veau d'or** *(vx).* Un homme qui n'a pas d'autre mérite que celui d'être riche. **Plier les genoux** devant le veau d'or *(vx)*. Faire bassement la cour à un homme riche ou puissant.

Brides à veaux (vx). Sots raisonnements, nouvelles absurdes, contes à dormir debout ; les veaux ne portent pas de bride. *Les propriétés spécifiques du hareng contre la goutte sont des brides à veaux et des illusions d'empiriques.* Gui PATIN, *Correspondance.*

Se faire relier en veau (vx). Être auteur, écrire des livres, par allusion aux reliures en veau.

Un vieux bouquin relié en veau (vx). Un vieillard qui fait le jeune homme ; expression qui fut appliquée au duc de Richelieu, sous Louis XV [É. Littré].

Faire le collier de veau avant qu'il soit né (vx). Entreprendre quelque chose prématurément.

Adieu, veau, vache, cochon, couvée. Se dit pour évoquer des illusions perdues. Allusion à la fable de La Fontaine *la Laitière et le pot au lait.*

PROVERBES

Changement d'herbe réjouit les veaux (vx). Les changements plaisent d'ordinaire aux jeunes.

Autant meurt veau que vache (vx). Les jeunes comme les vieux sont exposés à la mort.

VARIANTE. **On voit à la boucherie plus de veaux que de bœufs** *(vx).*

VER

Un ver de terre. Une personne médiocre, faible et méprisable ; symbole de la faiblesse de l'homme. [L'homme] *imbécile ver de terre.* PASCAL, *Pensées.* *Je ne suis qu'un humble ver de terre, Monseigneur.* HUGO, *in* G.L.L.F.

PAR EXTENSION. **Ver de terre amoureux d'une étoile.** Homme médiocre amoureux d'une personne inaccessible ou supérieure à lui. **Je l'écraserai comme un ver.** Se dit, par menace, en parlant d'une personne qu'on croit pouvoir battre, punir aisément.

Vers à soie (vx). Ceux qui travaillent utilement pour l'humanité, comme les chenilles qui tissent des fils employés à la confection de la soie. *Tandis que les vautours* [les conquérants, les guerriers] *s'égorgeaient, les vers à soie filaient pour nous dans le silence ; nous jouissons de leur travail sans les connaître, et nous ne savons que l'histoire des vautours.* D'ALEMBERT, *Mélanges de littérature et de philosophie.*

Nu comme un ver. Complètement nu, comme le ver paraît l'être.

Tirer les vers du nez à quelqu'un. Le questionner habilement pour lui arracher des secrets. Le mot *ver,* du latin *verum,* signifierait aussi « vrai » : *tirer le vrai ;* il pourrait aussi s'agir de vers parasites de l'appendice nasal humain ou d'une allusion aux pratiques des charlatans, qui tiraient à leurs patients les vers du nez pour les guérir de maux de tête, en profitant pour les faire adroitement parler avant de leur prédire l'avenir. *C'est un renfermé, un silencieux, mais je saurai bien lui tirer les vers du nez.* PROUST, *in* G.L.L.F.

Pas piqué, pas mangé des vers. Se dit de quelque chose de très fort, de remarquable en son genre. *Il recevait des lettres anonymes qu'étaient pas à piquer des vers !* L.-F. CÉLINE, *Mort à crédit.*

VARIANTES. **Pas piqué des hannetons. Pas piqué des sauterelles** *(vx).*

Tuer le ver (vx). Boire le matin à jeun un verre d'alcool. La croyance populaire attribuait au vin ou à l'eau-de-vie, pris à jeun, le pouvoir de tuer les vers intestinaux.

Se tordre, se tortiller comme un ver. Se contorsionner ; allusion aux mouvements vifs d'un ver qu'on a coupé.

Un ver se recroqueville bien quand on marche dessus (vx). Toute personne, aussi faible soit-elle, éprouve du ressentiment quand on l'offense.

Le ver est dans le fruit. Se dit lorsqu'une situation se dégrade, se gâte ; allusion au fruit attaqué par un ver.

Ver rongeur. Tourment, chagrin, remords. Allusion probable à la vermine qui, selon la croyance populaire, ronge la chair des morts dans les sépultures. *Mon grand chagrin, mon ver rongeur est d'être loin de vous.* VOLTAIRE, *Lettre à Richelieu,* 1777. *Et le ver rongera ta peau comme un remords.* BAUDELAIRE, *les Fleurs du mal.* (vx) Cause progressive de ruine, de destruction. *On veut bien sortir du crime... parce que c'est un ver dévorant dont on est rongé.* J.-B. MASSILLON, *le Carême de l'Oratoire.* Taxi que l'on fait attendre et dont le compteur tourne à mesure que le temps s'écoule.

VERRAT

Écumer comme un verrat (vx). Être très en colère. Le verrat est un porc mâle employé à la reproduction.

Vipère

Une langue de vipère. Une personne méchante, perfide, médisante, aussi dangereuse que ce serpent ; autrefois, *un cœur de vipère. Ma maîtresse pauvre ! qui vous a dit cela, langue de vipère ? ma maîtresse est très riche.* VOLTAIRE, *l'Écossaise.*

VARIANTE. **Une langue de serpent.**

PAR EXTENSION. **Langue vipérine** *(vieilli).* Personne médisante, perfide.

Et de ces langues vipérines
Qui mordent plus fort que vermines.
P. SCARRON, *Œuvres burlesques.*

Zèbre

Un drôle de zèbre. Un individu bizarre.

PAR EXTENSION. **Faire le zèbre.** Faire l'imbécile.

VARIANTE. **Un drôle de ouistiti.**

Courir, filer comme un zèbre. S'enfuir très vite, par allusion au galop rapide du zèbre.

... ET DANS LE RESTE DU MONDE

A

ABEILLE

AMÉRICAIN

Les abeilles et les érudits sont quelquefois consumés dans le miel de tous les jours amassé.

ANGLAIS

L'abeille laborieuse n'a pas le temps d'être triste.

Les vieilles abeilles ne font plus de miel.

Le miel est doux, mais l'abeille pique.

Pourceaux, femmes et abeilles ne peuvent être détournés.

ARABE

Une poignée d'abeilles vaut mieux qu'un sac de mouches.

Celui qui mange du miel doit souffrir les piqûres des abeilles.

L'abeille brusque-t-elle le jasmin ?

Le savant qui ne met pas en pratique son savoir est une abeille qui ne donne pas de miel.

ARMÉNIEN

De la même fleur, l'abeille tire son miel et le serpent son venin.

CHINOIS

Une bonne abeille ne prend pas la fleur tombée.

ESPAGNOL

Tout est miel à l'abeille et poison au serpent.

GÉORGIEN

Toutes les mouches bourdonnent, mais elles ne sont pas des abeilles.

GREC

L'abeille est honorée parce qu'elle travaille non pour elle seule, mais pour tous.

Ce qui n'est pas utile à l'essaim n'est pas utile à l'abeille non plus.

JAPONAIS

C'est le visage triste que pique l'abeille.

On ne peut attraper le taon et l'abeille à la fois.

PORTUGAIS

La reine des abeilles n'a pas d'aiguillon.

ROUMAIN

La bonne abeille ne se pose pas sur une fleur fanée.

RUSSE

Une seule abeille ne récolte pas de miel.

Humble comme un agneau, diligente comme une abeille, belle comme un oiseau de paradis, fidèle comme une tourterelle.

SCANDINAVE

Les abeilles ont leur reine et les cigognes leur conducteur.

SERBO-CROATE

Si vous êtes abeille, vous trouverez une ruche.

SUISSE

Les mots sont comme les abeilles : ils ont miel et aiguillon.

AGNEAU

ARABE

Quand son propriétaire n'est pas là, la brebis donne moins d'agneaux.

BULGARE

On vend au marché plus de peaux d'agneau que de peaux de loup.

CHINOIS

Agneau en peau de tigre craint encore le loup.

Oiseau qui chante n'a pas soif, agneau qui bêle veut téter.

ESPAGNOL

L'agneau s'en va aussi vite que le mouton.

ÉTHIOPIEN

« Ô agneau ! Si je ne te mange pas, tu me mangeras », dit la hyène.

GÉORGIEN

Pendant que le prédicateur prêchait l'Évangile au loup, celui-ci songeait au petit agneau.

GREC

Il n'y a point de traité entre le lion et l'homme, et le loup et l'agneau ne vivent pas en concorde.

Un bon agneau tète deux brebis, le mauvais pas même sa mère.

INDIEN

Si tu vois un loup lécher un agneau, dis-toi que c'est un mauvais présage.

RUSSE

Si vous êtes favorisé par le ciel, l'agneau du festin vient de lui-même.

Humble comme un agneau, diligente comme une abeille, belle comme un oiseau de paradis, fidèle comme une tourterelle.

Polissez un louveteau, vous n'en ferez point un agneau.

AIGLE

ALLEMAND

Sois colimaçon dans le conseil, aigle dans l'action.

ANGLAIS

L'ignorant a des ailes d'aigle et des yeux de chouette.

L'aigle vole seul ; ce sont les corbeaux, les choucas et les étourneaux qui vont en groupe.

Le chirurgien doit avoir un œil d'aigle, un cœur de lion et une main de femme.

INDIEN

L'aigle ne pourchasse pas les mouches.

NÉERLANDAIS

La sottise a des ailes d'aigle et des yeux de chouette.

RUSSE

L'aigle est le tsar des oiseaux et cependant il redoute le faucon.

C'est avec la flèche faite de ses plumes qu'on abat l'aigle.

TURC

L'aigle a été percé de la flèche faite de sa plume.

ALOUETTE

ALLEMAND

L'homme, comme l'alouette, chante en plein air ; la femme, comme le rossignol, chante dans l'ombre.

ANGLAIS

Une cuisse d'alouette vaut mieux que tout un chat rôti.

BELGE

Quand on tient l'alouette, il faut la plumer.

SUISSE

Les alouettes rôties ne tombent pas dans la cheminée.

ÂNE

AFGHAN

Dieu a créé l'âne, mais ne lui a pas donné de cornes.

Si l'âne ne va pas au fardeau, le fardeau ira à l'âne.

AFRICAIN

L'âne mort, la ruade est finie.

ALBANAIS

Parce qu'il ne peut pas battre l'âne, il bat la selle.

ALLEMAND

Même en mangeant de l'avoine, l'âne rêve de chardons.

Une selle dorée ne fait pas d'un âne un cheval.

Un âne se moque d'un autre âne.

Vous avez beau cacher la queue d'un âne, il montrera toujours ses oreilles.

Âne, cloche, valet têtu ne valent qu'autant qu'ils sont battus.

Qui se fait ânon, chacun y monte à califourchon.

AMÉRICAIN

Un âne se croit savant parce qu'on le charge de livres.

Si tu fais l'âne, ne te plains pas que les gens te montent dessus.

ANGLAIS

L'âne se croit digne de compter parmi les destriers du roi.

L'âne pense à une chose et l'ânier à une autre.

Plus l'âne brait, moins il mange.

Ce qu'on appelle fermeté chez un roi s'appelle entêtement chez un âne.

ARABE

Rassasié, l'âne éparpille son orge.

Attache ton âne avec des ânes, il apprendra à braire.

L'âne peut aller à La Mecque, il n'en reviendra pas pèlerin.

La répétition instruirait l'âne.

Celui qui porte un présent sur son âne attend de recevoir un présent sur son chameau.

Si l'on te demande : « As-tu vu un âne noir ? », réponds : « Je n'en ai vu ni un noir ni un blanc. »

L'ânesse empruntée est vite blessée au dos.

La veuve dit : « Je n'attacherai pas l'âne à la place du cheval. »

Trop d'aiguillon enseigne à l'âne à ruer.

Si la forte voix servait à quelque chose, l'âne se serait construit des palais.

Âne paré de satin est toujours âne.

Tranquille est celui qui n'a pas d'âne : il ne s'occupe ni de sa paille ni de son orge.

Même conduit à La Mecque, l'âne de Jésus reviendra âne.

Méfie-toi du tigre plus que du lion, et d'un âne méchant plus que du tigre.

Si tu dis que le lion est un âne, va lui mettre un licou.

BASQUE

J'aime mieux un âne qui me porte qu'un cheval qui me jette par terre.

CHINOIS

D'un âne qui ne veut pas boire, on ne peut abaisser la tête.

Bride de cheval ne va pas à un âne.

CORÉEN

Vous pouvez obliger un âne à traverser l'eau, mais vous ne pouvez pas l'obliger à en boire.

ESPAGNOL

Célibataire, un paon ; fiancé, un lion ; marié, un âne !

Rien de meilleur pour un âne que le bât.

L'âne surnomme la mule « longues oreilles ».

Un âne chargé d'or monte légèrement la montagne.

Un âne chargé d'or ne laisse pas de braire.

Le miel n'est pas fait pour la bouche de l'âne.

Âne celui qui dispute avec l'âne.

J'aime mieux un âne qui me porte qu'un cheval qui me désarçonne.

Ce sont les fardeaux des autres gens qui tuent l'âne.

Un âne couvert d'or a meilleure mine qu'un cheval bâté.

GREC

Si un âne te donne un coup de pied, ne le lui rends pas.

On bat la selle quand on ne peut plus battre l'âne.

Qui peut s'imaginer qu'il y a des mulets et pas d'ânes ?

Les moines sont plus dangereux que les cornes du bœuf et les pattes de l'âne.

HÉBREU

Si tous disent que tu es un âne, il est temps de braire.

Si ton ami t'appelle un âne, mets la selle sur ton dos.

Les pas de l'âne dépendent de l'avoine.

INDIEN

Donner des pierres précieuses à un âne, c'est donner une femme à un eunuque.

ITALIEN

Qui est tombé de cheval dit à l'âne qu'il a voulu descendre.

Qui est âne et se croit cerf s'en aperçoit trop tard au saut du fossé.

À qui est l'âne le tienne par la queue.

Le trot d'un âne ne dure pas longtemps.

Prince illettré est un âne couronné.

Le braiment d'un âne n'atteint pas le ciel.

MONGOL

L'homme pervers sera changé en âne, et l'honnête homme montera dessus.

NÉERLANDAIS

On ne saurait faire boire un âne qui n'a pas soif.

ROUMAIN

Que sait l'âne du chant du rossignol ?

RUSSE

Il est honteux de monter sur un âne, mais il est plus honteux d'en tomber.

Fouettez la selle, l'âne le sentira.

La peur fait courir l'âne plus vite que le cheval.

SCANDINAVE

Bien que le renard soit rusé, on vend plus de peaux de renard que de peaux d'âne.

SERBO-CROATE

L'âne ne sait pas nager avant que l'eau ne lui monte aux oreilles.

Fouette la selle pour que l'âne réfléchisse.

SUISSE

Beaucoup traitent leur voisin d'âne, qui portent eux-mêmes des sacs.

TURC

Le bât ne pèse point à l'âne.

Qui joue avec l'âne ne doit pas s'offenser s'il pète.

Attache d'abord ton âne, puis tu le recommanderas à Dieu.

Le cheval rue, la mule donne des

coups de sabot, entre les deux l'âne meurt.
Chameau galeux portera toujours bien le fardeau d'un âne sain.

ANGUILLE

ALLEMAND

Il n'est pas d'anguille, si petite soit-elle, qui n'espère devenir une baleine.

ANGLAIS

La fange n'étouffe pas l'anguille.

BELGE

Il faut écorcher l'anguille quand on la tient.

ESPAGNOL

Le mariage est un sac où l'on trouve quatre-vingt-dix-neuf vipères et une anguille.
Tenir une femme par sa parole, c'est tenir une anguille par la queue.

MALGACHE

C'est le caïman qui souille l'eau et c'est l'anguille qui ne trouve pas où boire.

THAÏ

Supportons la boue pour manger les anguilles.

ANIMAL

AFRICAIN

La trace de l'animal, c'est lui-même qui la montre.

ARABE

En deux jours, on peut tout savoir d'un homme ; il en faut davantage pour connaître un animal.

GREC

Les animaux n'existent pas par eux-mêmes, mais pour servir.

INDIEN

Le singe n'a jamais autant l'air d'un animal que lorsqu'on l'affuble de vêtements d'homme.

ITALIEN

L'homme est le seul animal qui injurie sa compagne.

ANTILOPE

AFRICAIN

On ne confie pas à l'hyène le cadavre d'une antilope.
L'hyène a poursuivi deux antilopes à la fois, elle passera la nuit avec la faim.

AUTRUCHE

TURC

L'autruche, quand il faut voler, dit : « Je suis chameau » et, quand il faut porter un fardeau, dit : « Je suis oiseau. »

B

BALEINE

ALLEMAND

Il n'est pas d'anguille, si petite soit-elle, qui n'espère devenir une baleine.

CORÉEN

Quand les baleines se battent, les crevettes ont le dos brisé.

SCANDINAVE

Chaque petit poisson espère devenir une baleine.

BAUDET

BELGE

Un baudet périt toujours par les pattes.

NÉERLANDAIS

Un baudet qui fait à sa tête ne mange qu'à moitié.

BÉCASSE

JAPONAIS

Querelle de bécasse et de moule profite au pêcheur.

RUSSE

Une bécasse en aperçoit une autre de loin.

BÊTE

ARABE

Effraie les bêtes avant qu'elles ne t'effraient.

La gloutonnerie est le propre de la bête.

ESPAGNOL

Qui mange seul sa côtelette sera seul à seller sa bête.

Les vraies bêtes sauvages sont où il y a le plus de monde.

Ce n'est pas la charge, mais l'excès de charge qui tue la bête.

GREC

L'homme est dieu ou bête.

BICHON

ANGLAIS

« Nous autres, chiens de chasse, nous avons tué le lièvre », dit le bichon.

BŒUF

AFGHAN

Au milieu des bouchers, le bœuf meurt et devient charogne.

AFRICAIN

Si les moutons ont été admirés, c'est que les bœufs n'ont pas été vus.

Sois avec le roi, même si tu dois balayer la bouse de ses bœufs.

Au village où il n'y a pas de bœuf, les pattes du mouton sont grosses.

Le bœuf ne se vante pas de sa force devant l'éléphant.

On n'achète pas un bœuf à l'empreinte du sabot.

ANGLAIS

Où ira le bœuf, s'il ne laboure ?

À attendre l'herbe qui pousse, le bœuf meurt de faim.

ARABE

Quand le bœuf est à terre, les couteaux ne manquent pas.

BIRMAN

Les vieux bœufs aiment bien l'herbe tendre.

BULGARE

Le crapaud, voyant que l'on ferre le bœuf, a levé lui aussi la patte.

La corneille ne pique pas le bœuf pour le nettoyer, mais pour se nourrir.

CAMBODGIEN

Le bœuf d'autrui, on ne le vante pas ; on vante seulement son propre bœuf.

CHINOIS

Le bœuf mange la paille et la souris le blé.

Jouer du luth devant un bœuf.

CRÉOLE

C'est le bœuf arrivé le premier qui boit de la bonne eau.

La queue du bœuf dit : « Le temps s'en va, le temps revient. »

Quand le bœuf ne veut pas entrer dans le bois, il dit que ses cornes sont trop longues.

Bœuf au piquet demande à aller en savane, bœuf en savane demande à aller au piquet.

Si le bœuf ne connaissait pas la largeur de son derrière, il n'avalerait pas le noyau de l'abricot.

Là où la barrière est basse, le bœuf l'enjambe.

La misère du bœuf n'est pas une peine pour le cheval.

C'est quand la charrette est embourbée qu'ils connaissent le nom des bœufs.

Chaque bœuf connaît son piquet.

ESPAGNOL

Où ira le bœuf qu'on ne le mette à la charrue ?

Le bœuf méchant croît par les cornes.

On va de l'œuf au bœuf et du bœuf au gibet.

ÉTHIOPIEN

Les bœufs valent ce que valent les pâturages.

GÉORGIEN

La vache vêlait et le bœuf gémissait.

Accouple ton bœuf à un autre, il changera de couleur ou de caractère.

Foin ne peut pas tuer le bœuf.

Il faut se garder du devant d'un bœuf, du derrière d'un cheval et d'un aveugle de tous les côtés.

GREC

Bien que j'aie à dire, un bœuf est sur ma langue.

Les moines sont plus dangereux que les cornes du bœuf et les pattes de l'âne.

Les bœufs pensent à une chose et le laboureur à une autre.

INDIEN

Mieux vaut des coups de corne de bœuf qu'une étable vide.

ITALIEN

C'est le vieux bœuf qui fait le sillon droit.

JAPONAIS

Un bœuf suit un bœuf.

POLONAIS

Sans bœuf, pas de bouillon.

Malheur à la maison où la vache cogne le bœuf !

ROUMAIN

On attache le bœuf par les cornes, et l'homme par le cœur.

RUSSE

Ne bats pas le bœuf parce qu'il ne donne pas de lait.

TURC

Au bœuf bien portant, mauvaise paille n'est point nuisible.

On prend quelquefois le lièvre avec un chariot à bœufs.

VIETNAMIEN

Quand les buffles et les bœufs se donnent des coups de corne ce sont les mouches et les moustiques qui trinquent.

BOUC

AFRICAIN

Même si le bouc pue, ce ne sont pas les chèvres qui lui marqueront du dégoût.

Peu importe où le bouc passe la nuit, pourvu que son maître le retrouve le matin.

ALLEMAND

Plus le bouc est vieux, plus dure est la corne.

BELGE

Plus vieux est le bouc, plus dure est sa corne.

CRÉOLE

Le petit bouc a une barbe, le gros taureau n'en a pas.

ESPAGNOL

Où le bouc a sauté, saute tout le troupeau.

GREC

Si la barbe suffisait à la sagesse, un bouc vaudrait Platon.

SCANDINAVE

Si on jugeait les gens à la barbe, le bouc pourrait prêcher.

BREBIS

ALLEMAND

Brebis accommodantes trouvent place dans la bergerie.

ANGLAIS

À brebis tondue, Dieu mesure le vent.

ARABE

Quand son propriétaire n'est pas là, la brebis donne moins d'agneaux.

ESPAGNOL

Morsure de brebis ne passe jamais la peau.

GREC

Un bon agneau tète deux brebis, le mauvais pas même sa mère.

HÉBREU

La brebis suit la brebis.

HONGROIS

La mort des loups, c'est la santé des brebis.

ITALIEN

La plaisanterie doit mordre comme une brebis et non comme un chien.

Ferme l'étable, le loup a mangé les brebis.

PORTUGAIS

Femmes et brebis doivent être rentrées avant la nuit.

RUSSE

On ne tue pas le loup parce qu'il est gris, mais parce qu'il a dévoré la brebis.

On tond une brebis, l'autre attend son tour.

Cinquante brebis sans un berger ne font pas un troupeau.

TURC

La brebis morte n'a plus peur du loup.

BUFFLE

AFRICAIN

S'il n'y avait pas d'éléphants dans la brousse, le buffle serait énorme.

INDIEN

Ne consulte pas le buffle avant de lui mettre son bât.

Si la charrette et le buffle s'accordent, qu'importent les ornières du chemin ?

Pour un buffle, ses cornes ne sont pas lourdes.

Tiens-toi à sept pas de l'éléphant, à dix du buffle, à vingt d'une femme et à trente d'un homme ivre.

Quand le tigre et le buffle se battent, les roseaux sont écrasés.

Le tigre n'épouvante pas le buffle harassé.

MALAIS

On tient les buffles par les cordes, et l'homme par ses mots.

On peut garder tout un parc de buffles, on ne peut gouverner un seul homme.

Dans l'étable à chèvres, bêle ; dans le parc à buffles, beugle.

THAÏ

Lorsque les buffles se battent, l'herbe en souffre.

Le vieux buffle n'aime que l'herbe tendre.

VIETNAMIEN

Le buffle laisse sa peau en mourant, l'homme mort laisse sa réputation.

Le buffle attaché n'aime pas le buffle qui broute.

Quand les buffles et les bœufs se donnent des coups de corne, ce sont les mouches et les moustiques qui trinquent.

Les buffles qui arrivent en retard boivent de l'eau troublée.

À défaut d'éléphant, on prend le buffle pour l'animal le plus gros.

C

CABRI

AFRICAIN

Quand le grand baobab est tombé, les cabris montent sur son tronc et gambadent.

CRÉOLE

Ce n'est pas parce que le cabri fait des crottes comme des pilules qu'il est pharmacien.

Les affaires du cabri ne sont pas les affaires du mouton.

Le mouton boit, c'est le cabri qui est soûl.

ROUMAIN

Le cabri saute la table, la chevrette saute le mur.

CAFARD

RUSSE

Mieux vaut un petit poisson qu'un grand cafard.

CAÏMAN

MALGACHE

Vous remontez le courant, vous êtes la proie du caïman ; vous le redescendez, vous êtes la proie du crocodile.

C'est le caïman qui souille l'eau et c'est l'anguille qui ne trouve pas où boire.

Changer de fontaine, c'est casser sa cruche ; changer de gué, c'est être dévoré par les caïmans.

Poule qui couve des œufs de caïman s'attirera malheur.

CANARD

CHINOIS

Le fils d'un charpentier sait tirer la scie, le fils d'un canard sait nager.

CRÉOLE

Si tu regardes ce que le canard mange, tu ne mangeras pas de canard.

Les canards ont de l'eau pour se baigner, les poules n'en ont pas même à boire.

MALAIS

Ce que ne prend pas l'oie plaît au canard.

MALGACHE

Quand les canards font du tapage, les grenouilles se tiennent pour averties.

MONGOL

Le corbeau, en voulant imiter le canard, s'est noyé en entrant dans l'eau.

POLONAIS

Un moineau au creux de la main vaut mieux qu'un canari sur le toit.

CERF

CHINOIS

La beauté à quatre pattes, ce peut être un cerf ; la beauté à deux pattes, une cigogne ; la beauté ne dépend pas du nombre de pattes.

GÉORGIEN

Avec de douces paroles, on parvient à traire le cerf, et avec des dures, on ne réussit même pas à traire la vache.

GREC

Une armée de cerfs conduite par un lion est plus redoutable qu'une armée de lions conduite par un cerf.

ITALIEN

Qui est âne et se croit cerf s'en aperçoit trop tard au saut du fossé.

CHACAL

AFRICAIN

Ne vends pas la peau du chacal avant de l'avoir pris.

ARABE

Il vaut mieux être dévoré par le lion que désarticulé par les chacals.

Le chacal peureux ne mange pas de bon raisin.

L'héritage du chacal revient au loup.

ÉTHIOPIEN

Le chacal pieux prie au milieu des moutons.

INDIEN

Un chacal est roi dans un village désert.

CHAMEAU

AFGHAN

Dieu sait sur quel genou le chameau s'accroupit.

AFRICAIN

Les chameaux ne rient pas entre eux de leurs bosses.

ANGLAIS

C'est le dernier brin de paille qui brise le dos du chameau.

Il ne faut pas rejeter le moucheron et avaler le chameau.

ARABE

Le chameau ne voit pas sa bosse.

Fais agenouiller le chameau, et tu le chargeras à ta guise.

Le chameau a ses idées et le chamelier les siennes.

Ce que le chameau imagine, les chameliers le devinent.

Le chameau s'agenouille où s'est agenouillé le chameau.

Le chameau porte du sucre, mais mange des épines.

Le chameau a demandé des cornes, et ses oreilles lui ont été enlevées.

Si le chameau pouvait voir sa bosse, il tomberait de honte.

Le chameau qui veut du fourrage tend le cou.

Qui vole un œuf vole un chameau.

Le chameau a ri jusqu'à se fendre la lèvre.

La meilleure chamelle est celle qui a du lait.

GREC

Si le chameau ne s'était pas mis à genoux, on n'aurait pas pu le charger.

INDIEN

Si le chameau pouvait voir sa bosse, il tomberait et se briserait le cou.

RUSSE

Certains se croient géants pour être assis sur la bosse d'un chameau.

C'est quand il passe sur un pont de cheveux qu'on reconnaît l'adresse du chameau.

TURC

La mort est un chameau noir qui s'agenouille devant toutes les portes.

Chameau galeux portera toujours bien le fardeau d'un âne sain.

L'autruche, quand il faut voler, dit : « Je suis chameau » et, quand il faut porter un fardeau, dit : « Je suis oiseau. »

CHAT

AFGHAN

Si tu es un éléphant, n'offense pas le chat.

AFRICAIN

Le chat sauvage, en voulant imiter l'éléphant, a déféqué ses entrailles.

Quand le chat n'est pas là, les rats étalent leur queue.

Quand le chat n'est pas là, les souris dansent.

C'est quand le chat est repu qu'il dit que le derrière de la souris pue.

Le monde aura beau changer, les chats ne pondront pas.

Un seul lionceau vaut mieux qu'un plein panier de petits chats.

ALBANAIS

Le chat est un lion pour la souris.

ALLEMAND

Le chat ne renonce pas à prendre les souris.

ANGLAIS

Vieux chat ne joue avec sa proie.

Une cuisse d'alouette vaut mieux que tout un chat rôti.

Chat timide fait souris effrontée.

La femme, comme le chat, a neuf vies.

On ne peut tirer d'un chat que sa peau.

Le chat aime le poisson, mais répugne à se mouiller les pattes.

Un chat peut bien regarder un roi.

ARABE

Pour la souris, le chat est un tigre ; pour le tigre, il n'est qu'une souris.

Un chat ne rêve que de souris.

Le chat mordu par un serpent craint même une corde.

« Ça sent mauvais », dit le chat, en parlant de la viande qu'il ne peut atteindre.

Aucun chat ne prend des souris pour l'amour de Dieu.

On ne peut pas confier le lard au chat.

Dès qu'on prend le bâton, le chat voleur s'enfuit.

Les femmes sont comme les chats, qui retombent toujours sur leurs pattes.

ARMÉMIEN

Je ne conseille pas à un chat d'étrangler un lion.

BASQUE

Ce que la souris mangerait, que le chat le mange.

BIRMAN

Quand le chat est trop vieux, les souris n'en ont plus peur.

BULGARE

Le lait couvert n'est pas lapé par les chats.

CANADIEN

Il n'est pas permis de tuer le chien pour sauver la queue de la chatte.

CHINOIS

Le chat a reçu un ordre et il l'a transmis à sa queue.

Il est difficile d'attraper un chat noir dans une pièce sombre, surtout lorsqu'il n'y est pas.

CRÉOLE

Ce ne sont pas les puces des chiens qui font miauler les chats.

Quand le chat n'est pas là, les rats donnent un bal.

ESPAGNOL

Le paysan entre deux avocats est comme le poisson entre deux chats.

La souris ne joue pas avec l'enfant du chat.

La tyrannie du chat vaut mieux que l'équité du rat.

Chat qui miaule chasse d'autant moins.

Un œil sur la casserole et l'autre sur le chat.

L'amour de la femme et les caresses du chat durent aussi longtemps qu'on leur en donne.

ÉTHIOPIEN

Le chat qui se fait moine n'oublie pas ses habitudes.

GAÉLIQUE

Un vieux chat ne se brûle jamais.

Le chat est son meilleur conseiller.

GÉORGIEN

Chat miauleur n'attrape pas de souris.

Dans un pays sans chien, on ferait aboyer le chat.

HÉBREU

Le chat et le rat font la paix sur une carcasse.

La belle-mère et la bru dans la même maison sont deux chats dans un sac.

HONGROIS

À la longue, le chien passe un compromis avec le chat.

N'appelle pas le chat pour mettre d'accord deux oiseaux qui se battent.

Le chat est un derviche jusqu'à ce que vienne le lait.

Le chat est le tigre du rat.

Après avoir mangé neuf cents rats, le chat part en pèlerinage.

JAPONAIS

Bon chat n'a besoin de beau collier d'or.

Cœur de femme, œil de chat changent cent fois.

MALAIS

Cela arrivera quand les chats auront des cornes et quand les Hollandais se feront circoncire.

MALGACHE

Si le rat est immobile, c'est que le chat a encore l'œil ouvert.

Comme on le traite de chat sauvage, il se met à voler des poules.

Le chat sauvage fait ce qu'il veut, mais c'est au chat domestique qu'on coupe la queue.

NÉERLANDAIS

Un chat perd ses poils, mais pas ses manières.

Pour l'amour de la graisse, le chat lèche le chandelier.

PORTUGAIS

Chat qui miaule chasse d'autant moins.

ROUMAIN

Celui qui naît de la chatte attrape des souris.

RUSSE

Dehors, l'homme et le chien ; dedans, la femme et la chatte.

Le petit chat sait bien qui a mangé la viande.

Jeux de chat, larmes de souris.

Quand le chat n'est pas là, c'est la fête pour les souris.

SCANDINAVE

Tous les moineaux périraient si le chat avait des ailes.

Celui qui conserve quelque chose pour la nuit le garde pour le chat.

N'achète pas le chat dans un sac.

Celui qui chasse avec des chats attrapera des souris.

TURC

« C'est aujourd'hui jeûne », dit le chat en voyant le lard qu'il ne peut atteindre.

VIETNAMIEN

Quand le chat est absent, le rat monte sur le trône.

CHAUVE-SOURIS

ANGLAIS

Les soupçons dans les pensées sont comme les chauves-souris parmi les oiseaux.

JAPONAIS

La chauve-souris s'enorgueillit en l'absence des ibis.

CHENILLE

ALLEMAND

La critique dépouille l'arbre de ses chenilles et de ses fleurs.

SCANDINAVE

Le papillon oublie souvent qu'il était chenille.

CHEVAL

ALLEMAND

Une selle dorée ne fait pas d'un âne un cheval.

Qui veut vendre un cheval aveugle en vante les pattes.
Quand les chevaux sont échappés, on répare l'écurie.

AMÉRICAIN

Il y a courage et courage, celui du tigre et celui du cheval.
L'homme en colère monte un cheval sauvage.
On ne change pas de cheval en traversant un gué.

ANGLAIS

De l'avoine des chevaux, les poules sont prodigues.
Rien n'est plus audacieux qu'un cheval aveugle.
Cheval affamé nettoie sa mangeoire.
On peut conduire un cheval à l'abreuvoir, mais non le forcer à boire.
Quand on est deux sur un cheval, il y en a un qui doit être en croupe.
Aie un cheval qui t'appartienne et tu pourras en emprunter un autre.
L'homme né dans une écurie est un cheval.
Il est trop tard pour fermer la porte de l'écurie quand le cheval a été volé.
N'accrochez pas toutes vos cloches à un seul cheval.
Ne fouettez pas un cheval qui ne demande qu'à marcher.
Si les souhaits étaient des chevaux, les mendiants iraient à cheval.

ARABE

Monter à cheval sans éperons est une duperie.
Le cheval trotte selon son maître ; il connaît à la bride celui qui le mène.
Il ne suffit pas à un chien d'avoir la queue coupée pour ressembler à un cheval.
La veuve dit : « Je n'attacherai pas l'âne à la place du cheval. »
La valeur sans prudence est un cheval aveugle.
Ne selle pas ton cheval avant de le brider.
Il a acheté la bride avant d'avoir le cheval.
Un vieil ami est un cheval harnaché.

ARMÉNIEN

Le coup de pied d'un cheval paisible frappe dur.
À qui dit la vérité, donnez un cheval.

BASQUE

J'aime mieux un âne qui me porte qu'un cheval qui me jette par terre.

BELGE

Ce n'est pas le cheval qui tire, mais l'avoine.
On achète les bons chevaux à l'écurie.

BULGARE

Un cheval mort ne rue pas.

CHINOIS

Au cheval le plus sûr, ne lâche pas la bride.
Bride de cheval ne va pas à un âne.
Quand on est pressé, le cheval recule.
On connaît le cheval en chemin, et le cavalier à l'auberge.
Ne jugez pas un cheval d'après sa selle.
Un cheval ne devient pas gras sans manger la nuit ; un homme ne devient pas riche sans gains équivoques.
S'il a deux maîtres, le cheval est maigre ; si la barque est à deux, elle fait eau.
On ne met pas deux selles sur un cheval ; un bon ministre ne sert pas deux maîtres.
Les chevaux de guerre naissent sur les frontières.
Une parole sortie de la bouche, quatre chevaux la rapportent difficilement.

CORÉEN

Fais attention à l'écurie quand le cheval est perdu.

Ne fouette pas un cheval qui va aussi vite qu'il peut.

CRÉOLE

La misère du bœuf n'est pas une peine pour le cheval.

ESPAGNOL

J'aime mieux un âne qui me porte qu'un cheval qui me désarçonne.

Un âne couvert d'or a meilleure mine qu'un cheval bâté.

L'un soigne le cheval, l'autre le monte.

Pour épargner un clou, on perd un cheval.

Pour un clou se perd un fer ; pour un fer, le cheval, et pour un cheval, le cavalier.

Ne priez point une femme au lit, ni un cheval dans l'eau.

ÉTHIOPIEN

Ayant perdu son cheval, il regarde sous la selle.

GÉORGIEN

Le cheval qui est seul à courir passe pour un bon coursier.

Le bon cheval n'a pas besoin de fouet.

N'ayant pas pu battre le cheval, on battait la selle.

On ferrait le cheval, et la grenouille, allongeant sa patte, a dit : « Ferrez-moi aussi. »

Il faut se garder du devant d'un bœuf, du derrière d'un cheval et d'un aveugle de tous les côtés.

GREC

Le cheval au quadrige, le bœuf à la charrue.

L'œil du maître engraisse le cheval.

Le poulain sauvage fait un bon cheval.

On doit plutôt se fier à un cheval sans frein qu'à un homme sans jugement.

Quand tu dis : « J'ai un beau cheval », tu t'enorgueillis d'un avantage qui appartient au cheval.

Il vaut mieux se fier à un cheval sans bride qu'à un discours sans ordre.

Il faut conduire les enfants par la pudeur et l'ambition, comme on conduit les chevaux par le frein et l'éperon.

HÉBREU

Le cheval gavé d'avoine devient rétif.

Chevauche deux chevaux.

HONGROIS

La vieillesse ôte les jambes au cheval, mais ne l'empêche pas de hennir.

Chaque Tsigane vante les qualités de son propre cheval.

INDIEN

À cheval vicieux, étrille en bois de palmier.

Il ne suffit pas à un chien d'avoir la queue coupée pour ressembler à un cheval.

ITALIEN

Qui est tombé de cheval dit à l'âne qu'il a voulu descendre.

JAPONAIS

Un vieux cheval connaît lui-même le chemin.

MONGOL

L'âne efface les pas du cheval.

NÉERLANDAIS

Avant que l'herbe croisse, le cheval meurt.

Nul n'attache son cheval à des pensées.

POLONAIS

On flatte le cheval jusqu'à ce qu'il soit sellé.

ROUMAIN

La femme sans homme est comme un cheval désentravé.

La femme qu'on n'a pas battue est comme le cheval qu'on n'a pas étrillé.

RUSSE

La peur fait courir l'âne plus vite que le cheval.

Le pourceau dit au cheval : « Tu as le pied tordu et le poil rare. »
Pour que le cheval comprenne, on frappe sur les brancards.
Au bon cheval augmente l'avoine, au mauvais l'éperon.
La paille pourrie ne fait pas de mal au cheval qui est sain.
Le cheval peut foncer ventre à terre, mais il ne peut s'échapper de sa queue.
Ne commence pas quelque chose par la fin, ne mets pas le collier du cheval à la queue.
Quand il monte à cheval, il oublie Dieu ; quand il descend, il oublie son cheval.
Là où le cheval frappe du sabot, l'écrevisse y va de sa pince.
À qui dit la vérité, donnez un cheval afin qu'il puisse se sauver après l'avoir dite.

SCANDINAVE

Où le cheval galope, le homard veut aussi avancer.
Mieux vaut avoir un cheval aveugle qu'une longe vide.
Les soins et non de belles écuries font un bon cheval.
Chevaux empruntés et éperons neufs font les lieues courtes.
Des chevaux mal assortis tirent mal.
Il vaut mieux être l'enfant unique que le cheval unique.

SERBO-CROATE

Un bon cheval a beaucoup de défauts, un mauvais cheval n'en a qu'un.
Si tu ne prends pas le cheval par la crinière, c'est en vain que tu tenteras de le prendre par la queue.
Une femme sans mari est un cheval sans bride.

TCHÈQUE

Au cheval fourbu, la crinière est un fardeau.
Attends un mois pour vanter un cheval et un an pour vanter une femme.
L'avoine fait le cheval, la bière le héros, et l'or le gentilhomme.

TURC

Le cheval rue, la mule donne des coups de sabot, entre les deux l'âne meurt.
Le cheval connaît à la bride celui qui le mène.
Bon cheval n'a pas besoin d'éperons.
Trop d'orge fait crever le cheval.
Qui enfourche un cheval emprunté ne le monte pas longtemps.
On ne regarde pas aux dents d'un cheval donné.
On venait ferrer le cheval du pacha et le scarabée a tendu la patte.
Femmes, chevaux et vignes exigent maîtres vigoureux.
Le cheval dépend du cavalier et la femme de l'homme.
Est-ce quand le cheval a été volé que tu fermes la porte de l'écurie ?

CHÈVRE

AFRICAIN

Même si le bouc pue, ce ne sont pas les chèvres qui lui marqueront du dégoût.
La corde neuve démange le cou de la chèvre.
La chèvre broute à l'endroit où elle est attachée.
La chèvre qui crie n'est pas celle qui a soif.
Si tu vois une chèvre dans le repaire du lion, crains-la.
La chevrette lèche qui la lèche.
Certains attachent avec précaution les chevrettes, puis ils font signe en cachette aux hyènes.

AMÉRICAIN

Si la barbe était signe d'intelligence, la chèvre serait Socrate !

ARABE

La chèvre galeuse ne boit qu'à la source du ruisseau.

Dix chèvres forment un petit troupeau, quatre vaches un vrai troupeau.

Une chèvre galeuse rend galeux tout le troupeau.

Un frère est un frère ; mais un chevreau a toujours valu son prix.

BULGARE

Si la chèvre ment, ses cornes ne mentent pas.

Chaque chèvre s'appuie sur ses propres pattes.

CRÉOLE

Chèvre qui a monté un rocher doit en descendre.

La chèvre regarde l'œil du maître avant d'entrer dans la maison.

La chèvre a mordu les cailloux, les dents du mouton sont tombées.

ESPAGNOL

À la femme comme à la chèvre, longue corde !

Chevrette qui a coutume de téter, le palais lui démange.

GAÉLIQUE

Une chèvre habillée de soie reste toujours chèvre.

GREC

Où la chèvre passe, passera le chevreau.

INDIEN

Celui qui est tenté aujourd'hui par un concombre le sera demain par une chèvre.

ITALIEN

Tant va la chèvre aux choux qu'elle y laisse du poil.

MALAIS

Dans l'étable à chèvres, bêle ; dans le parc à buffles, beugle.

PORTUGAIS

À la femme comme à la chèvre, longue corde !

ROUMAIN

Le cabri saute la table, la chevrette saute le mur.

RUSSE

La chèvre actionna le loup en justice, et elle ne conserva que sa barbe et ses cornes.

Ne te précipite pas dans la forêt, chevrette, et tous les loups seront à toi.

SERBO-CROATE

La chèvre a deux chevreaux ; la peau de l'un deviendra un tambour et celle de l'autre un parchemin de la Bible.

SUISSE

« Comme tu me feras, je te ferai », dit la chèvre au chevreau.

TCHÈQUE

Quand les vaches font défaut, les chèvres sont honorées.

TURC

Là où le mouton fait défaut, la chèvre est appelée « princesse ».

CHEVROTAIN

MALAIS

Les éléphants se battent, et le chevrotain au milieu d'eux meurt écrasé.

CHIEN

AFGHAN

Si le chien lape l'eau d'une rivière, elle n'en devient pas impure.

L'aboiement du chien ne fait pas de mal au nuage.

Pour prendre le lièvre du pays, il faut le chien du pays.

AFRICAIN

Un chien ne s'élève pas le jour de la chasse.

Le chien à quatre pattes ne suit pas deux chemins.

Le chien n'aime pas l'homme, il aime le lieu où il a été nourri.

On ne compte pas les dents du chien d'un autre.

Celui qui frappe un chien vise son maître.

Le piège du pauvre n'attrape que son chien.

Au village sans chien, les poules déroberont l'os.

Chien qui s'est brûlé le nez ne flaire pas les cendres.

Si tu aimes le chien, tu aimes aussi ses puces.

Chien échappé à l'entrave, sifflet ne le fait pas revenir.

Beaucoup de chasseurs déroutent les chiens.

ALBANAIS

Le loup devenu vieux est la risée des chiens.

Un chien sans queue ne peut exprimer sa joie.

Les chiens aboient, la caravane avance.

ALLEMAND

Le parrain du loup doit avoir un chien sous son manteau.

On prend le lièvre avec des chiens, le sot avec des louanges, la femme avec de l'or.

Le chien ronge sa courroie, et finit par prendre goût au cuir.

Chiens arrosés craignent l'eau.

ANGLAIS

Si vous avez un chien chez vous, n'aboyez pas vous-même.

Les chiens affamés mangent même le mauvais pudding.

Le chien lèche l'arme qui l'a blessé.

L'amour est un chien couchant qui aime mieux être battu par son maître qu'être caressé par un autre.

Tous ne sont pas voleurs à qui les chiens aboient.

Un vieux chien mord dur.

Les chiens morts ne mordent pas.

Un bon chien mérite un bon os.

Les petits chiens font lever le lièvre, les grands l'attrapent.

Un chien maigre traverse une haie, les gens maigres traversent les maladies.

Un chien dans sa maison est un lion.

L'avare, comme le chien de cuisine, tourne la broche pour autrui.

Faites une mauvaise réputation à un chien et pendez-le.

« Nous autres, chiens de chasse, nous avons tué le lièvre », dit le bichon.

La vérité est un chien que l'on renvoie au chenil, tandis que dame levrette a le droit de s'installer devant l'âtre.

Une femme ment aussi vite qu'un chien lèche un plat.

ARABE

Le lion devenu vieux est la risée des chiens.

Le lion ne boit pas où a lapé le chien.

Engraisse ton chien, il te dévorera.

Ne jouez pas avec les chiens, ils deviendraient vos cousins.

Au chien qui a de l'argent, on dit « monseigneur ».

Quand un chien vous aide à passer le fleuve, vous ne demandez pas s'il a la gale.

N'appelez pas le tigre pour chasser le chien.

Querelle de lion : un jour ; querelle de chien : toujours.

Embrasse le chien sur la bouche jusqu'à ce que tu aies obtenu ce que tu veux.

Un chien reconnaissant vaut mieux qu'un homme ingrat.
Mieux vaut un chien en liberté qu'un lion dans une cage.
Le chien reste chien, serait-il élevé parmi les lions.
Quand un chien se noie, chacun lui offre à boire.
Le chien ne chasse pas avec une laisse en or.
Le chien chez son maître est un lion.
Il ne suffit pas à un chien d'avoir la queue coupée pour ressembler à un cheval.
Les chiens se mordent les uns les autres, mais dès qu'ils voient le loup, ils s'unissent.
Les chiens aboient, la caravane passe.
Les chiens ont beau aboyer à la lune, elle n'en brille pas moins.

ARMÉNIEN

Le renard ne désire qu'une chose, ne pas voir le chien et ne pas être vu par le chien.
Sur le chien qui n'aboie pas, le loup se jette.
Les chiens, qui se battent entre eux, s'unissent contre le loup.

BASQUE

Notre chien sait flatter avec la queue et mordre avec la bouche.

BELGE

Un chien qui pisse fait pisser l'autre.
Tant que le chien pisse, le lièvre s'enfuit.
On ne lie pas les chiens avec des saucisses.
Il n'y a rien de tel qu'un chien laid pour bien aboyer.
Querelles de chiens, ils se raccommodent à la soupe.

BULGARE

Fais confiance à ta chienne plutôt qu'à ta jolie femme.

CAMBODGIEN

Le chien aboie et ne mord pas, le tonnerre gronde et il ne pleut pas.

CANADIEN

Il n'est pas permis de tuer le chien pour sauver la queue de la chatte.
Si les chiens chiaient des haches, ils se fendraient le cul.

CHINOIS

Ne chassez pas un chien sans savoir qui est son maître.
Qui ne nourrit pas le chien nourrit le voleur.
Le chien au chenil aboie à ses puces, le chien qui chasse ne les sent pas.
Lorsqu'on prend un gourdin pour appeler un chien, il ne vient pas.
En montrant du doigt la poule, injurie le chien.
Les pensées du cœur sont dévoilées par l'alcool, les lièvres cachés dans les herbes sont levés par les chiens.
Ce ne sont pas les puces des chiens qui font miauler les chats.

CORÉEN

Le chien qui est entre deux monastères ne reçoit rien.
Le chiot d'un jour ne craint pas le tigre.
Un chiot vivant est plus utile qu'un ministre mort.

CRÉOLE

Tout chien est fort à la porte de son maître.
Le chien n'aime pas la banane et il ne veut pas que la poule en mange.
Un chien a quatre pattes, mais il ne peut prendre qu'un seul chemin.
Les poils du chien guérissent la morsure du chien.
Détestez le chien, mais ne dites pas qu'il a les dents noires.
Le petit chien conduit le gros chien à le mordre.

Chaque chien lèche sa queue selon son goût.

ESPAGNOL

À chair de loup, dent de chien.

Celui qui porte un bâton ne sera pas mordu par un chien.

Chien fainéant est tout puces.

C'est le dernier que le chien mord.

Le chien qui tue les loups, les loups finissent par le manger.

Le chien du jardinier, même s'il néglige sa pâtée, gronde quand un autre s'approche de l'assiette.

GAÉLIQUE

Chaque chien est courageux à sa propre porte.

GÉORGIEN

Le chien aboie même à Jérusalem.

Le chien qui ne peut pas mordre aboie de loin.

Dans un pays sans chien, on ferait aboyer le chat.

GREC

Le chien qui lâche sa proie pour l'ombre n'a ni l'ombre ni le corps.

En caressant le chien, conserve le fouet à la main.

Les chiens aboient contre les inconnus.

Il vaut mieux irriter un chien qu'une vieille femme.

Les chiennes ressemblent à leurs maîtresses.

HÉBREU

Si le chien aboie, entre ; si c'est la chienne, sors.

Deux chiens peuvent tuer un lion.

HONGROIS

À la longue, le chien passe un compromis avec le chat.

INDIEN

Les chiens aboient contre les roues qui tournent.

Tout chien est un tigre dans sa propre ruelle.

Il ne suffit pas à un chien d'avoir la queue coupée pour ressembler à un cheval.

Un chien sans queue ne peut montrer son amour.

Les chiens aboient, mais la caravane passe.

Un chien ne mord qu'au-dessus du genou.

Méfie-toi de l'eau profonde et du chien qui n'aboie pas.

ITALIEN

La plaisanterie doit mordre comme une brebis, et non comme un chien.

Le chien qui a léché des cendres ne se fie plus à la farine.

JAPONAIS

Si tu dois être chien, sois chien de samouraï.

MALAIS

Chien caressé agite la queue.

MALGACHE

Une troupe de pintades est impénétrable au chien.

Un chien n'est enragé que s'il est maigre.

Aboiement de chien : ce n'est pas de courage, mais de peur.

La porte du débiteur est toujours gardée par un chien féroce.

NÉERLANDAIS

Si le voleur cessait de voler, le chien cesserait d'aboyer.

Un chien avec un os ne connaît pas d'amis.

POLONAIS

Un chien n'en mord pas un autre.

Un chien et un vieux garçon peuvent tout faire.

Le plus grand amour est celui d'une mère, vient ensuite l'amour d'un chien, puis l'amour d'un amant.

RUSSE

Le loup ne craint pas le chien de berger, mais son collier à clous.

Le chien ne rêve que d'os.

Même d'un bon chien, on attrape des puces.

Quand on couche avec des chiens, on se lève avec des puces.

Dehors, l'homme et le chien ; dedans, la femme et la chatte.

Qui fréquente le chien apprend à haleter.

Tous les chiens qui aboient ne mordent pas.

Le chien aboie, le vent emporte.

Si le chien doit être battu, on trouvera un bâton.

On n'habitue pas un vieux chien à la chaîne.

Le chien ne sait pas nager avant que l'eau ne soit à ses oreilles.

Notre chien est si bon que le renard a fait ses petits dans notre poulailler.

La neige est blanche, mais le chien y pisse ; la terre est noire, mais elle produit le froment.

SCANDINAVE

Un Danois ne se croit pas diminué parce qu'un chien a aboyé après lui.

TCHÈQUE

Celui qui veut battre le chien trouve toujours un bâton.

L'aboiement du chien ne fait rien à la lune.

Beaucoup de chiens, c'est la mort du lièvre.

THAÏ

Si un chien vous mord, ne mordez pas le chien.

TURC

Quand on veut tuer un chien, on dit qu'il a souillé le mur de la mosquée.

Le chien qui veut mordre ne montre pas ses dents.

Chien affamé ne craint pas le lion.

C'est l'os qui tient fermée la gueule du chien.

VIETNAMIEN

Le chien aboie après les habits déchirés.

CHOUCAS

ALBANAIS

Qui n'a pas de poule a le choucas.

ALLEMAND

Si tu ne veux pas que les choucas t'assiègent de leurs cris, ne sois pas la boule d'un clocher.

ANGLAIS

L'aigle vole seul ; ce sont les corbeaux, les choucas et les étourneaux qui vont en groupe.

CHOUETTE

ALLEMAND

Les chouettes ne se moquent pas des faucons.

ANGLAIS

L'ignorant a des ailes d'aigle et des yeux de chouette.

NÉERLANDAIS

Chacun trouve que sa chouette est un faucon.

La sottise a des ailes d'aigle et des yeux de chouette.

SCANDINAVE

La chouette ne loue pas la lumière, pas plus que le loup le jour.

Celui qui n'a pas de faucon doit chasser avec des chouettes.

CIGALE

MALGACHE

La voix de la cigale couvre les champs, mais son corps entier tient dans la main.

CIGOGNE

ALLEMAND

Qui invite des cigognes doit avoir des grenouilles.

CHINOIS

La beauté à quatre pattes, ce peut être un cerf ; la beauté à deux pattes, une cigogne ; la beauté ne dépend pas du nombre de pattes.

SCANDINAVE

Les abeilles ont leur reine et les cigognes leur conducteur.

COCHON

ALLEMAND

Qui se mêle au son sera mangé par les cochons.

ANGLAIS

N'achetez pas un cochon dans un sac.

Nourrissez un pourceau, vous aurez un cochon.

CANADIEN

Fais du bien à un cochon et il viendra chier sur ton balcon.

CRÉOLE

C'est la graisse du cochon qui a cuit le cochon.

Le cochon ne défèque pas là où il dort.

Il ne faut pas regarder la saleté du cochon pour en manger.

GAÉLIQUE

C'est le cochon du prêtre qui a le plus de bouillie.

Ne donne pas de cerises aux cochons, ne donne pas de conseil à un fou.

GÉORGIEN

Un cochon sale en a sali une centaine d'autres.

HONGROIS

Les oies nombreuses ont raison d'un cochon.

NÉERLANDAIS

Lorsque le cochon rêve, c'est d'eau de vaisselle.

Quand on laisse la grille ouverte, les cochons piétinent le blé.

SCANDINAVE

Ne remercie pas pour le cochon de lait avant de l'avoir dans ton sac.

COLIMAÇON

ALLEMAND

Sois colimaçon dans le conseil, aigle dans l'action.

SCANDINAVE

Le colimaçon a peur des voisins médisants : il emporte sa maison avec lui.

COLOMBE

ALLEMAND

Le moineau dans la main vaut mieux que la colombe sur le toit.

Quand la colombe fréquente le corbeau, ses plumes restent blanches, mais son cœur devient noir.

ANGLAIS

On ne trouve pas de colombes dans un nid de corbeau.

COQ

AFRICAIN

La poule connaît l'aube, mais elle attend le chant du coq.

La poule ne chante pas en présence du coq.

Deux coqs ne chantent point sous le même toit.

Quand le coq est ivre, il oublie la hache.

Un coq ne chante pas dans l'œuf.

Tous les coqs qui chantent ont d'abord été des œufs.

Le coq ne chante pas sur deux toits.

Le jour se lève, même s'il n'y a pas de coq pour le chanter.

ANGLAIS

C'est une demeure bien triste là où la poule glousse plus fort que le coq.

Un coq sur son fumier donne toujours de la voix.

ARABE

Le coq éloquent chante déjà dans son œuf.

Chaque coq est maître de chanter sur son fumier.

Fête ou deuil, on coupe la tête au coq.

Que le coq chante ou non, le jour se lève.

Qui prend le coq pour guide aura un poulailler pour refuge.

BIRMAN

Si le coq hérisse ses plumes, il est aisé de le plumer.

Ce n'est pas le caquetage de la poule qui fait lever le jour, c'est le chant du coq.

BULGARE

Bon coq n'a jamais trop de poules.

GREC

Pour qui est chanceux, même le coq pond des œufs.

Là où chantent plusieurs coqs, le jour est en retard.

Mieux vaut être coq un an que poule pendant quarante ans.

Là où est le coq, les poules sont.

HONGROIS

Chaque coq est seigneur sur son fumier.

ITALIEN

Quand les poules chantent, le coq se tait.

Pauvre maison que celle où les poules chantent et le coq se tait.

JAPONAIS

Il vaut mieux être le bec du coq que la queue du taureau.

MALGACHE

Coqs nombreux dans un enclos : chacun veut chanter et faire taire les autres.

NÉERLANDAIS

La maison est à l'envers lorsque le coq se tait et que la poule chante.

RUSSE

Pour qui a de la chance, son coq pondra.

SERBO-CROATE

Laissez le coq passer le seuil, vous le verrez bientôt sur le buffet.

TURC

Le coq qui chante trop tôt aura le cou tordu.

Chaque coq chante dans l'endroit où l'on jette les balayures.

Deux coqs ne peuvent pas chanter dans un même lieu.

CORBEAU

AFRICAIN

Il y a des gens que l'épervier pond et que le corbeau couve.

ALLEMAND

Une charogne rassemble les corbeaux.

Quand la colombe fréquente le corbeau, ses plumes restent blanches, mais son cœur devient noir.

ANGLAIS

Le corbeau critique la noirceur.

Les corbeaux ont beau se plonger dans l'eau, cela ne les blanchit pas.

L'aigle vole seul ; ce sont les corbeaux, les choucas et les étourneaux qui vont en groupe.

On ne trouve pas de colombes dans un nid de corbeau.

ARABE
Élève des corbeaux, ils te crèveront les yeux.

CORÉEN
Quand un corbeau s'envole d'un poirier, une poire tombe.

ESPAGNOL
Nourris le corbeau, il te crèvera les yeux.

GÉORGIEN
D'un œuf de corbeau ne sort qu'un corbeau.

GREC
De mauvais corbeau, mauvais œuf.
Le corbeau ne crève pas l'œil du corbeau.
C'est du bonheur, si tu veux, que le corbeau t'annonce.

INDIEN
Le corbeau deviendrait-il un cygne en se baignant dans le Gange ?
Il ne suffit pas d'enfermer un corbeau dans une cage pour le faire parler comme un perroquet.
Quand le riz est répandu, les corbeaux ne manquent pas.

MONGOL
Le corbeau, en voulant imiter le canard, s'est noyé en entrant dans l'eau.

NÉERLANDAIS
Lorsque le loup devient vieux, les corbeaux le chevauchent.

RUSSE
Grain semé ne pousse plus si le corbeau l'a vu.
Le corbeau ne crève pas les yeux d'un autre corbeau.
Les corbeaux ont passé la mer, l'esprit ne leur est pas venu.

SCANDINAVE
Pour le corbeau, ce sont toujours ses petits qui sont les plus blancs.

TCHÈQUE
Le corbeau se pose à côté du corbeau et l'égal cherche l'égal.

THAÏ
N'étale pas tes entrailles pour que les corbeaux s'en repaissent.

TURC
Plutôt mon corbeau que le rossignol d'autrui.

CORNEILLE

ALLEMAND
Une corneille ne crève pas les yeux à une autre corneille.

BULGARE
Nourris une corneille, elle t'arrachera les yeux.
La corneille ne pique pas le bœuf pour le nettoyer, mais pour se nourrir.

CHINOIS
Dans le monde entier, les corneilles sont noires.

RUSSE
Dans son nid, la corneille arracherait les yeux au vautour.
Une vieille corneille ne croasse pas en vain.
La corneille effrayée craint le buisson.
Quand le faucon est blessé, même la corneille le pique du bec.

TURC
Corneille sur la main vaut mieux qu'aigle en l'air.

CRABE

CRÉOLE
Tous les crabes meurent dans les beignets.
À suivre des amis, le crabe a perdu son trou.
Il n'y a pas deux crabes mâles dans un même trou.

Tous les crabes connaissent leur trou.
C'est de trop parler qui a fait que le crabe n'a pas de tête.

GREC

On ne peut apprendre au crabe à marcher droit.

ITALIEN

Le sage sort le crabe de son trou avec la main d'autrui.

MALAIS

Le crabe enseigne à ses petits à marcher droit.

MALGACHE

Vaine abondance, tel est le cas des pattes du crabe !

CRAPAUD

AFRICAIN

Celui qui place un crapaud en tête d'un groupe ne doit pas se plaindre ensuite de sa manière de sauter.
Le crapaud n'a pas de queue, mais Dieu l'évente.

BULGARE

Le crapaud, voyant que l'on ferre le bœuf, a levé lui aussi la patte.

INDIEN

Quand l'étang se remplit, les crapauds s'assemblent.

CREVETTE

CHINOIS

Le dragon immobile dans les eaux profondes devient la proie des crevettes.

CORÉEN

Quand les baleines se battent, les crevettes ont le dos brisé.

CRÉOLE

Quand les gros poissons se battent, les crevettes doivent se tenir tranquilles.

CROCODILE

AFRICAIN

Si longtemps qu'un morceau de bois reste dans l'eau, il ne se change pas en crocodile.
Le crocodile sort du fleuve et lèche la rosée.
L'eau ne tue pas le petit crocodile.
Tant que l'on n'a pas traversé la rivière, on n'insulte pas le crocodile.
La force du crocodile, c'est l'eau.

CRÉOLE

Si le crocodile dit que le gué est profond, crois-le.

GREC

Il y a société entre le crocodile et le roitelet.

MALAIS

Le crocodile n'est pas ennemi du cadavre.
Quand l'eau est calme, il ne faut pas croire qu'il n'y a pas de crocodiles.
Quand tu traverses une rivière, il peut t'arriver d'être avalé par un crocodile, mais ne te laisse pas mordre par les petits poissons.

MALGACHE

Le crocodile affamé ne choisit pas sa proie.
Vous remontez le courant, vous êtes la proie du caïman ; vous le redescendez, vous êtes la proie du crocodile.

THAÏ

Si vous montez à terre, vous rencontrez le tigre ; si vous descendez dans une barque, vous rencontrez le crocodile.

CYGNE

INDIEN

Le corbeau deviendrait-il un cygne en se baignant dans le Gange ?

D

DINDON

CRÉOLE

Mieux vaut ta propre morue que le dindon des autres.

DRAGON

CHINOIS

Le dragon immobile dans les eaux profondes devient la proie des crevettes.

Qui veut devenir dragon doit manger beaucoup de petits serpents.

E

ÉCREVISSE

CORÉEN

Quand les requins se battent entre eux, les écrevisses ont le dos brisé.

RUSSE

Quand le poisson manque, l'écrevisse est un poisson.

Là où le cheval frappe du sabot, l'écrevisse y va de sa pince.

ÉCUREUIL

AFRICAIN

Ce qui arrive au lièvre arrive à l'écureuil.

Un petit écureuil peut soulever une grosse noix.

AMÉRICAIN

L'écureuil réussit en grimpant.

ÉLÉPHANT

AFGHAN

Qui a des éléphants doit avoir de grandes portes.

Si tu es un éléphant, n'offense pas le chat.

AFRICAIN

Les bois que cassent les singes tombent sur le dos des éléphants.

Le bœuf ne se vante pas de sa force devant l'éléphant.

L'éléphant n'est pas fatigué de porter sa trompe.

L'éléphant abat des arbres, mais il ne se chauffe pas.

Un seul homme a tué l'éléphant, tout le monde va le manger.

Quand deux éléphants se battent, l'herbe en souffre.

L'éléphant et le lièvre ne sont pas compagnons de voyage.

Tu vas à la chasse aux éléphants et tu rencontres un escargot, prends-le.

Qui est monté sur l'éléphant n'est pas battu par la rosée.

S'il n'y avait pas d'éléphants dans la brousse, le buffle serait énorme.

Ce qui est plus fort que l'éléphant, c'est la brousse.

Une peau d'éléphant est trop grande pour qu'on en fasse une outre.

À la danse du cul, le lièvre et l'éléphant ne sont pas partenaires.

ARABE

Les éléphants glissent sur les roses.

Une main douce conduit l'éléphant avec un cheveu.

L'éléphant n'est pas fatigué de porter sa trompe.

Il est dangereux de se faire trop d'ennemis, car même un petit tas de vermine peut détruire un immense éléphant.

CAMBODGIEN

L'éléphant embourbé entraîne l'arbre avec lui.

Les éléphants se battent et les fourmis meurent.

ÉTHIOPIEN

L'éléphant ne tombe pas pour une côte cassée.

GREC

On ne compare pas un moustique à un éléphant.

INDIEN

Il faut déjà des éléphants pour faire la chasse aux éléphants.

Le monde flatte l'éléphant et piétine la fourmi.

Tiens-toi à sept pas de l'éléphant, à dix du buffle, à vingt d'une femme et à trente d'un homme ivre.

La main du brahmane et la trompe de l'éléphant ne connaissent pas le repos.

La maladie vient par la bouche d'un éléphant et s'en va par celle d'une fourmi [la guérison est lente].

Si tu tues, tue un éléphant ; si tu voles, vole un trésor.

Un moustique perdant une aile, c'est un éléphant perdant une jambe.

JAPONAIS

Un cheveu de femme est assez fort pour tenir en laisse un éléphant.

MALAIS

Les éléphants se battent, et le chevrotain au milieu d'eux meurt écrasé.

THAÏ

Ne te mêle pas d'aider l'éléphant en portant ses défenses.

Pour juger d'un éléphant, il faut regarder sa queue ; pour une jeune fille, il faut voir sa mère.

Le pied de l'éléphant ferme le bec de l'oiseau.

TURC

Tiens pour un éléphant ton ennemi, ne fût-il pas plus gros qu'une fourmi.

VIETNAMIEN

À défaut d'éléphant, on prend le buffle pour l'animal le plus gros.

Ne te mêle pas d'aider l'éléphant à porter ses défenses.

Les éléphants sont tués pour leur ivoire, les oiseaux pour leurs plumes.

ÉPERVIER

AFRICAIN

On ne regarde l'épervier que s'il emporte une proie.

Il y a des gens que l'épervier pond et que le corbeau couve.

ARABE

Ne dis pas tes peines à autrui ; l'épervier et le vautour s'abattent sur le blessé qui gémit.

ESCARGOT

AFRICAIN

L'escargot qui se méfie deviendra un vieil escargot.

Tu vas à la chasse aux éléphants et tu rencontres un escargot, prends-le.

AMÉRICAIN

C'est quelqu'un d'autre qui peut dire à l'escargot comment est sa coquille.

CHINOIS

Quand l'escargot bave, ne lui en demandez pas la raison.

ÉTALON

AFRICAIN

Quand la maladie attrape quelqu'un, elle monte un étalon, mais, quand elle en sort, elle monte une tortue.

ALLEMAND

Si l'étalon et la jument trottent, comment le poulain irait-il lentement ?

Qui se garde poulain se retrouve étalon.

ARABE

Le temps enfante sans étalon.

BASQUE

L'étalon ne sent pas les coups de pied de la jument.

BELGE

Un bon étalon pète en pissant.

ÉTOURNEAU

ANGLAIS

L'aigle vole seul ; ce sont les corbeaux, les choucas et les étourneaux qui vont en groupe.

F

FAON

GREC

La vieillesse du lion vaut plus que la jeunesse du faon.

FAUCON

ALLEMAND

Les chouettes ne se moquent pas des faucons.

ARABE

Le faucon une fois pris ne se débat plus.

Un moineau dans la main vaut mieux qu'un faucon dans l'air.

HONGROIS

Les hiboux voient dans leur fils un faucon.

NÉERLANDAIS

Chacun trouve que sa chouette est un faucon.

RUSSE

Quand le faucon est blessé, même la corneille le pique du bec.

Connais l'oiseau à la plume et le faucon au vol.

L'aigle est le tsar des oiseaux et cependant il redoute le faucon.

SCANDINAVE

Celui qui n'a pas de faucon doit chasser avec des chouettes.

TURC

L'oiseau affamé fait son nid même auprès du faucon.

FOURMI

AMÉRICAIN

Nul ne prêche si bien que la fourmi, et elle ne dit rien.

ARABE

Il faut que le hasard renverse la fourmi pour qu'elle voit le ciel.

Quand les ailes poussent à la fourmi, c'est pour sa perte.

Dans la nuit noire, sur une table de marbre noir, une fourmi noire, Dieu la voit.

Dans la maison de la fourmi, la rosée est un déluge.

Les fourmis assemblées peuvent vaincre le lion.

CAMBODGIEN

Ne confiez pas de sucre aux fourmis.

Les éléphants se battent et les fourmis meurent.

GÉORGIEN

Lorsque l'arbre est déraciné, les fourmis le prennent d'assaut.

GREC

Une fourmi elle-même a sa colère.

Le grillon est cher au grillon, et la fourmi à la fourmi.

INDIEN

Le chardon ne produira jamais de figues, la fourmi ne fera jamais de miel.

La maladie vient par la bouche d'un éléphant et s'en va par celle d'une fourmi [la guérison est lente].

Le monde flatte l'éléphant et piétine la fourmi.

MALGACHE
La charge d'une fourmi est un grain de riz.
La fourmi, perchée sur la corne du zébu, s'imagine qu'elle est pour quelque chose dans le balancement de sa tête.

RUSSE
La fourmi est très petite, mais elle entre dans les oreilles du lion.
La fourmi n'est pas grande, mais elle creuse la montagne.

THAÏ
Quand l'eau baisse, les fourmis mangent les poissons ; quand l'eau remonte, les poissons mangent les fourmis.

TURC
Tiens pour un éléphant ton ennemi, ne fût-il pas plus gros qu'une fourmi.

G

GAZELLE

AFGHAN
Mange trop, tu palpiteras comme un poisson ; mange peu, tu sauteras comme une gazelle.

AFRICAIN
Quand le léopard est absent, la gazelle danse.
La gazelle saute, comment son petit ramperait-il ?

ARABE
La gazelle altérée n'écoute que sa soif.
Le léopard ne salue pas la gazelle, si ce n'est pour sucer son sang.
Le singe se regarda dans un miroir et se vit gazelle.
La fortune vient à pas de tortue et fuit comme une gazelle.

GÉNISSE

AFRICAIN
Les coups de corne de la génisse ne font pas mal au taureau.

ESPAGNOL
Si l'on te donne une génisse, mets-lui la corde au cou.

GREC
La génisse chante le chant du taureau.

RUSSE
La génisse douce tète deux mamelles.

GRENOUILLE

AFRICAIN
Quand le lézard mange du poivre, c'est la grenouille qui transpire.
La grenouille aime l'eau, mais pas l'eau bouillante.
C'est de remettre à demain qui a fait perdre sa queue à la grenouille.

ALLEMAND
Mettez une grenouille sur un trône d'or, et aussitôt elle sautera dans sa mare.
Qui invite des cigognes doit avoir des grenouilles.

ARABE
Celui qui passe la nuit dans la mare se réveille cousin des grenouilles.

BULGARE
Chaque grenouille dans sa flaque.

CORÉEN
La grenouille ne pense pas qu'elle vient d'un têtard.

CRÉOLE
La grenouille en sait plus sur la pluie que l'almanach.

GÉORGIEN
On ferrait le cheval, et la grenouille, allongeant sa patte, a dit : « Ferrez-moi aussi. »

GREC

Quand la grenouille est en colère, l'étang l'ignore.

INDIEN

Quand le coassement des grenouilles prend fin, on n'en apprécie que mieux le silence.

JAPONAIS

La grenouille dans un puits ne sait rien de la haute mer.

MALGACHE

Quand les canards font du tapage, les grenouilles se tiennent pour averties.

NÉERLANDAIS

Posez une grenouille sur une chaise en or, elle sautera à nouveau dans la mare.

RUSSE

Où il y a un étang, il y a des grenouilles.

Le lièvre court devant le renard, et la grenouille devant le lièvre.

GRILLON

AFRICAIN

C'est en remuant l'herbe que l'on prend des grillons.

GREC

Le grillon est cher au grillon, et la fourmi à la fourmi.

RUSSE

Par la ruse, on peut prendre un lion ; par la force, pas même un grillon.

GRUE

ESPAGNOL

Mieux vaut le moineau dans la main que la grue qui vole au loin.

RUSSE

Une mésange dans la main vaut mieux qu'une grue dans le ciel.

GUÊPE

ANGLAIS

Une femme en colère est une guêpe piquante.

JAPONAIS

Il y a toujours une guêpe pour piquer le visage en pleurs.

H

HARENG

ANGLAIS

Pas de harengs, pas de mariage.

NÉERLANDAIS

On pend le hareng par ses ouïes.

HÉRISSON

AFRICAIN

Le poing tue le hérisson, mais la main n'ose pas.

ALLEMAND

Les fautes et les hérissons naissent sans dards, mais c'est ensuite que nous ressentons leurs blessures.

GREC

Il n'y a pas de moyen pour polir le hérisson.

HÉRON

ARABE

Le poisson mange le poisson et le héron les mange tous les deux.

HIBOU

ALLEMAND

Suivez le hibou, il vous conduira parmi les ruines.

ANGLAIS

Le malheur, comme le hibou, évite la lumière.

HONGROIS

Les hiboux voient dans leur fils un faucon.

SCANDINAVE

Faute de rossignols, on se contente de hiboux.

HIPPOPOTAME

AFRICAIN

Une dette est comme une empreinte d'hippopotame.

HIRONDELLE

ESPAGNOL

L'ami par intérêt, c'est une hirondelle sur le toit.

GREC

Une hirondelle ne fait pas le printemps.

RUSSE

La fleur et l'hirondelle n'annoncent pas toujours le printemps.

HOMARD

SCANDINAVE

Où le cheval galope, le homard veut aussi avancer.

HUÎTRE

SCANDINAVE

Qui veut manger des huîtres doit en ouvrir l'écaille.

HYÈNE

AFRICAIN

On ne confie pas à l'hyène le cadavre d'une antilope.

L'hyène ne dort pas avec les moutons.

L'hyène a poursuivi deux antilopes à la fois, elle passera la nuit avec la faim.

C'est l'appât puant qui prend l'hyène.

Certains attachent avec précaution les chevrettes, puis ils font signe en cachette aux hyènes

ÉTHIOPIEN

« Ô agneau ! Si je ne te mange pas, tu me mangeras », dit la hyène.

I – J

IBIS

JAPONAIS

La chauve-souris s'enorgueillit en l'absence des ibis.

JUMENT

ALLEMAND

Si l'étalon et la jument trottent, comment le poulain irait-il lentement ?

ARABE

Une jument de noble race n'a pas honte de son fumier.

BASQUE

L'étalon ne sent pas les coups de pied de la jument.

ESPAGNOL

Ruades de jument sont amours pour le roussin.

GÉORGIEN

La jument maigre donne le jour à un beau poulain.

TCHÈQUE

Une bonne jument trouve acquéreur à l'étable, une rosse doit courir les foires.

TURC

Qui enfourche la jument d'autrui est bientôt désarçonné.

L

LAPIN

CRÉOLE

Avant que tu aies été lapin, j'étais déjà clapier.

LÉOPARD

AFRICAIN

La force du léopard est dans la forêt, la force du crocodile est dans l'eau.

Même si le léopard dort, le bout de sa queue ne dort pas.

Deux léopards ne se promènent pas dans la même forêt.

Quand le léopard est absent, la gazelle danse.

L'héritier du léopard hérite aussi de ses taches.

Le léopard ne se déplace pas sans ses taches.

ARABE

Le léopard ne salue pas la gazelle, si ce n'est pour sucer son sang.

CHINOIS

La peau tannée du léopard ne se distingue pas tout de suite de la peau tannée du mouton.

ÉTHIOPIEN

Ne tenez pas la queue du léopard, mais si vous la tenez, ne la lâchez plus.

LÉVRIER

ANGLAIS

La vérité est un chien que l'on renvoie au chenil, tandis que dame levrette a le droit de s'installer devant l'âtre.

ESPAGNOL

À la longue, le lévrier force le lièvre.

Femmes et lévriers doivent avoir la taille fine.

LÉZARD

AFRICAIN

Quand le lézard mange du poivre, c'est la grenouille qui transpire.

ARABE

Jetez une pierre à la tête d'un serpent, même si ce n'est qu'un lézard.

LIÈVRE

AFGHAN

Pour prendre le lièvre du pays, il faut le chien du pays.

AFRICAIN

L'éléphant et le lièvre ne sont pas compagnons de voyage.

Ce qui arrive au lièvre arrive à l'écureuil.

À la danse du cul, le lièvre et l'éléphant ne sont pas partenaires.

Si le lièvre est ton ennemi, avoue sa rapidité à la course.

ALLEMAND

Le lièvre tire la crinière du lion mort.

On prend le lièvre avec des chiens, le sot avec des louanges, la femme avec de l'or.

ANGLAIS

Les petits chiens font lever le lièvre, les grands l'attrapent.

« Nous autres, chiens de chasse, nous avons tué le lièvre », dit le bichon.

Un aveugle peut attraper un lièvre.

Le lièvre vivant tire la moustache du lion mort.

On ne trouve lièvre sans terrier ni femme sans excuse.

BASQUE

C'est de race que le lièvre est peureux.

BELGE

Tant que le chien pisse, le lièvre s'enfuit.

CHINOIS

Les pensées du cœur sont dévoilées par l'alcool, les lièvres cachés dans les herbes sont levés par les chiens.

CORÉEN

Dans la vallée où il n'y a pas de tigres, le lièvre est roi.

ESPAGNOL

Le lièvre saute au moment où l'on s'y attend le moins.

À la longue, le lévrier force le lièvre.

GREC

Celui qui court deux lièvres à la fois n'en prend aucun.

INDIEN

Un Turc, un perroquet et un lièvre ne sont jamais reconnaissants.

Pour chasser le lièvre, prends aussi l'arme qui peut tuer le tigre.

Le lièvre et la femme sont à vous tant que vous les tenez.

Le lièvre qui s'est échappé avait huit pattes.

NÉERLANDAIS

Plus petit est le bois, plus gros semble le lièvre.

RUSSE

Le lièvre court devant le renard, et la grenouille devant le lièvre.

TCHÉQUE

Beaucoup de lièvres, peu de trognons de chou.

Beaucoup de chiens, c'est la mort du lièvre.

La vache ne peut pas attraper un lièvre.

TURC

On prend quelquefois le lièvre avec un chariot à bœufs.

LION

AFRICAIN

Si tu vois une chèvre dans le repaire du lion, crains-la.

Le lion en chasse pour tuer ne rugit pas.

Le lion rugit dans la brousse.

Même si le lion rugit, il ne dévore pas son petit.

Un lion, c'est d'autres lions.

Le lion dort avec ses dents.

Si tu frappes un lion, c'est ta tête qui souffrira.

L'union dans le troupeau oblige le lion à se coucher avec sa faim.

Le lionceau meurt plutôt que de manger des mouches.

Un seul lionceau vaut mieux qu'un plein panier de petit chats.

ALBANAIS

Le chat est un lion pour la souris.

ALLEMAND

Le lion a ses dents et ses griffes, le sanglier a ses cornes, la seiche a son encre qui lui sert à brouiller l'eau autour d'elle ; la nature a donné à la femme son pouvoir de mensonge.

Le lièvre tire la crinière du lion mort.

ANGLAIS

Devant la patte du lion, la ruse du renard est un petit service.

N'éveillez pas le lion qui dort.

Chacun est lion dans sa propre cause.

Le fanfaron tue un lion absent et craint une souris présente.

Le chirurgien doit avoir un œil d'aigle, un cœur de lion et une main de femme.

Un chien dans sa maison est un lion.

Les ruses du renard n'entrent pas dans la tête du lion.

Le lièvre vivant tire la moustache du lion mort.

ARABE

Le lion a dit : « Personne ne fera mon affaire mieux que moi-même. »

Le lion ne boit pas où a lapé le chien.

Si tu dis que le lion est un âne, va lui mettre un licou.

L'antre du lion n'est jamais vide d'ossements.

Qui tue le lion en mange, qui ne le tue pas en est mangé.

Le lion devenu vieux est la risée des chiens.

Ta langue est un lion ; si tu l'attaches, elle te gardera ; si tu la laisses échapper, elle te dévorera.

Le lion et le rossignol sont toujours altérés.

Le soupir d'une jolie fille s'entend plus loin que le rugissement d'un lion.

Qui osera dire au lion : « Ta bouche sent mauvais » ?

Querelle de lion : un jour ; querelle de chien : toujours.

Assieds-toi dans le cœur d'un lion plutôt que dans celui d'un homme.

Il vaut mieux être dévoré par le lion que désarticulé par les chacals.

Méfie-toi du tigre plus que du lion, et d'un âne méchant plus que du tigre.

Les fourmis assemblées peuvent vaincre le lion.

Le chien reste le chien, serait-il élevé parmi les lions.

Mieux vaut un chien en liberté qu'un lion dans une cage.

Le chien chez son maître est un lion.

ARMÉNIEN

Je ne conseille pas à un chat d'étrangler un lion.

CANADIEN

Mieux vaut être tête de souris que queue de lion.

ESPAGNOL

Célibataire, un paon ; fiancé, un lion ; marié, un âne !

GAÉLIQUE

Mieux vaut un lion féroce devant soi qu'un chien traître derrière.

GREC

Une armée de cerfs conduite par un lion est plus redoutable qu'une armée de lions conduite par un cerf.

Il n'y a point de traité entre le lion et l'homme, et le loup et l'agneau ne vivent pas en concorde.

Aux griffes, on connaît le lion.

Au lion, la part du lion.

La vieillesse du lion vaut plus que la jeunesse du faon.

Le lion lui-même ne se régale pas toujours de viande.

Quand la peau du lion ne peut suffire, il faut y coudre la peau du renard [quand la force ne suffit pas, il faut y adjoindre la ruse].

La lionne n'a qu'un petit, mais c'est un lion.

HÉBREU

Lion est, qui est fils de lion.

Choisis plutôt d'être la queue du lion que la tête du renard.

Deux chiens peuvent tuer un lion.

INDIEN

L'argent gît dans l'oreille d'un lion.

ITALIEN

Mieux vaut vivre un jour comme un lion que cent ans comme un mouton.

L'amitié des grands : fraternité avec des lions.

MONGOL

Le lion, en marchant sur la neige, ne se gèlera pas les pattes.

RUSSE

La fourmi est très petite, mais elle entre dans les oreilles du lion.

Le lion n'attrape pas les souris.

Par la ruse, on peut prendre un lion ; par la force, pas même un grillon.

SCANDINAVE

On réussit souvent mieux avec la queue du renard qu'avec la griffe du lion.

TURC

Une fois le lion mort, il ne manque pas de braves pour lui arracher la crinière.

Chien affamé ne craint pas le lion.

LOUP

AFGHAN

Tu attraperas le renard avec de l'astuce, et le loup avec du courage.

ALBANAIS

Le loup cherche le brouillard.

Le loup devenu vieux est la risée des chiens.

ALLEMAND

Le parrain du loup doit avoir un chien sous son manteau.

Quand hurle le loup, il lève la tête vers les cieux.

La faim pousse le loup dans le village.

Un loup ne dit pas de mal d'un autre loup.

Loup trouve toujours des raisons pour étrangler les moutons.

Quand le loup enseigne aux oies leurs prières, il les croque pour ses honoraires.

Bien sot est le mouton qui se confesse au loup.

ANGLAIS

Le loup désapprouve le piège, mais non pas lui-même.

La vie du loup est la mort du mouton.

La femme est pour l'homme une déesse ou une louve.

Le mouton isolé est en danger du loup.

ARABE

Le deuil du loup est la fête du renard.

L'héritage du chacal revient au loup.

Les chiens se mordent les uns les autres, mais dès qu'ils voient le loup, ils s'unissent.

ARMÉMIEN

Sur le chien qui n'aboie pas, le loup se jette.

Les chiens, qui se battent entre eux, s'unissent contre le loup.

BASQUE

Ce que le loup fait à la louve plaît.

Qui a le loup pour mari jette souvent la vue sur le bois.

BULGARE

Le loup peut changer de peau, il ne changera pas de caractère.

On vend au marché plus de peaux d'agneau que de peaux de loup.

CHINOIS

Agneau en peau de tigre craint encore le loup.

ESPAGNOL

Celui qui va avec les loups apprend à hurler.

À chair de loup, dent de chien.

Le deuil du loup est la fête du renard.

Le loup perd les dents, mais non la mémoire.

Le chien qui tue les loups, les loups finissent par le manger.

GÉORGIEN

Pendant que le prédicateur prêchait l'Évangile au loup, celui-ci songeait au petit agneau.

GREC

Le loup connaît le loup, le voleur le voleur.

On accuse le loup, coupable ou non.
À petite occasion prend le loup le mouton [sous n'importe quel prétexte].
Le loup peut changer de peau, non de naturel.
Le loup qui se fait vieux ne change pas de poil.
Nourrissez le loup pendant l'hiver, il vous dévorera au printemps.
Nourris un louveteau, il te dévorera.
Il n'y a point de traité entre le lion et l'homme, et le loup et l'agneau ne vivent pas en concorde.

HONGROIS

La mort des loups, c'est la santé des brebis.

INDIEN

Si tu vois un loup lécher un agneau, dis-toi que c'est un mauvais présage.
Ne confie pas au loup la garde du mouton.

ITALIEN

Berger qui vante le loup n'aime pas les moutons.
Ferme l'étable, le loup a mangé les brebis.
Le loup change de poil, mais garde sa gueule.

MONGOL

Un loup reste un loup, même s'il n'a pas mangé tes moutons.

NÉERLANDAIS

Lorsque le loup devient vieux, les corbeaux le chevauchent.

RUSSE

Dans le troupeau uni, le loup n'est pas à craindre.
Le temps n'est pas un loup, il ne fuira pas dans les bois.
Quand le ciel s'assombrit, le loup se réjouit.
Le loup ne craint pas le chien de berger, mais son collier à clous.
Ne te précipite pas dans la forêt, chevrette, et tous les loups seront à toi.
La chèvre actionna le loup en justice, et elle ne conserva que sa barbe et ses cornes.
Le veau qui devance la vache est dévoré par le loup.
Un renard se moque de sept loups.
Le loup apprivoisé rêve toujours de la forêt.
Si vous avez peur du loup, n'allez pas dans la forêt.
On ne tue pas le loup parce qu'il est gris, mais parce qu'il a dévoré la brebis.
Les loups sont rassasiés, les moutons sont entiers.
Le loup a eu pitié de la jument, il a laissé la queue et la crinière.
Polissez un louveteau, vous n'en ferez point un agneau.

SCANDINAVE

Indulgence avec le loup s'appelle injustice envers le mouton.
La chouette ne loue pas la lumière, pas plus que le loup le jour.

TURC

La brebis morte n'a plus peur du loup.

M

MÉSANGE

RUSSE

Une mésange dans la main vaut mieux qu'une grue dans le ciel

MILLE-PATTES

AFRICAIN

Quand on a été mordu par un serpent, on fuit même le mille-pattes.

MOINEAU

AFRICAIN

Où il n'y a pas de vautours, les moineaux empennent les flèches.

ALLEMAND

Le moineau dans la main vaut mieux que la colombe sur le toit.

ARABE

Un moineau dans la main vaut mieux qu'un faucon dans l'air.

ESPAGNOL

Deux moineaux s'accordent mal devant un seul épi.

Mieux vaut le moineau dans la main que la grue qui vole au loin.

HONGROIS

Mieux vaut un moineau aujourd'hui qu'une outarde demain.

POLONAIS

Un moineau au creux de la main vaut mieux qu'un canari sur le toit.

RUSSE

Mieux vaut moineau en cage que poule d'eau qui vague.

On n'attrape pas un vieux moineau avec de la vannure.

SCANDINAVE

Tous les moineaux périraient si le chat avait des ailes.

TCHÈQUE

Un moineau dans la main vaut mieux qu'un pigeon sur le toit.

TURC

Si tu crains les moineaux, ne sème pas de mil.

L'amour est un nid de moineau que l'on ne rebâtit pas après l'avoir détruit.

MORUE

CRÉOLE

Beau boucaud, mauvaise morue.

Mieux vaut ta propre morue que le dindon des autres.

Faute de morues, on mange du poulet.

MOUCHE

AFRICAIN

Les vaches du malchanceux sont mortes d'un coup de pied de mouche.

Le lionceau meurt plutôt que de manger des mouches.

Jette l'os pour éloigner les mouches.

ALLEMAND

Les mouches maigres n'en piquent que plus fort.

AMÉRICAIN

Vous devez perdre une mouche pour attraper une truite.

ANGLAIS

Il ne faut pas rejeter le moucheron et avaler le chameau.

ARABE

Une poignée d'abeilles vaut mieux qu'un sac de mouches.

Les mouches connaissent la figure du laitier.

La mouche tombe facilement dans le miel, mais elle s'en retire difficilement

CRÉOLE

Quand la vache perd sa queue, Dieu balaie les mouches.

ESPAGNOL

La mouche qui pique la tortue se casse le nez.

Les mouches ne se posent pas sur le pot qui bout.

Qui se fait miel, les mouches le mangent.

GÉORGIEN

Toutes les mouches bourdonnent, mais elles ne sont pas des abeilles.

Les mouches s'assemblent là où le miel coule.

INDIEN

L'aigle ne pourchasse pas les mouches.

Où le miel est répandu, les mouches se rassemblent.

ITALIEN

La mouche va si souvent au lait qu'elle y demeure.

Dans une bouche fermée, jamais une mouche n'a pu entrer.

SCANDINAVE

On attrape plus de mouches avec une bouchée de miel qu'avec un tonneau de vinaigre.

TURC

On prend plus de mouches avec un rayon de miel qu'avec un tonneau de vinaigre.

VIETNAMIEN

Quand les buffles et les bœufs se donnent des coups de corne, ce sont les mouches et les moustiques qui trinquent.

MOULE

JAPONAIS

Querelle de bécasse et de moule profite au pêcheur.

MOUSTIQUE

AFRICAIN

Le moustique n'a pas pitié d'un homme maigre.

CHINOIS

Les bourdonnements des moustiques réunis font un bruit de tonnerre.

CRÉOLE

Avec de la patience et du crachat, on fait entrer un pépin de calebasse dans le derrière d'un moustique.

GREC

On ne compare pas un moustique à un éléphant.

INDIEN

Un moustique perdant une aile, c'est un éléphant perdant une jambe.

VIETNAMIEN

Quand les buffles et les bœufs se donnent des coups de corne, ce sont les mouches et les moustiques qui trinquent.

MOUTON

AFRICAIN

Si les moutons ont été admirés, c'est que les bœufs n'ont pas été vus.

Le mouton du pauvre n'aura jamais de graisse.

Ne tonds pas deux moutons à la fois, le second pourrait te mordre.

La panthère et le mouton ne chassent pas ensemble.

Au village où il n'y a pas de bœuf, les pattes du mouton sont grosses.

ALLEMAND

Bien sot est le mouton qui se confesse au loup.

Loup trouve toujours des raisons pour étrangler les moutons.

ANGLAIS

Le mouton isolé est en danger du loup.

Le mouton paresseux trouve sa toison trop lourde.

La vie du loup est la mort du mouton.

ARABE

Tout mouton est pendu par ses propres pattes.

Donne-moi de la laine et demain tu auras un mouton.

La compassion à l'égard de la panthère cruelle est une injustice pour les moutons.

CHINOIS

D'un seul mouton, on n'écorche qu'une peau.

La peau tannée du léopard ne se distingue pas tout de suite de la peau tannée du mouton.

CRÉOLE

Le mouton boit, c'est le cabri qui est soûl.

La chèvre a mordu les cailloux, les dents du mouton sont tombées.

Les affaires du cabri ne sont pas les affaires du mouton.

ESPAGNOL

L'agneau s'en va aussi vite que le mouton.

ÉTHIOPIEN

Le chacal pieux prie au milieu des moutons.

FINNOIS

Un mouton bêle, toute la bergerie a soif.

GÉORGIEN

Si tu pardonnes au renard le vol de la poule, il t'enlèvera le mouton.

GREC

On compte plus facilement ses moutons que ses amis.

À petite occasion prend le loup le mouton [sous n'importe quel prétexte].

HÉBREU

Un mouton en suit un autre.

INDIEN

Ne confie pas au loup la garde du mouton.

ITALIEN

Mieux vaut perdre la laine que le mouton.

Berger qui vante le loup n'aime pas les moutons.

Mieux vaut vivre un jour comme un lion que cent ans comme un mouton.

MALGACHE

Offrir en sacrifice un mouton galeux, c'est vouloir aggraver le mal.

MONGOL

Un loup reste un loup, même s'il n'a pas mangé tes moutons.

NÉERLANDAIS

Les uns tondent des moutons, les autres des porcs.

RUSSE

On ne tire pas deux peaux d'un mouton.

Les loups sont rassasiés, les moutons sont entiers.

SCANDINAVE

Indulgence avec le loup s'appelle injustice envers le mouton.

TURC

Là où le mouton fait défaut, la chèvre est appelée « princesse ».

MULE

BASQUE

C'est jouer à tout perdre que d'enterrer le bât avec la mule morte.

ESPAGNOL

La femme et la mule obéissent aux caresses.

À celui qui s'enrichit, même les mules mettent au monde un poulain.

Qui veut une mule sans défauts doit se résoudre à aller à pied.

L'âne surnomme la mule « longues oreilles ».

RUSSE

Devant mules chargées d'or, tout château ouvre ses portes.

TURC

Le cheval rue, la mule donne des coups de sabot, entre les deux l'âne meurt.

MULET

GREC

Qui peut s'imaginer qu'il y a des mulets et pas d'ânes ?

O

OIE

ALLEMAND

Quand le loup enseigne aux oies leurs prières, il les croque pour ses honoraires.

Partout les oies vont nu-pieds.

Dès qu'une oie boit, toutes s'y mettent.

ANGLAIS

Un renard ne devrait pas être juré au procès d'une oie.

ARABE

« Je vais en voiture », disait une oie que le renard emportait.

La poule du voisin est toujours une oie.

HONGROIS

Les oies nombreuses ont raison d'un cochon.

ITALIEN

Plumez l'oie sans la faire crier.

Plume à plume, on plume l'oie.

MALAIS

Ce que ne prend pas l'oie plaît au canard.

POLONAIS

Trois femmes et trois oies font déjà un marché.

RUSSE

Quand le renard fait carême, enferme tes oies.

SCANDINAVE

L'oie se promène si souvent dans la cuisine qu'elle finit par rester à la broche.

Une oie vola au-delà du Rhin et oie elle revint.

Qui veut attraper le renard, qu'il chasse avec des oies.

TURC

Plutôt le poulet d'aujourd'hui que l'oie de demain.

La poule du voisin nous paraît une oie.

OISEAU

AFRICAIN

Chaque oiseau chante les louanges de l'endroit où il passe la saison chaude.

L'oiseau qui chante trop ne sait pas faire son nid.

Le berger des oiseaux ne brandit pas le bâton.

Le caillou lancé avec colère ne tue pas l'oiseau.

Cacher la glu n'attrape pas les oiseaux.

L'oiseau vient de loin pour se faire engluer.

Au bal des oiseaux, apporte du blé.

ALLEMAND

L'oiseau de proie ne chante pas.

L'oiseau chante comme le lui permet son bec.

À chaque oiseau plaît son nid.

AMÉRICAIN

On connaît un oiseau par sa note et un homme par sa conversation.

ANGLAIS

Les soupçons dans les pensées sont comme les chauves-souris parmi les oiseaux.

Celui qui craint tous les buissons ne dénichera pas un oiseau.

L'oiseau englué dans un buisson se méfie de tous les buissons.

Un oiseau que l'on tient en vaut deux dans le buisson.

Les plus beaux oiseaux sont les pires chanteurs.

On n'attrape pas les vieux oiseaux avec de la balle de grain.

Les oiseaux de même plumage s'assemblent.

Vieil oiseau ne se prend pas à la pipée.

Tout oiseau aime à s'entendre chanter.
C'est l'oiseau matinal qui attrape le ver.
Nul oiseau ne vole haut qu'avec ses propres ailes.
Qui hésite et bat le buisson, un autre vient qui prend l'oisillon.

ARABE

L'oiseau que l'on égorge danse par douleur.
On attrape les oiseaux avec des oiseaux.
La cage sans oiseau n'a pas de valeur.
Il ne faut pas mettre l'oiseau à la broche quand il vole encore.
Le savoir est un oiseau sauvage.

BELGE

La belle cage ne nourrit pas l'oiseau.

BIRMAN

Un bon arbre peut loger dix mille oiseaux.

CHINOIS

Oiseau qui chante n'a pas soif, agneau qui bêle veut téter.
Les plus jolis oiseaux sont en cage.
Vous ne pouvez pas empêcher les oiseaux de la tristesse de voler au-dessus de vos têtes, mais vous pouvez les empêcher de faire leurs nids dans vos cheveux.

CORÉEN

L'oiseau entend ce qu'on dit dans la journée, le rat ce qu'on dit la nuit.

CRÉOLE

L'oiseau affamé et l'oiseau rassasié ne peuvent voler ensemble.
Les oiseaux rôtis ne volent pas en l'air.

ESPAGNOL

« Je paierai » est un bel oiseau, mais « je paie comptant » est un oiseau qui chante.
Dans les nids de l'an passé, il n'y a plus d'oiseaux.

GÉORGIEN

Attrape d'abord l'oiseau et construis ensuite la cage.

GREC

Sur la flèche qui l'atteint, l'oiseau reconnaît ses plumes.

HÉBREU

Un oiseau dans la main vaut mieux que deux sur le buisson.

HONGROIS

Un oiseau se reconnaît à ses plumes et l'homme à ses amis.

INDIEN

N'appelle pas le chat pour mettre d'accord deux oiseaux qui se battent.
Les oiseaux se prennent par les pattes et les hommes par les paroles.
Tout leurre est bon qui amène l'oiseau dans le filet.
Le paresseux demande un oiseau, le courageux ne demande qu'un arc et des flèches.

ITALIEN

Mieux vaut être oiseau des bois que de cage.
Cage dorée ne nourrit point l'oiseau.

JAPONAIS

L'oiseau en cage rêvera des nuages.

MALGACHE

C'est la tendresse de la glu qui fait périr l'oiseau.
On a bien attrapé un oiseau, mais c'est le feu pour le rôtir qui manque.
Les oiseaux peuvent oublier le piège, mais le piège n'oublie pas les oiseaux.

POLONAIS

Qui achète une cage veut un oiseau.

PORTUGAIS

Les oiseaux de proie ne s'assemblent pas.

RUSSE

L'eau au poisson, l'air à l'oiseau, mais à l'homme toute la terre.

Humble comme un agneau, diligente comme une abeille, belle comme un oiseau de paradis, fidèle comme une tourterelle.

Au vol on connaît l'oiseau.

Le filet pour l'oiseau, l'argent pour l'homme.

Les ailes à l'oiseau, la raison à l'homme.

On attrape l'oiseau avec des graines et l'homme avec des écus.

Connais l'oiseau à la plume et le faucon au vol.

L'aigle est le tsar des oiseaux et cependant il redoute le faucon.

SCANDINAVE

Dieu nourrit les oiseaux qui s'aident de leurs ailes.

Il ne faut pas cesser de semer parce que les oiseaux auront mangé quelques grains.

Mieux vaut un oiseau dans la main que dix sur le toit.

Si haut qu'un oiseau puisse prendre son essor, il n'en cherche pas moins sa nourriture sur terre.

De mauvais oiseaux apportent rarement le beau temps.

SERBO-CROATE

Dieu sait pourquoi il raccourcit les ailes de certains oiseaux.

TCHÈQUE

L'oiseau matinal sautera plus loin.

THAÏ

Le pied de l'éléphant ferme le bec de l'oiseau.

TURC

À l'oiseau aveugle, Dieu fait le nid.

L'oiseau affamé fait son nid même auprès du faucon.

C'est l'oiseau qui vole encore qui peut espérer du secours.

On ne peut abattre deux oiseaux avec une seule flèche.

VIETNAMIEN

Les éléphants sont tués pour leur ivoire, les oiseaux pour leurs plumes.

OURS

ANGLAIS

Celui qui veut griffer un ours doit avoir des ongles de fer.

Qui partage le miel avec l'ours a la plus petite part.

GÉORGIEN

Si un ours te terrasse, appelle-le « grand-père ».

L'ours ne savait pas mordre, et l'homme le lui a appris.

POLONAIS

Un ours grogne quand une branche tombe sur lui, mais il se tait sous le poids d'un arbre.

RUSSE

L'ours qui n'est pas attaché ne danse pas.

OUTARDE

HONGROIS

Mieux vaut un moineau aujourd'hui qu'une outarde demain.

P

PANTHÈRE

AFRICAIN

Si la panthère savait combien on la craint, elle ferait beaucoup de mal.

La panthère et le mouton ne chassent pas ensemble.

ARABE

La compassion à l'égard de la panthère cruelle est une injustice pour les moutons.

PAON

ANGLAIS

Le paon a de belles plumes, mais de vilaines pattes.

« Fuyez l'orgueil », dit le paon.

ESPAGNOL

Quand le paon regarde ses pieds, il défait sa roue.

Célibataire, un paon ; fiancé, un lion ; marié, un âne !

RUSSE

Les plumes décorent le paon, et l'instruction l'homme.

PAPILLON

AFRICAIN

Un papillon qui se pose sur une épine est en péril de déchirer son pagne.

ANGLAIS

N'écrasez pas un papillon sur une route.

ARMÉNIEN

Le papillon, en se posant sur la branche, craint de la briser.

CHINOIS

Ne prends pas un fusil pour tuer un papillon.

SCANDINAVE

Le papillon oublie souvent qu'il était chenille.

PERDRIX

AFRICAIN

La dernière perdrix qui se lève reçoit le coup.

Quand on fait rôtir une pintade, la perdrix a la migraine.

PERROQUET

AFRICAIN

Le perroquet esclave ne fait pas de petits.

INDIEN

Il ne suffit pas d'enfermer un corbeau dans une cage pour le faire parler comme un perroquet.

Un Turc, un perroquet et un lièvre ne sont jamais reconnaissants.

ITALIEN

Un perroquet parle mieux quand il est en cage.

PIE

ESPAGNOL

À la femme, à la pie, ne dis que ce que tu dirais en public.

ITALIEN

Son nid fini, morte est la pie.

NÉERLANDAIS

On n'a jamais vu une pie avec un couteau.

PIGEON

AFGHAN

Ne sois pas un pigeon sur deux toits.

ANGLAIS

Les pigeons rôtis ne volent pas.

ESPAGNOL

Si l'appât ne manque point au colombier, les pigeons n'y manqueront pas non plus.

ITALIEN

Il ne faut pas laisser de semer par crainte des pigeons.

TCHÈQUE

Un moineau dans la main vaut mieux qu'un pigeon sur le toit.

PINTADE

AFRICAIN

La pintade sans poussins n'est rien que plumes brillantes.

Les hautes herbes peuvent avaler les pintades, mais ne peuvent avaler les cris des pintades.

Quand on fait rôtir une pintade, la perdrix a la migraine.

MALGACHE

Une troupe de pintades est impénétrable au chien.

POISSON

AFGHAN

Mange trop, tu palpiteras comme un poisson ; mange peu, tu sauteras comme une gazelle.

AFRICAIN

Le taureau des gens de son village est le petit poisson d'un village étranger.

Un poisson de trou d'eau ne connaît pas la largeur de la rivière.

Comme il est dans l'eau, on ne sait pas que le poisson pleure.

La branche qui tombe dans l'eau ne devient pas poisson.

Offriras-tu à manger à ton hôte le poisson qui est encore à la rivière ?

On ne jette pas le poisson qu'on a dans la main pour prendre celui qu'on a sous le pied.

On prépare le poisson avec du jus de poisson.

La confiance est finie depuis que l'eau a cuit le poisson.

On ne demande pas au poisson ce qui arrive sur terre, ni au rat ce qui arrive dans l'eau.

Le poisson pris dans la nasse commence à réfléchir.

L'homme timide est un poisson de puits.

ALLEMAND

Un petit poisson sur la table est meilleur qu'un grand dans le ruisseau.

Les poissons glissent et nagent dans l'étang, et ne s'inquiètent pas de la nacelle.

ANGLAIS

Le petit poisson sera bientôt pris qui mordille à tous les appâts.

Sot poisson qui se laisse prendre deux fois au même appât !

Tout ce qui vient dans le filet est poisson.

Il vaut mieux être un grand poisson dans un petit étang qu'un petit poisson dans un grand étang.

Le chat aime le poisson, mais répugne à se mouiller les pattes.

ARABE

C'est par la tête que le poisson commence à se gâter.

Jette l'homme chanceux dans le Nil, et il remontera avec un poisson dans la bouche.

Le poisson mange le poisson et le héron les mange tous les deux.

BULGARE

Le poisson est encore dans la mer et il a déjà mis la poêle sur le feu.

CHINOIS

On devrait gouverner un grand empire avec autant de simplicité que l'on fait cuire un petit poisson.

Le bois de chauffage n'est pas vendu dans la forêt, pas plus que le poisson dans le lac.

Qui voit le ciel dans l'eau voit les poissons sur les arbres.

CRÉOLE

Quand les gros poissons se battent, les crevettes doivent se tenir tranquilles.

Le poisson a confiance en l'eau, et c'est dans l'eau qu'il est grillé.

Quand l'appât vaut plus cher que le poisson, il vaut mieux arrêter de pêcher.
Tous les poissons mangent les gens, c'est le requin seul qu'on blâme.

ESPAGNOL

Le paysan entre deux avocats est comme le poisson entre deux chats.

GÉORGIEN

« J'ai beaucoup à dire, assure le poisson, mais j'ai la bouche pleine d'eau. »

GREC

C'est par la tête que le poisson commence à sentir.

HÉBREU

S'il y a un pendu dans la famille, ne dis pas : « Tiens, pends ce poisson ! ».

INDIEN

Le poisson est encore dans le fleuve et la femme broie le piment.
Au bout de trois jours, poissons et hôtes puent.

ITALIEN

Poissons et femmes sont meilleurs sous le ventre.

JAPONAIS

Où il y a du poisson, il y a de l'eau.

MALAIS

Quand tu traverses une rivière, il peut t'arriver d'être avalé par un crocodile, mais ne te laisse par mordre par les petits poissons.
Pas d'appât, pas de poisson.

MALGACHE

Des poissons qui sont dans une même marmite, on ne peut tirer qu'un même bouillon.

MONGOL

Le poisson ne voit pas l'hameçon, il ne voit que l'appât ; l'homme ne voit pas le péril, il ne voit que le profit.
Quand l'eau est trop claire, il n'y a pas de poissons ; quand l'homme est trop exigeant, il n'a pas d'amis.

POLONAIS

Un invité et un poisson ne sont bons que trois jours.

RUSSE

Dans la mare des mensonges, il ne nage que des poissons morts.
Tant que le poisson est dans l'eau, on ne doit pas mettre le gril sur le feu.
L'eau au poisson, l'air à l'oiseau, mais à l'homme toute la terre.
Mieux vaut un petit poisson qu'un grand cafard.
Quand le poisson manque, l'écrevisse est un poisson.

SCANDINAVE

Mangez le poisson tandis qu'il est frais et mariez votre fille tandis qu'elle est jeune.
Le poisson mord mieux à l'hameçon d'or.
Chaque petit poisson espère devenir une baleine.

THAÏ

Quand l'eau baisse, les fourmis mangent les poissons ; quand l'eau remonte, les poissons mangent les fourmis.
Un seul poisson pourrit tout un panier.

TURC

Fais du bien et jette-le à la mer ; si les poissons l'ignorent, Dieu le saura.
On ne vend pas le poisson qui est encore dans la mer.
L'esprit ne vient au poisson que lorsqu'il est pris au filet.
Le poisson commence à puer par la tête.

VIETNAMIEN

Il y a un poisson dans l'étang, il y a dix pêcheurs sur la berge.

Qui saurait courber l'hameçon à la mesure de la bouche du poisson ?

PORC

CHINOIS

Le porc se souvient de la nourriture, mais ne se souvient pas des coups.

NÉERLANDAIS

Les uns tondent des moutons, les autres des porcs.

Les auges vides font grogner les porcs.

VIETNAMIEN

Voulant guérir un porc sain, on en fait un porc boiteux.

POU

ANGLAIS

Le mendiant paie le bienfait avec un pou.

La lente deviendra un pou.

CHINOIS

Les pleurs poussent sur les veuves et les poux sur les veufs.

MONGOL

On ne doit pas dégainer son épée contre un pou.

POULAIN

ALLEMAND

Si l'étalon et la jument trottent, comment le poulain irait-il lentement ?

BELGE

Qui se garde poulain se retrouve étalon.

ESPAGNOL

À celui qui s'enrichit, même les mules mettent au monde un poulain.

GÉORGIEN

La jument maigre donne le jour à un beau poulain.

GREC

Le poulain sauvage fait un bon cheval.

POULE

AFGHAN

Tu ne manges la poule qu'une fois, mais son œuf, tu le manges cent fois.

AFRICAIN

Au village sans chien, les poules déroberont l'os.

La terre glissante ne fait pas tomber la poule.

L'homme patient enlève les poils sur un œuf de poule.

On n'attend pas le jour du marché pour engraisser sa poule.

Celui qui possède la poule mange les pattes.

On ne tâte pas la poule que l'on reçoit en cadeau.

La poule ne pond pas quand on la regarde.

La poule ne chante pas en présence du coq.

La poule connaît l'aube, mais elle attend le chant du coq.

Dans le village que tu ne connais pas, les poules ont des dents.

On ne dit pas à une poule : « Veille sur mon grain de maïs. »

Tu chasses la mauvaise poule, et soudain la bonne s'en va aussi.

La poule se porte garante de l'œuf, mais non du poussin.

ALBANAIS

Qui n'a pas de poule a le choucas.

Mieux vaut un œuf aujourd'hui qu'une poule demain.

ALLEMAND

L'œuf veut être plus malin que la poule.

La poule étant à moi, l'œuf doit m'appartenir.

La poule pond où elle voit un œuf.
Le renard doit être récusé dans le jury qui juge la poule.
Quand le vautour meurt, la poule ne pleure pas.

ANGLAIS

La poule qui chante le plus haut n'est pas celle qui pond le mieux.
Les filles et les poules par trop errer se perdent.
C'est une demeure bien triste là où la poule glousse plus fort que le coq.
Un œuf aujourd'hui vaut mieux qu'une poule demain.
De l'avoine des chevaux, les poules sont prodigues.

ARABE

La poule du voisin est toujours une oie.
Si le sultan ordonne de réquisitionner cinq œufs, ses soldats feront rôtir mille poules.

BASQUE

Quand le renard se met à prêcher, prends garde à ta poule.

BIRMAN

Ce n'est pas le caquetage de la poule qui fait lever le jour, c'est le chant du coq.

BULGARE

Bon coq n'a jamais trop de poules.

CHINOIS

En montrant du doigt la poule, injurie le chien.
Qui gagne son procès gagne poule et perd vache.

CRÉOLE

Ne prenez pas de la fiente de poule pour des œufs.
Ne comptez pas les œufs dans le derrière d'une poule.
Celui qui mange des œufs ne sait pas si la poule a mal au derrière.
Le ravet ne peut rien devant une poule [*ravet :* gros cafard des Antilles].
Le chien n'aime pas la banane et il ne veut pas que la poule en mange.
Les canards ont de l'eau pour se baigner, les poules n'en ont pas même à boire.

ESPAGNOL

La poule naît au village, on la mange à la ville.
Mieux vaut l'œuf d'aujourd'hui que la poule de demain.
Tords le cou à la poule qui mange chez toi et qui pond chez autrui.
La poule croit couver un œuf et c'est un nichet.
Grain à grain, la poule emplit son gosier.

GAÉLIQUE

Une poule noire pond des œufs blancs.

GÉORGIEN

Si tu pardonnes au renard le vol de la poule, il t'enlèvera le mouton.

GREC

Le cupide tue la poule aux œufs d'or.
La poule va crier à un endroit et pondre à un autre.
L'œuf d'aujourd'hui vaut mieux que la poule de demain.
Là où est le coq, les poules sont.
Mieux vaut être coq un an que poule pendant quarante ans.

INDIEN

Les poussins ne meurent pas des coups donnés par la poule.

ITALIEN

D'une vieille poule on fait un meilleur bouillon.
C'est par son caquetage que la poule fait découvrir l'œuf.
Pauvre maison que celle où les poules chantent et le coq se tait.
Quand les poules chantent, le coq se tait.

Il n'est poule si chère que celle reçue en cadeau.

MALGACHE

Poule qui couve des œufs de caïman s'attirera malheur.
Comme on le traite de chat sauvage, il se met à voler des poules.

NÉERLANDAIS

La maison est à l'envers lorsque le coq se tait et que la poule chante.
Mieux vaut l'œuf dans la main que dans le cul de la poule.
Pendant la moisson, les poules sont sourdes.

POLONAIS

Après avoir plaidé pour une poule, le plaideur se contentera finalement d'obtenir un œuf.

ROUMAIN

La poule qui chante le soir n'a pas d'œuf le matin.
C'est l'œuf qui apprend à la poule.

RUSSE

Le vautour a embrassé la poule jusqu'à son dernier soupir.
Même la poule a un cœur.
Les œufs n'ont rien à apprendre à la poule.
De la main droite, il donne le grain aux poules ; de la gauche, il prend leurs œufs.

SCANDINAVE

Qui veut avoir des œufs doit supporter le caquetage des poules.
Mieux vaut un œuf aujourd'hui qu'une poule demain.
Les poules sages caquettent aussi quelquefois parmi les orties.

SUISSE

Plus on a de poules, plus on a d'œufs.

TURC

Une poule affamée rêve qu'elle est dans le grenier d'autrui.
L'œuf d'aujourd'hui vaut mieux que la poule de demain.
La poule du voisin nous paraît une oie.

POULET

AFRICAIN

Le poulet ne peut refuser d'aller au marché.

ANGLAIS

Ne comptez pas vos poulets avant qu'ils soient éclos.

ARABE

Mieux vaut un œuf dans la bouche qu'un poulet qui rôtit.

CRÉOLE

Faute de morues, on mange du poulet.

GÉORGIEN

Un œuf aujourd'hui est meilleur qu'un poulet demain.

MALGACHE

Ce n'est pas à la hache qu'il faut faire des reproches quand le poulet qu'on va tuer crie.

TURC

Plutôt le poulet d'aujourd'hui que l'oie de demain.
Les poulets d'été se comptent en automne.

POURCEAU

ANGLAIS

Ne jetez pas vos perles au pourceau.
Nourrissez un pourceau, vous aurez un cochon.
Pourceaux, femmes et abeilles ne peuvent être détournés.

CHINOIS

— Qu'est-ce qu'un sot qui a fait fortune ? — C'est un pourceau qui est embarrassé de son lard.

ESPAGNOL

Le pourceau acheté à crédit grogne sans répit.

ITALIEN

Pourceau emprunté grogne toute l'année.

RUSSE

Le pourceau dit au cheval : « Tu as le pied tordu et le poil rare. »

POUSSIN

AFRICAIN

La pintade sans poussins n'est rien que plumes brillantes.

La poule se porte garante de l'œuf, mais non du poussin.

Le poussin ne pleure pas ses plumes, il pleure sur la vie.

ARABE

Le poussin ne reste pas toujours sous la corbeille.

C'est en automne que l'on compte les poussins.

CHINOIS

Les gros poussins ne mangent pas des petits grains.

GREC

Ne comptez pas vos poussins avant qu'ils ne soient éclos.

INDIEN

Les poussins ne meurent pas des coups donnés par la poule.

PUCE

AFRICAIN

Si tu aimes le chien, tu aimes aussi ses puces.

CHINOIS

Ce ne sont pas les puces des chiens qui font miauler les chats.

Le chien au chenil aboie à ses puces, le chien qui chasse ne les sent pas.

CRÉOLE

Un seul doigt ne prend pas de puces.

ESPAGNOL

Chien fainéant est tout puces.

ROUMAIN

Pour une puce, ne jette pas la couverture au feu.

RUSSE

Sans adresse, on ne peut même pas attraper une puce.

Habit de soie n'a pas de puces.

Quand on couche avec des chiens, on se lève avec des puces.

Même d'un bon chien, on attrape des puces.

R

RAT

AFRICAIN

Quand le chat n'est pas là, les rats étalent leur queue.

On ne demande pas au poisson ce qui arrive sur terre, ni au rat ce qui arrive dans l'eau.

ALLEMAND

Le vieux rat aime le petit fromage frais.

À tas de blé, le rat s'y met ; et à tas d'argent, les procès.

CORÉEN

L'oiseau entend ce qu'on dit dans la journée, le rat ce qu'on dit la nuit.

CRÉOLE

Les rats de la maison mangent la paille de la maison.

Quand le chat n'est pas là, les rats donnent un bal.

ESPAGNOL

La tyrannie du chat vaut mieux que l'équité du rat.

HÉBREU

Le chat et le rat font la paix sur une carcasse.

INDIEN

Quand vient la récolte, le rat a quatre femmes.

Après avoir mangé neuf cents rats, le chat part en pèlerinage.

Le chat est le tigre du rat.

MALGACHE

Si le rat est immobile, c'est que le chat a encore l'œil ouvert.

SCANDINAVE

Quand le rat est au moulin, il se croit le meunier.

VIETNAMIEN

Quand le chat est absent, le rat monte sur le trône.

RAVET

CRÉOLE

Le ravet ne peut rien devant une poule [*ravet :* gros cafard des Antilles].

RENARD

AFGHAN

L'ennemi du renard est sa queue.

ALBANAIS

Tu attraperas le renard avec de l'astuce, et le loup avec du courage.

ALLEMAND

Le renard doit être récusé dans le jury qui juge la poule.

Il faut faire prendre les renards par d'autres renards.

ANGLAIS

Le renard ne sent pas sa propre odeur.

Plus on maudit le renard, mieux il se porte.

Les ruses du renard n'entrent pas dans la tête du lion.

Un renard ne devrait pas être juré au procès d'une oie.

Devant la patte du lion, la ruse du renard est un petit service.

Vieux renards se passent de mentors.

Il n'y a pas d'athées dans le terrier du renard [le danger entretient la foi].

ARABE

« Je vais en voiture », disait une oie que le renard emportait.

Le deuil du loup est la fête du renard.

ARMÉNIEN

À la fin, le terrier du renard est dans la boutique du fourreur.

Le renard ne désire qu'une chose, ne pas voir le chien et ne pas être vu par le chien.

BASQUE

Quand le renard se met à prêcher, prends garde à ta poule.

ESPAGNOL

Le deuil du loup est la fête du renard.

À renard endormi, il ne tombe rien dans la gueule.

Le renard en sait beaucoup, mais celui qui le prend en sait davantage.

GÉORGIEN

Si tu pardonnes au renard le vol de la poule, il t'enlèvera le mouton.

GREC

« C'est du verjus », dit le renard en parlant des raisins qu'il ne peut atteindre.

Quand la peau du lion ne peut suffire, il faut y coudre la peau du renard [quand la force ne suffit pas, il faut y adjoindre la ruse].

On ne prend pas deux fois le renard au même piège.

HÉBREU

Choisis plutôt d'être la queue du lion que la tête du renard.

Si le renard règne, incline-toi devant lui.

INDIEN

La dernière course du renard le mène chez le fourreur.

ITALIEN

Que chaque renard prenne soin de sa propre queue !

RUSSE

Le lièvre court devant le renard, et la grenouille devant le lièvre.

Notre chien est si bon que le renard a fait ses petits dans notre poulailler.

Un bon renard a plusieurs tanières.

Le renard ne salit pas sa propre queue.

Un renard se moque de sept loups.

Le renard ne se couche sur les épines qu'une fois.

SCANDINAVE

Qui veut attraper le renard, qu'il chasse avec des oies.

Bien que le renard soit rusé, on vend plus de peaux de renard que de peaux d'âne.

On réussit souvent mieux avec la queue du renard qu'avec la griffe du lion.

REQUIN

ARABE

Si le plongeur craint la gueule du requin, il n'obtiendra jamais de perle précieuse.

CORÉEN

Quand les requins se battent entre eux, les écrevisses ont le dos brisé.

CRÉOLE

Tous les poissons mangent les gens, c'est le requin seul qu'on blâme.

ROITELET

GREC

Il y a société entre le crocodile et le roitelet.

ROSSIGNOL

AFGHAN

L'homme sans patrie est un rossignol sans jardin.

ALLEMAND

L'homme, comme l'alouette, chante en plein air ; la femme, comme le rossignol, chante dans l'ombre.

ANGLAIS

Un rossignol dépérit quand il entend son frère.

ARABE

Le lion et le rossignol sont toujours altérés.

ESPAGNOL

Le rossignol oubliera de chanter plutôt que la femme de parler.

GAÉLIQUE

Trois choses sont impossibles à acquérir : le don de poésie, la générosité, un rossignol dans la gorge.

INDIEN

Seul le rossignol comprend la rose.

ROUMAIN

Que sait l'âne du chant du rossignol ?

RUSSE

Le rossignol ne se nourrit pas de chansons.

Un homme sans patrie, c'est un rossignol sans chanson.

SCANDINAVE

Faute de rossignols, on se contente de hiboux.

TURC

Plutôt mon corbeau que le rossignol d'autrui.

ROUSSIN

ESPAGNOL

Ruades de jument sont amours pour le roussin.

S

SANGLIER

ALLEMAND

Le lion a ses dents et ses griffes, le sanglier a ses cornes, la seiche a son encre qui lui sert à brouiller l'eau autour d'elle ; la nature a donné à la femme son pouvoir de mensonge.

CRÉOLE

Le sanglier sait contre quel arbre il peut se gratter.

SANGSUE

ITALIEN

Où est le mal s'attache la sangsue.

SARDINE

ESPAGNOL

L'amour sans folie ne vaut pas une sardine.

SAUMON

ESPAGNOL

On peut bien perdre un hameçon pour pêcher un saumon.

SAUTERELLE

CHINOIS

L'homme ne vit qu'une vie, la sauterelle ne vit qu'un automne.

MALGACHE

Quand le coteau est incendié, les sauterelles sont grillées.

SCARABÉE

TURC

On venait ferrer le cheval du pacha et le scarabée a tendu la patte.

SCONSE

CANADIEN

On n'envoie pas une souris pour attraper un sconse [une moufette].

SCORPION

ARABE

Il y a un scorpion dans l'enfer à la vue duquel on cherche refuge chez le serpent.

GREC

Sous chaque pierre, le scorpion peut être aux aguets.

INDIEN

Le scorpion pique celui qui l'aide à sortir du feu.

SEICHE

ALLEMAND

Le lion a ses dents et ses griffes, le sanglier a ses cornes, la seiche a son encre qui lui sert à brouiller l'eau autour d'elle ; la nature a donné à la femme son pouvoir de mensonge.

SERPENT

AFRICAIN

Lorsque la tête du serpent est coupée, le reste n'est qu'une corde.

Le serpent n'a pas l'habitude de te trouver avec un bâton à la main.

Tout bâton peut tuer un serpent.

Quand on a été mordu par un serpent, on fuit même le mille-pattes.

Ne brandis pas dans l'air le serpent que tu as tué, les autres serpents te guettent.

Le serpent peut devenir très long, il ne piquera pas sa mère.

ALLEMAND

Une armée, comme un serpent, marche sur le ventre.

ARABE

Il y a un scorpion dans l'enfer à la vue duquel on cherche refuge chez le serpent.

Le chat mordu par un serpent craint même une corde.

Si tu veux tuer un serpent, coupe-lui la tête.

Lorsqu'un serpent te voue de l'affection, porte-le comme un collier autour de ton cou.

Le serpent change de peau, non de nature.

Écrasez la tête du serpent avec la main de votre ennemi ; si l'ennemi l'emporte, vous aurez supprimé un serpent ; si le serpent pique, vous aurez perdu un ennemi.

Jetez une pierre à la tête d'un serpent, même si ce n'est qu'un lézard.

Qui a été mordu par un serpent craint la corde noire ou blanche.

Le serpent change le lait en venin.

ARMÉNIEN

De la même fleur, l'abeille tire son miel et le serpent son venin.

BULGARE

On n'attrape pas un serpent la main nue.

CHINOIS

Qui veut devenir dragon doit manger beaucoup de petits serpents.

Qui frappe les buissons en fait sortir les serpents.

CRÉOLE

Serpent qui change de peau est toujours serpent.

ESPAGNOL

Tout est miel à l'abeille et poison au serpent.

GÉORGIEN

Le serpent change de peau, mais non point de nature.

GREC

Réchauffe un serpent dans ton sein, il te mordra.

HÉBREU

Qui a été mordu par un serpent a peur d'une corde.

INDIEN

Il n'y a pas de gros et de petits serpents, il y a des serpents.

Il vaut mieux attraper un serpent et sucer son poison que d'avoir des rapports avec la femme d'un autre.

Mieux vaut faire confiance à un brahmane qu'à un serpent, à un serpent qu'à une prostituée, à une prostituée qu'à un Afghan.

JAPONAIS

Les aveugles ne sont pas effrayés par les serpents.

RUSSE

Réchauffez un serpent gelé, c'est vous qu'il piquera le premier.

Celui qui a vu un serpent noir a peur d'un bâton noir.

TURC

Qui tombe dans le fleuve s'accroche au serpent.

Le miel fait sortir le serpent de son trou.

SINGE

AFRICAIN

Le singe n'est jamais trop vieux pour monter à l'arbre.

Quand on donne un singe, on ne retient pas sa queue.

Les bois que cassent les singes tombent sur le dos des éléphants.

Si tu as lié amitié avec un singe, ton bâton ne restera pas pris dans un arbre.

On n'apprend pas au singe rouge à monter aux arbres.

ARABE

Le singe se regarda dans un miroir et se vit gazelle.

BIRMAN

Le singe ne s'inquiète pas d'avoir un peigne.

CHINOIS

L'arbre tombé, les singes se dispersent.

ESPAGNOL

On ne prend pas un vieux singe au lacet.

GREC

Un singe sous des insignes d'or reste un singe.

Le singe est toujours singe, fût-il vêtu de pourpre.

On ne prend pas un vieux singe au lacet.

INDIEN

Le singe n'a jamais autant l'air d'un animal que lorsqu'on l'affuble de vêtements d'homme.

Instruire une femme, c'est mettre un couteau dans les mains d'un singe.

SOURIS

AFGHAN

Il n'y a pas de moulin sans souris.

Dans les murs, il y a des souris, et les souris ont des oreilles.

AFRICAIN

Quand le chat n'est pas là, les souris dansent.

C'est quand le chat est repu qu'il dit que le derrière de la souris pue.

ALBANAIS

Le chat est un lion pour la souris.

ALLEMAND

Pas de maison sans souris.

C'est avec du lard qu'on prend les souris.

Qui se fait souris, le matou le mange.

Le chat ne renonce pas à prendre les souris.

ANGLAIS

La souris échappée sent toujours l'odeur de l'appât.

Peu à peu la souris coupe un câble.

Chat timide fait souris effrontée.

Le fanfaron tue un lion absent et craint une souris présente.

ARABE

Pour la souris, le chat est un tigre ; pour le tigre, il n'est qu'une souris.

Un chat ne rêve que de souris.

Aucun chat ne prend des souris pour l'amour de Dieu.

BASQUE

Ce que la souris mangerait, que le chat le mange.

BIRMAN

Quand le chat est trop vieux, les souris n'en ont plus peur.

CANADIEN

On n'envoie pas une souris pour attraper un sconse [une moufette].

Mieux vaut être tête de souris que queue de lion.

CHINOIS

Le bœuf mange la paille et la souris le blé.

CRÉOLE

La souris est petite, mais elle a son compte de dents.

ESPAGNOL

La souris ne joue pas avec l'enfant du chat.

GÉORGIEN

L'enfant de la souris sera toujours rongeur de sacs.

Chat miauleur n'attrape pas de souris.

HÉBREU

Ce n'est pas la souris, mais le trou qui est le voleur.

ROUMAIN

La souris revient toujours à son trou.

Celui qui naît de la chatte attrape des souris.

RUSSE

À souris rassasiée, la farine est amère.

Jeux de chat, larmes de souris.

Quand le chat n'est pas là, c'est la fête pour les souris.

Le lion n'attrape pas les souris.

SCANDINAVE

Celui qui chasse avec des chats attrapera des souris.

TURC

Dans la maison d'une veuve, il n'y a pas de souris grasse.

VIETNAMIEN

Il ne faut pas mettre le feu au grenier parce qu'on ne peut pas attraper la souris.

T

TAON

JAPONAIS

On ne peut attraper le taon et l'abeille à la fois.

TAUREAU

AFRICAIN

Les coups de corne de la génisse ne font pas mal au taureau.

Le taureau des gens de son village est le petit poisson d'un village étranger.

Un taureau n'a pas la même renommée dans deux troupeaux.

ARABE

Le taureau ne se fatigue pas de porter ses cornes.

Lorsque le taureau est à bout, les couteaux pleuvent sur lui.

CORÉEN

Le taureau qui a souffert du soleil tremble à la vue de la lune.

CRÉOLE

Le petit bouc a une barbe, le gros taureau n'en a pas.

Les cornes du taureau ne sont jamais trop lourdes pour sa tête.

ESPAGNOL

Il faut céder le pas aux sots et aux taureaux.

GREC

La génisse chante le chant du taureau.

ITALIEN

Du haut de la fenêtre, il est aisé de faire peur au taureau.

JAPONAIS

Il vaut mieux être le bec du coq que la queue du taureau.

RUSSE

Quel que soit le taureau qui a sailli, le veau est à nous.

SUISSE

On tient le taureau par les cornes, l'homme par la parole et la femme par la chemise.

TÊTARD

CORÉEN

La grenouille ne pense pas qu'elle vient d'un têtard.

TIGRE

ALLEMAND

L'homme est un peu inférieur au tigre pour la cruauté.

AMÉRICAIN

Il y a courage et courage, celui du tigre et celui du cheval.

ARABE

Pour la souris, le chat est un tigre ;

pour le tigre, il n'est qu'une souris.

Méfie-toi du tigre plus que du lion, et d'un âne méchant plus que du tigre.

N'appelez pas le tigre pour chasser le chien.

BIRMAN

Si le bétail est dispersé, le tigre s'en saisit.

Le héros arrive seulement quand le tigre est mort.

CAMBODGIEN

Le tigre compte sur la forêt, la forêt compte sur le tigre.

CHINOIS

Agneau en peau de tigre craint encore le loup.

Qui chevauche un tigre n'en descend pas aisément.

Nourrir l'ambition dans son cœur, c'est porter un tigre dans ses bras.

Ne cherchez pas à échapper à l'inondation en vous accrochant à la queue d'un tigre.

Servir un prince, c'est comme dormir avec un tigre.

CORÉEN

Dans la vallée où il n'y a pas de tigres, le lièvre est roi.

Le chiot d'un jour ne craint pas le tigre.

CRÉOLE

Tant qu'il n'est pas minuit, le tigre ne dit pas qu'il dort sans souper

ÉTHIOPIEN

Ne blâme pas Dieu d'avoir créé le tigre ; remercie-le plutôt de ne pas lui avoir donné des ailes.

INDIEN

Pour chasser le lièvre, prends aussi l'arme qui peut tuer le tigre.

Tout chien est un tigre dans sa propre ruelle.

Le chat est le tigre du rat.

Le tigre n'épouvante pas le buffle harassé.

Quand le tigre et le buffle se battent, les roseaux sont écrasés.

MALAIS

Ce n'est pas après la mort du tigre que l'on voit ses taches.

N'apprends pas au petit du tigre à manger de la viande.

THAÏ

Les rayures de l'homme sont à l'intérieur, celles du tigre sont au-dehors.

Si vous montez à terre, vous rencontrez le tigre ; si vous descendez dans une barque, vous rencontrez le crocodile.

TURC

Deux tigresses dans une maison valent mieux que deux maîtresses.

VIETNAMIEN

Le tigre ne dévore pas ses petits.

TORTUE

AFRICAIN

Quand la maladie attrape quelqu'un, elle monte un étalon, mais quand elle en sort, elle monte une tortue.

La tortue ne s'est jamais vantée d'avoir un long cou.

Ne déprécie pas la tortue à cause de son humilité, il se peut qu'elle te guide demain.

ARABE

La fortune vient à pas de tortue et fuit comme une gazelle.

CHINOIS

La tortue qui s'est brûlée se tait de sa douleur.

ESPAGNOL

La mouche qui pique la tortue se casse le nez.

GREC

Le destin est comme la tortue d'Eschyle. [Un oracle ayant prédit à Eschyle qu'il mourrait écrasé ; il alla vivre à la campagne. Mais un aigle laissa choir sur sa tête une tortue qu'il avait enlevée et le tua net.]

On pose la tortue sur le canapé, et elle se dirige vers les ronces.

La tortue dit que sa propre maison est son logis idéal.

INDIEN

Le dard du mépris perce l'écaille de la tortue.

TOURTERELLE

RUSSE

Humble comme un agneau, diligente comme une abeille, belle comme un oiseau de paradis, fidèle comme une tourterelle.

TRUIE

ANGLAIS

Au fur et à mesure que la truie se rassasie, sa pâtée s'aigrit.

On ne peut faire une bourse en soie avec l'oreille d'une truie.

GREC

La truie prétend enseigner Athéna.

TRUITE

AMÉRICAIN

Vous devez perdre une mouche pour attraper une truite.

ANGLAIS

On prend la truite en la chatouillant.

ESPAGNOL

On ne pêche pas les truites sans se mouiller les chausses.

La femme et la truite se prennent par la bouche.

V

VACHE

AFRICAIN

Mieux vaut une vache stérile qu'une vache réquisitionnée.

Une seule vache aveugle qui rentre vaut mieux que cent autres promises.

La nuit, toutes les vaches sont de grandes vaches noires.

La vache destinée à l'abattoir ne manque pas de torts.

Ils caressent la vache avant de commencer à la traire.

ALLEMAND

Une vache méchante donne pourtant du lait.

La nuit, toutes les vaches sont noires.

L'un a les vaches, l'autre la peine.

Dieu donne la vache, mais non la corde.

ANGLAIS

Qui vole veau volera vache.

Tout n'est pas beurre que fait la vache.

On ne vend pas la vache en retenant le lait.

À chaque vache, son veau ; à chaque livre, sa copie.

Les vaches maudites ont des cornes courtes.

C'est par la bouche que l'on trait la vache.

S'entremettre pour affaire d'autrui, c'est traire sa vache sur un tamis.

La vache ne connaît la valeur de sa queue que lorsqu'elle la perd.

ARABE

Dix chèvres forment un petit troupeau, quatre vaches un vrai troupeau.

Il faut flatter la vache avant de la traire.

BASQUE

J'ai tiré lait, beurre et fromage de ma vache, et j'ai perdu mon veau.

CHINOIS

Qui gagne son procès gagne poule et perd vache.

CRÉOLE

La vache promise n'engraisse pas.

Quand la vache perd sa queue, Dieu balaie les mouches.

ÉTHIOPIEN

Les cornes de la vache ne lui pèsent pas.

La vache connaît son berger, mais pas son propriétaire.

GAÉLIQUE

Menez la vache au château et elle s'enfuira vers l'étable.

Vous ne pouvez pas vendre la vache et boire son lait.

Ce n'est pas la vache qui beugle le plus fort qui a le plus de lait.

C'est par la bouche que l'on trait la vache.

Vache du pauvre, fils du riche, tous deux mortels.

GÉORGIEN

Avec de douces paroles, on parvient à traire le cerf, et avec des dures, on ne réussit même pas à traire la vache.

La vache perdue donnait beaucoup de lait.

La vache vêlait et le bœuf gémissait.

HÉBREU

On ne juge pas la vache dangereuse tant que son veau n'est pas méchant.

HONGROIS

La nuit, toutes les vaches sont noires.

INDIEN

Si vous achetez une vache, assurez-vous que la queue est comprise dans le marché.

Celui qui n'a ni vache ni veau dort bien.

Il faut accepter les coups de pied de la vache comme on accepte son lait et son beurre.

Si tu coupes le pis de la vache, adieu le lait !

Les vaches ne paissent pas dans leur propre pré.

ITALIEN

La vache maigre crève maigre, mais vieille.

JAPONAIS

Aimez-vous les uns les autres comme la vache aime son veau.

MALGACHE

Celui qui tarde à venir traire les vaches risque de les trouver déjà dispersées.

Si vous ne voulez ni traire la vache ni tenir le veau, mais seulement enlever la crème, cela ne peut aller.

NÉERLANDAIS

Trayez la vache, mais n'arrachez pas la mamelle.

Quand la vieille vache danse, son veau applaudit.

POLONAIS

Une vache qui mugit beaucoup donne peu de lait.

Malheur à la maison où la vache cogne le bœuf !

RUSSE

D'abord l'étable, ensuite la vache.

Si l'étable est délabrée, la vache ne donne plus de lait.

Le veau qui devance la vache est dévoré par le loup.

L'orgueil va au pauvre comme la selle à une vache.

SCANDINAVE

Une vache noire donne du lait blanc.

Nourris bien ton valet, et ta vache donnera plus de lait.

Le bon Dieu donne bien la vache, mais pas la corde.

TCHÈQUE

Quand les vaches font défaut, les chèvres sont honorées.

La vache ne peut pas attraper un lièvre.

VAUTOUR

AFRICAIN

Où il n'y a pas de vautours, les moineaux empennent les flèches.

ALLEMAND

Quand le vautour meurt, la poule ne pleure pas.

ARABE

Ne dis pas tes peines à autrui ; l'épervier et le vautour s'abattent sur le blessé qui gémit.

RUSSE

Le vautour a embrassé la poule jusqu'à son dernier soupir.

Dans son nid, la corneille arracherait les yeux au vautour.

TURC

On ne jette pas de pierres au vautour.

VEAU

ANGLAIS

Qui vole veau volera vache.

À chaque vache, son veau ; à chaque livre, sa copie.

BASQUE

Donne ton veau de bonne grâce à celui qui peut te l'enlever par force.

J'ai tiré lait, beurre et fromage de ma vache, et j'ai perdu mon veau.

ÉTHIOPIEN

Le veau qui tète ne meugle pas.

GÉORGIEN

Le veau flatteur tète deux mamelles.

HÉBREU

On ne juge pas la vache dangereuse tant que son veau n'est pas méchant.

INDIEN

Celui qui n'a ni vache ni veau dort bien.

JAPONAIS

Femme qui veut trop gagner au marché perd son veau.

Aimez-vous les uns les autres comme la vache aime son veau.

MALGACHE

Si vous ne voulez ni traire la vache ni tenir le veau, mais seulement enlever la crème, cela ne peut aller.

NÉERLANDAIS

Quand le veau s'est noyé, on comble la fosse.

Quand la vieille vache danse, son veau applaudit.

RUSSE

Le veau qui devance la vache est dévoré par le loup.

Quel que soit le taureau qui a sailli, le veau est à nous.

VER

ANGLAIS

Le plus petit ver se retourne si on le piétine.

Une ville riche est comme un fromage gras, elle nourrit bien des vers.

C'est l'oiseau matinal qui attrape le ver.

ARABE

Le petit ver ne ronge que le bon bois.

Le ver de l'arbre provient de l'arbre.

Après le crépuscule, les vers luisants pensent : « Nous avons donné la lumière au monde ! »

ITALIEN

Tout ver luisant n'est pas feu.

JAPONAIS

Les vers silencieux percent de grands trous dans le bois.

MALGACHE

Le ménage est comme un ver à soie : ce n'est qu'à l'intérieur qu'il se renforce.

TURC

Le chagrin est à l'âme ce que le ver est au bois.

VIPÈRE

ESPAGNOL

Le mariage est un sac où l'on trouve quatre-vingt-dix-neuf vipères et une anguille.

INDIEN

Il n'est si petite vipère qui n'ait son venin.

Z

ZÉBU

MALGACHE

Le zébu que tu as désenlisé te transpercera de ses cornes.

Le zébu maigre n'est pas léché par ses congénères.

Les zébus sont liés par leurs pattes, les hommes par leurs engagements.

La fourmi, perchée sur la corne du zébu, s'imagine qu'elle est pour quelque chose dans le balancement de sa tête.

BIBLIOGRAPHIE

Dictionnaire Larousse du XXe siècle (6 tomes), 1928.
Grand Larousse de la langue française (7 tomes), 1971 [abréviation : G.L.L.F.].
Dictionnaire de la langue française, **É. Littré** (4 tomes + suppl.), 1883.
Dictionnaire le Petit Robert, 1977.
Dictionnaire le Robert (9 tomes), 1985.
Trésor de la langue française, C.N.R.S. (14 tomes parus), 1971 [abréviation : T.L.F.].
Dictionnaire des locutions françaises, **M. Rat**, Larousse, 1981.
Dictionnaire des proverbes et dictons de France, **J.-Y. Dournon**, Hachette, 1986.
Dictionnaire des proverbes, sentences et maximes, **M. Maloux**, Larousse, 1989.
Encyclopédie des citations, **P. Dupré**, Trévise, 1959.
La Puce à l'oreille, **C. Duneton**, Stock, 1978.
Les Curiosités françaises, **A. Oudin**, Slatkine, 1971.
Dictionnaire encyclopédique Quillet (6 tomes), 1934.
Dictionnaire des symboles, **J. Chevalier**, **A. Gheerbrant**, Lafont, 1982.
Dictionnaire des expressions et locutions, **A. Rey**, **S. Chantreau**, le Robert, 1989.
Dictionnaire de proverbes et dictons, **F. Montreynaud**, **A. Pierron**, **F. Suzzoni**, le Robert, 1989.
Les Locutions françaises, **P. Guiraud**, P.U.F., 1962.
Locutions et Proverbes d'autrefois, **R. Lagane**, Belin, 1983.
Dictons des bêtes, des plantes et des saisons, **J.-M. Wathelet**, Belin, 1985.
Les Mots de la francophonie, **L. Depecker**, Belin, 1988.

Photocomposition S.C.P. Bordeaux

MAME Imprimeurs – 37000 Tours
Dépôt légal janvier 1992 – N° de série éditeur 16352
Imprimé en France (Printed in France) 330012 janvier 1992